本书为2020年度教育部人文社会科学研究青年基金项目:《
像建构与国际化传播研究（1949—2019）》（20YJC760072

大运河文化的
影像建构与国际化传播

彭 伟 著

江苏凤凰美术出版社

全国百佳图书出版单位

图书在版编目（CIP）数据

大运河文化的影像建构与国际化传播 / 彭伟著. ——
南京：江苏凤凰美术出版社，2022.4
ISBN 978-7-5580-9311-1

Ⅰ.①大… Ⅱ.①彭… Ⅲ.①大运河—文化研究—中
国 Ⅳ.①K928.42

中国版本图书馆CIP数据核字（2021）第201266号

责任编辑　王左佐
责任校对　许灵逸
封面设计　焦莽莽
责任监印　唐　虎

书　　名　大运河文化的影像建构与国际化传播
著　　者　彭　伟
出版发行　江苏凤凰美术出版社（南京市湖南路1号　邮编：210009）
印　　刷　南京迅驰彩色印刷有限公司
开　　本　718 mm×1000mm　1/16
印　　张　16.25
字　　数　218千字
版　　次　2022年4月第1版　2022年4月第1次印刷
标准书号　ISBN 978-7-5580-9311-1
定　　价　88.00元

营销部电话　025-68155675　营销部地址　南京市湖南路1号
江苏凤凰美术出版社图书凡印装错误可向承印厂调换

目　录

目录

前 言
流淌的场域：大运河文化影像建构与传播初探

第一节　大运河文化影像及其研究述评

中国大运河（Grand Canal）是世界上里程最长、最古老、工程最大的人工运河，始建于公元前486年的大运河由隋唐大运河、京杭大运河和浙东大运河三部分构成，全长2700公里，跨越地球10多个纬度，流经北京、天津、河北、山东、河南、安徽、江苏、浙江8个省、直辖市，通达海河、黄河、淮河、长江、钱塘江五大水系，串联吴越、淮扬、齐鲁、燕赵等不同文化区域。大运河不仅是中国东部平原上的伟大工程，也是中国古代劳动人民创造的一系列相关水利建筑，更是在2500多年间，见证中国历史发展的重要文化遗产廊道。2014年6月22日，第38届世界遗产大会宣布大运河入选世界文化遗产名录，成为中国第46个世界遗产项目，其中包括河道遗产27段，相关遗产点共计58处。从文化遗产的视角来看，大运河文化可分为"物质文化"和"非物质文化"两大类。而广义的大运河文化实为一种社会现象，是其自开凿以来长期形成的社会历史发展积淀物，沿运河区域的历史演进、人文风物、时空转变、族群聚落、衣食住行等无不属于大运河文化的范畴。虽然世界文化遗产的申请与保育法案中对于影像化有明确的要求，但大运河文化影像的记录和表现范围并不应过分聚焦所谓"遗产点"，而是应该更加开放、多元，将记录、发现、建构和传播的媒介功能充分调动起来。本书关于大运河文化影像的探讨，以运河相关的主题纪录片为主，同样也并不仅限于此，早期运河相关照片资料也成为研究的影像来源。笔者还尝试在研究过程中将运河图像纳入其中，寻找运河文化视觉化建构与传播的发展脉络的同时，也存有运河影像与运河图像关联比较之用意。

关于大运河文化影像建构与传播的相关研究以国内为主，主要集中在四个方面。首先是影像建构与传播综述性研究。以周星、贾磊磊、饶曙光、李道新、王一川、欧阳宏生、聂欣如、陈旭光、廖奔等为代表的影视理论学者,在"非物质文化遗产影像"(2008)、"全球化时代中国文化传播策略"(2014)、"当代中国文化的影像重构"(2019)、"改革开放四十年中国纪录片从观念到叙事的变革"(2018)等方面取得了重要的研究实果,也为本作的研究撰写提供了综述性的理论依据与指导。

其次是《话说运河》与"作家电视"现象研究。《话说运河》(1986)由冯骥才、刘绍棠、李存葆、汪曾祺等撰稿,又有费孝通、林一山、钱正英、侯仁之等学者参与创作,在增加作品权威性的同时,也让影像本身具有了一定程度的文献、史料价值。朱羽君的《〈话说运河〉的画面工程》(1987),徐一鸣的《是疏漏还是偏狭——看〈话说运河〉》(1987),叶家铮的《〈话说运河〉在发挥电视优势方面的两点探索》(1987)以及任远的《〈话说运河〉与观众学》(1987)等,分别从视觉形式、线路选择、技术实现和受众体验等方面对《话说运河》展开研究并形成了自己的观点。陈婷在后来的《影像的历史书写》(2012)中曾谈到,纪录片《话说运河》已不再是山川壮丽的风光片,而是艺术家、学者、作家积极介入,共同完成的影像建构、传播。张振宇在《中国知识分子在电视纪录片中的媒介实践与角色变迁》(2014)中也指出,《话说运河》中的知识分子话语既反映了当时的社会风貌,也在一定程度上建构了那个时代的主题精神。再者是"申遗"诉求与主题细分研究。申报世界文化遗产使大运河文化影像创作与研究不断升温,开始出现不同视角的主题细分。何志华的《人文历史旅行纪录片解说词写作要点探析:以〈京杭运河·两岸行〉为例》(2011)、蒋文博的《在运河的历史倒影中寻找通过观众心灵的航路:写在大型人文纪录片〈中国大运河〉播映之际》(2014)、辛玲和许金钢的《央视大型申遗纪录片〈大运河〉策划构想》(2014),都是围绕当时相关主题纪录片影像展开的研究。最后则是全媒体语境与传播革新研究。林溪的《纪录片〈中国大运河:摄影师之旅〉的运河形象建构研究》(2018)、江苏省广播电视总台的《世界的大运河》(2018)都开始尝试从更为国际化的视角审视大运河文化。赵昊的《当代运河文化品牌的立体化影像塑造与传播》(2019)将运河影像与文化品牌的塑造结合起来。"京津冀大运河口述史影像数据库"(2018)和"大运河口述史影像数据库"(2019)项目的建立,更是媒体融合时代关于大运河文化影像新的研究与探索。

国外关于大运河文化影像的相关资料和研究成果主要集中在两个方面。一是早期影像留存与文化想象的视觉化。甘博兄弟(Gamble & Brother)影集中曾有关于光绪年间杭州运河船运、沿河市集等相关珍贵影像(1908)。而在更早的威廉·卡尔(William Carles)的著作中就有大运河相关地图影像信息。米范威·布莱恩特(Myfanwy Bryant)的《运河人家》(*On the bank of the Grand Canal*)中则有19幅木刻的大运河地图影像(1930)。琳恩·哈灵顿(Lyn Harrington)(1967)和霍华德·考斯特(Howard Coats)(1984)各自撰写了名为《中国大运河》(*The Grand Canal*)的著作,其中也包含了大运河的照片与图像资料。菲利普·沃森(Philip Watson)的著作则以诗人陆游1170年沿运河游行的路径,尝试还原12世纪中国全景图,其中陆游诗词提及的景致,都以当代绘画或照片影像进行对应还原(2007)。二是对于大运河文化的他视角影像化释读与国际传播。史蒂芬·科斯(Stephen Koss)介绍了运河城市苏州的社会文化史(2015)。大卫·皮卡斯(David Pickus)通过对杭州、湖州、嘉兴、绍兴和宁波五个城市的研究,展示了江南运河端的文化与当代社会(2018)。埃里克·丹尼尔森(Eric Danielson)围绕苏州寺庙、宝塔、城墙、城门、石桥等历史建筑进行研究,其中也包含这些影像。纪录片方面,大卫·霍克尼(David Hockney)与菲利普·哈斯(Philip Haas)合作拍摄了名为《与中国皇帝的大运河一日游,或曰表面即错觉而深度亦然》(*A Day on the Grand Canal with the Emperor of China or: Surface Is Illusion But So Is Depth*)的影片,提出了中国艺术视角更为宏大宽广的观点(1988)。在2015年推出的美国国家地理频道出品的纪录片《中国大运河:摄影师之旅》(*China's Grand Canal A Photographer's Journey*)中,杰夫·哈钦斯(Jeff Hutchens)以摄影师的身份由北向南,游历大运河并感受运河两岸的艺术文化风貌以及日常生活。2016年英国广播公司(BBC)拍摄制作的纪录片《中国故事》(*The Story of China*)中,历史学家迈克尔·伍德(Michael Wood)站在第三视角审视、记录了中国大运河的当代日常与文化影像。

总体上,国内外关于大运河文化及其影像化的研究成果大体上可分为六大类型。史念海《中国的运河》、姚汉源《京杭运河史》、陈璧显《中国大运河史》、朱偰《中国运河史料选辑》等都属于大运河的通史类研究成果。安作璋的《中国运河文化史》、李泉和王云的《山东运河文化研究》、张翠英的《大运河文化》、周鸿承的《杭州运河文化与漕运史研究》、刘森林的《大运河》和《江南运河》、王树理的《临清传:大运河文化的支点》、周鸿承的《杭州运河文化与漕运史研究》等则属于大运河文化史类研究成果。大运河廊道遗产类研究则以姜师立的《中国大运河遗产》、吕微露的《浙东运河古镇》、俞孔坚等的《京杭大运河国家遗产与生态廊道》、谭徐明和朱云枫的《中国大运河文化遗产保护技术基础》、顾希佳的《杭州运河非物质文化遗产》、仲向平的《杭州运河历史建筑》、陈薇的《大运河沿线历史城市与建筑研究》和张兴龙的《扬州文化资源研究》等为代表。欧阳宏生的《21世纪以来我国电视纪录片观念的嬗变》、聂欣如的《改革开放四十年中国纪录片美学之变》、李道新的《电影叙事的空间革命与中国电影的地域悖论》、贾磊磊的《全球化时代中国文化传播策略的当代转型》、安德斯·汉森的《大众传播学研究方法》、戴维·莫利的《电视受众与文化研究》等共同勾勒了当代影像传播类研究的基本框架和现状。而朱羽君《〈话说运河〉的画面工程》、徐一鸣《是疏漏还是偏狭：看〈话说运河〉》、叶家铮《〈话说运河〉在发挥电视优势方面的两点探索》、任远《〈话说运河〉与观众学》、陈婷《影像的历史书写》、辛玲和许金钢《央视申遗纪录片〈大运河〉策划构想》、林溪《〈中国大运河：摄影师之旅〉的运河形象建构研究》、赵昊《当代运河文化品牌的立体化影像塑造与传播》、米范威·布莱恩特《运河人家》、琳恩·哈灵顿和考斯特《中国大运河》等则是关于大运河影像类的直接研究。

由上述研究现状可见，国内尚未有较为完整的新中国大运河文化影像建构与传播史成果，1949—1985年间的大运河影像创作和研究成果极少，反而在同期的国外影像和著作中有所呈现，成果的挖掘、梳理、整合、贯通工作必要且可行。其次，国内大运河影像呈现出特有的"知识分子介入"特征，利弊兼有，国外则更为多元，并在特定时期内对国内大运河影像叙事形成了重要影响。如何在保持自身特征的基础上防止类型固化，合理学习并消解他视角成果值得探讨。再者，中外研究中关于大运河文化影像传播的成果较少，当代融媒体语境下如何形成更为立体有效的建构模式与国际化传播路径，依然任重而道远。

第二节　大运河文化影像建构脉络与传播问题

解放前大运河仅有部分河段季节性通航，新中国成立后我国九大水系贯通，大运河再次充满生机。大运河的运能恢复成为当时的主要任务，但关于大运河文化的影像化创作却直到1986年

《话说运河》的出现，才再次受到关注。在此之前的很长一段时期，关于大运河文化的影像创作与研究，多以静态形式散见于国外研究成果中。国外艺术家与学者对于神秘大运河的关注，从某种程度上也形成了被动的国际化传播效应。因此，要贯通新中国成立以来70年间的大运河文化影像史，这部分主要研究任务和思路有三：一是国内成果补遗，二是将静态影像和更为宽泛的运河图像纳入研究视野，三是国外成果的收集、整理与融合，形成国际化视野下尽可能的全面、立体的影像建构历程。

第二阶段始可以被称为"知识分子介入的电视传播阶段"，大致始于20世纪80年代，当时全社会对于水文化的关注，形成了如《话说长江》《再说长江》《话说运河》等一批相关纪录片影像，而《话说运河》更是由于知识分子的参与创作，开启了中国纪录片创作的新格局。知识分子的创作介入不仅加持了《话说运河》的权威性，更使其具有了一定的史料价值。更重要的是，这种后来被称为"作家电视"的纪录片类型和风格，对大运河文化影像，乃至很长一段时间内的中国纪录片都产生了重要影响。这种知识分子介入特点，虽然让中国大运河文化影像创作形成了鲜明的风格，但类型的固化趋势也显而易见。这一点在后来的关于黄河的纪录片创作中，引发了更多的思考。知识分子对于运河文化影像建构的介入路径为何？传播意义是什么？对其后的创作产生了何种影响？解说词对于大运河文化的符号化凝结有何作用？这些都是这一阶段值得探讨的有趣问题。

从2006年国家做出大运河申遗决定开始，到2014年申遗成功的八年时间里，关于大运河文化建构的动静态影像创作与研究逐渐成为热点。这一阶段属于围绕申遗开展的命题创作与主动传播时期，大运河文化影像建构与传播目标非常主动、明确，清晰的关键词也让影像创作与研究的方向颇为一致。本世纪初以来，国外纪录片、图像开始更多地出现在大众视野中，全新的拍摄视角与叙事方式也引起了创作者与学者们的关注与学习。如英国广播公司（BBC）、探索频道（Discovery）纪录片风格开始成为国内纪录片学习与效仿的对象，以申遗纪录片《中国大运河》为代表的影像，一方面仍保持解说词主导的表现方式，但在时间与空间叙事上却不似前作那样，遵循物理空间的线性顺序表达方式。两种风格怎样形成融合？此种转变和探索对于大运河文化影像建构的符号凝结效能如何？全球视野下的受众认可度如何？则是这阶段研究的重点。

申遗成功之后，随着学界与业界对文化遗产完整性、真实性研究的不断深入，文化遗产的影像建构开始慢慢变得更加多元而立体。大运河作为文化廊道的概念和整体意识开始加强，关于漕运、美食、建筑、工艺、习俗、戏曲等的视觉细分开始出现。而互联网技术的发展，媒体融合成为影响创作与传播的全新要素。比如非官方民间影像的创作与传播介入、运河文化纪录片的在线影赛与影展的举办、地方与国家级的口述史影像数据库的出现等，都让关于大运河文化影像建构和国际化传播有了更多的可能性。曾经的积累与特征如何接续，如何充分利用融媒体手段实现创作更新与有效传播，成为这一部分研究的核心问题。

对于大运河文化的建构与传播而言，整体文化形象的凝结和呈现始终是最为首要的问题。由于不同时期对于大运河文化宣传的目的和视角会有所侧重，因此大运河文化的影像化表现也存在主题聚焦差异，这其实对于大运河文化的传播来说，容易产生忽视文化形象整体性和代表性的问题。这也是为什么大运河的影像化会在水文化热潮以及申遗成功后产生阶段性"失焦"的原因。其次，在影像化的过程中和过程后，对于大运河文化影像结果的跨文化传播不够主动，也缺少更有效的传播路径设计。反而是许多他视角的创作介入，在形成差异化创作的同时，促进了大运河文化的国际化传播，这一点尤其值得反思。再者，对于大运河文化影像化的自我范式创新和形成仍有不足，影像建构范式的形成同样会成为影像文化传播的重要因素。并且，身处媒体融合的时代背景之下，影像建构范式和传播资源的极大丰富，又能够为大运河文化的视觉化提供更多的可能性。如何有效利用现代媒介优势提升大运河文化影像传播效能，同样成为不可回避的现实问题。

第三节　本书基本研究思路

本书将对新中国成立70年来大运河文化影像建构历程予以系统性总结和阐述，以兼容并蓄的视角，审视大运河文化在四个不同时期所呈现的影像建构特征与问题，并以国际化传播为前提，探究中外相同题材的策略差异，深入探讨中国大运河影像的建构模式固化与传播阻滞的内在因素。在回眸与反思的基础上，力图结合新时代融媒体语境，寻找新的大运河文化影像构建模式以及国际化传播路径。

在前人创作和批评研究的基础上，本书试图形成较为全面的关于近代以来，尤其是中华人民共和国成立七十年大运河文化影像建构与国际化传播的发展脉络与评价，以此深化、提升大运河文化影像研究的整体感和史观。为大运河文化的视觉化体系构建，提供有力且有效的理论支撑，为大运河影像创作和研究提供更丰富的视角。关于中外大运河影像建构模态的比较研究，为我国相关传统文化影像化创作和研究提供类型、特征、背景、符码等重要理论参照体系。为融媒体时代的大运河文化影像建构与国际化传播探索了策略与可能。重点落在三处，一是总结出近代以来，尤其是新中国成立后中国大运河影像建构与国际化传播历程，以及各发展阶段的基本特征，继而探析个中成因，并予以客观评价；二是厘清中国大运河影像建构过程中"记录"与"塑形"的互动关系；三是探讨大运河影像建构与国际化传播的廊道继承问题，以及在融媒体语境下的有效路径。

具体来看，首先阐释大运河文化、影像建构与国际化传播的内涵和外延，从本源和流变层界定概念，明确研究视阈和范围。其次，本文在近代大运河图像研究的基础上，拟将建国以来关于大运河文化的影像建构历程分为四个时期，并逐一进行有针对性的分析。如对知识分子介入创作的现象和影响进行深入的探讨；对中外纪录片叙事特征在作品中的共同作用进行比较分析。对大运河文化影像建构方式与定位，遗产廊道的命题细分以及融媒体创作、传播可能等问题进行深入研究。最后，在各个时间段的总体研究基础上，提出我国大运河影像建构中"记录"与"凝形"的融合路径，以及有效实现国际化传播的前瞻性策略。这其中，新中国成立以来四个时期大运河影像资料的收集、梳理、串接与整合，知识分子介入对于大运河影像建构与传播的影响，所形成特征的评价，当代大运河影像建构对于融媒体手段的利用的策略与可能，都是本书笔墨集中的部分。

整体来看，本书以文本分析为基础，整合传播学、叙事学、符号学等理论工具，在时代语境、发展历程、创作方式、风格转向、传播与建构效能等方面阐释新中国成立以来大运河文化影像的建构与传播问题。具体在研究过程中将采用文献研究法、访谈研讨法、案例分析法和比较研究法等综合手段展开研究阐述。

第一章
大运河与文化遗产影像化

中国大运河是我国治水、用水的伟大工程,它跨越古今、贯穿南北,有力地推动了中华民族的繁荣与发展。千百年来,大运河始终滋养着流经区域人们的生产与生活,形成了丰富的物质与精神财富,大运河文化也因此成为中华文化的重要组成部分。2014年6月22日,第38届世界遗产大会宣布,中国大运河项目成功入选世界文化遗产名录,成为中国第46个世界遗产项目。作为文化遗产,中国大运河文化的"影像化"不仅是《世界遗产公约》[1]中重要的遗产保育要求,在申报和保护继承过程中有着明确的规定。同时,影像也是符合当代传播特点,建构大运河文化形象,传播中华民族优秀文化遗产的重要手段和途径。

第一节 大运河的形成与发展

运河是沟通区域或水域,用以通航、灌溉、排涝、给水的人工水道,也是人类智慧和大自然的完美结合。苏伊士运河、巴拿马运河、基尔运河、科林斯运河、京杭大运河等都在各自不同区域对人类生产生活发挥着极其重要的作用,成为不同文化样态形成的空间场域和时间见证。在我国,"运河"一词最早出现于北宋年间,但运河的开凿史却可追溯到春秋时期,其起源和各个阶段的扩展、新开与改道的具体缘由各不相同,但"沟通与连接"的使命从未改变。

由于我国的地势整体呈西高东低之势,黄河、淮河、长江、珠

---

[1]《世界遗产公约》的全名是《保护世界文化和自然遗产公约》(*Convention Concerning the Protection of the World Cultural and Natural Heritage*)。公约主要规定了文化遗产和自然遗产的定义,文化和自然遗产的国家保护和国际保护措施等条款。公约规定了各缔约国可自行确定本国领土内的文化和自然遗产,并向世界遗产委员会递交其遗产清单,由世界遗产大会审核和批准。凡是被列入世界文化和自然遗产的地点,都由其所在国家依法严格予以保护。

江等主要天然水脉都为东西走向，南北航路较少，水运难度大。但南方地区并不缺乏水运资源，各大天然河流在地势平缓的中下游地区形成了大量南北向支流与大小湖泊，因此以人工河道连接这些水源以扩大航运范围，成为非常自然的事情。只是在早期，这种开凿人工河道的行为规模小而分散。春秋时期的陈、蔡、楚等国为了加强彼此交流就已经开始小范围地开凿区间人工河道。[1]直到春秋末期，吴王阖闾为运输伐楚所用军粮，命伍子胥开挖运河，东通太湖，西入长江。我国现有记载的人工运河由此开凿，名为"胥溪"[2]。胥溪从今天的苏州通道太湖，经宜兴、溧阳、高淳，穿固城湖，在芜湖注入长江，全长100多公里。吴王夫差继续争霸中原的事业，在此基础之上又开凿了邗沟[3]和黄沟[4]，疏通古水道的同时沟通了长江、淮河两大河流，泗水与济水的便捷通道也为吴国与齐晋争夺盟主地位提供了便利。[5]胥溪、邗沟和黄沟的出现，一方面带来了吴国的扩张和强大，另一方面更是对当时中国东部地区南北政治、经济和文化的发展起到了重要的作用。实际上，在此过程中，各个诸侯强国也都有持续开凿运河的措施，比如江汉运河就是楚国通过沮水[6]沟通长江和汉水[7]的人工运河河道，也正是这

---

[1] 陈、蔡两国开凿了一条连接流沙水和汝水的短河，而楚国开凿了从郢都到汉水的水道。

[2] 据清光绪《高淳县志》记载："胥河，吴王阖闾伐楚，伍员开之，以通松道。"

[3] 邗沟又称里运河，是从今江苏省淮安市到扬州市的运河段。

[4] 黄沟指东自今天的江苏沛县，经山东单县、曹县及河南兰考、封丘等县，西达济水的运河段。

[5] 潘镛：《隋唐时期的运河和漕运》，三秦出版社，1987年，第1—4页。

[6] 沮水为汉江上游流量最大、源头最远的支流，发端于秦岭山脉，西南流入勉县张家河、纳入庙河和冷峪河后入略阳县两河口，继续南流至黑河坝流入留白河。

[7] 汉江是长江的支流，在历史上占据重要地位，常与长江、淮河、黄河并列，合称"江淮河汉"。

些区间式人工河道共同构成了大运河的初始形态。

秦朝时期,秦始皇统一岭南地区时为了解决粮饷运输问题,命监御史禄掌督率士兵、民夫在兴安境内湘江与漓江之间修建一条人工运河,即为灵渠。灵渠连接了长江和珠江两大水系,让华东和华南形成水网一体化,虽然历代不断修整,但至今仍然发挥着重要作用。[1]除了灵渠外,秦始皇还遣刑徒三千人修建了丹徒水道,该水道从今天的江苏镇江到丹阳,根据丘陵的地势开凿,东南连接吴王夫差所开之江南河道直到今天的江苏苏州,又从今浙江崇德向西南开凿水道直到杭州。丹徒水道的开凿和串联奠定了隋代江南运河的基本走向。陵水道则是秦始皇下令开凿的另一重要人工运河,这一河道沟通了今天的嘉兴到丹阳,同样奠定了后来嘉兴至杭州段运河的基本线路。大名鼎鼎的郑国渠更是农田灌溉和漕运的重要关中水资源,与灵渠、都江堰和它山堰并称中国古代著名的四大水利工程。

两汉是我国古代历史上的强盛时期之一,文景之治、明章之治、永元之隆和汉武盛世都是其间的显著成就和证明。在强大的国力支撑和发展需求下,汉代先后完成了开凿关中槽渠、阳渠,治理汴渠、三门峡运道等多项水利工程。关中槽渠由汉代水利专家徐伯主持修建,它由长安引渭水通向黄河,大大提升了关中地区的漕运效率,在完成漕运任务的同时还解决了关中地区农业灌溉的问题。虽然因此关中地区的粮食产量有所提高,但仍然不能满足盛世之下不断发展的需求。因此,修建改造三门峡运道就成为解决漕运问题的另一尝试,三门峡运道的功能设计是能够让河南、山东等关东地区的粮食能够更加快速地通过黄河运抵关中。虽然这次尝试并没有最终成功,但却为后来的三门峡改造提供了宝贵的

---

[1] 李知宜:《中国最宏伟的工程》,长沙:湖南人民出版社,2012年,第4—8页。

经验。而东汉时期阳渠的开凿,使得漕船能够由汴入河,由河溯阳渠入洛阳建春门以输常满仓。东汉顺帝时期,陈敏修理邗沟,另开新道,由江都经樊良湖改道津湖,再由津湖直接由末口入淮,避免了射阳湖的风涛之险,给漕运带来了很大的便利。[1] 东汉时期还完成了对古邗沟河道的改造,新建了鉴湖,抬高运河水位的同时改善了硬件设施使航运条件更为优越。

东汉末年,曹操在中原地区先后开凿了白沟、平虏渠、泉州渠、新河和槽渠等,主要以军事需求为目的。比如位于今天的河南淇县与河北威县一带的白沟,就是为了攻打袁氏而开凿的。东汉建安九年,曹操在淇水入黄河处建造河堰,将水引入黄河故道成渠,以淇水、荡水、洹水为源头,利用纵贯河北平原的清河故道注入滹沱河。平虏渠、泉州渠的修建则同样是为了便于攻打辽西的乌桓。平虏渠和泉州渠开凿于建安十一年,前者从今天的青县东北方引滹沱河水北入泒水,后者南起天津市武清西南的全州县,上承潞河,下入鲍丘水,还从沟河口向东凿渠入濡水,称为新河。[2] 而利漕渠开凿于建安十八年,引漳水从河北曲周南到大名西北汇入白沟。这些水道的开凿,为华北平原构建了更为便捷的交通水网。

魏晋南北朝时期,曹丕建立魏国并迁都洛阳,在此期间修通了汴渠,开凿了贾侯渠、讨虏渠和广槽渠等人工运河河道。曹操就曾对汴渠上游进行过部分疏浚,被称为睢阳渠。后来的汴渠修整则是上下游一体的全面疏通,形成可以通航的水路。《晋书》中曾记载曹魏名将杜预曾建议王濬在灭吴后,从长江进入淮河,再从淮河

---

[1] 参见《读史方舆纪要》卷四十八:"东城有二石桥,旧于王城东北开渠引洛水,名曰阳渠,东流经洛阳,于城东南回通出石桥下,运至建春门以输常满仓。"

[2] 参见《水经注.卷十四》濡水。

进入汴河,再从汴河进入黄河,最后从黄河回到洛阳。[1] 由此可见汴渠修整对于水路贯通的重要意义。贾侯渠因由三国魏文帝时的豫州刺史贾逵所开而得名,约在今天的河南省淮阳县一带。《水经·沙水注》中曾记载:"沙水又南与广漕渠合,上承庞官陂,云邓艾所开也。虽水流废兴,沟渎尚夥。昔贾逵为魏豫州刺史,通运渠二百里余,亦所谓贾侯渠也。"在今河南郾城县东。讨虏渠开通于魏文帝黄初六年,其故道位于今河南郾城县东,《三国志·魏书·文帝纪》中便有"行幸召陵,通讨虏渠"的记载。即此。广槽渠开凿于魏宣帝正始二年,穿过陈、蔡两国,故道在涨荡渠的下游的淮阳一带。《三国志 卷二十八》记载:"正始二年,乃开广漕渠,每东南有事,大军兴众,泛舟而下,达于江、淮,资食有储而无水害,艾所建也。"吴国也在南方地区开凿了人工水道,西连淮水,东接云阳,连接了南京地区的水网。东晋太和年间,桓公沟的开凿串连了金乡、鱼台、济宁、巨野、郓城、东平,不仅解决了当时的军运问题,而且对后来的经济发展起了积极作用。[2] 刘裕又在东晋安帝义熙十三年继续对桓公沟进行疏浚。杜预在做荆州刺史时开凿了杨口运河,该河从杨水与汉水交汇处起,从江陵进入长江。顺着杨口运河可以由江陵上可到达巴蜀,下可到达建业,也能经过洞庭湖沿着湘水入漓水抵达番禺。永康元年,晋会稽内史贺循发动民众,开凿了西起西陵,经萧山、钱清、柯桥到郡城的一条人工运河,这便是后来的西兴运河。贺循后来又组织民众修治与此相连接的其他河道,形成了纵横交织的水网,使原来各河道能互相流通,调节水位,保证了农田灌溉之需要。不仅改善了会稽郡的水环境,提高了鉴湖的

---

[1] 参见《晋书·卷四十二》:"足下既摧其西藩,便当径取秣陵,讨累世之逋寇,释吴人于涂炭。自江入淮,逾于泗汴,溯河而上,振旅还都,亦旷世一事也。"

[2] 车吉心:《齐鲁文化大辞典》,济南:山东教育出版社,1989年,第573页。

水利功能,给人以灌溉、舟楫、养殖、渔业之利,且对整个浙东具有交通、物宜、军事之便。

隋朝是大运河完整水路形成的重要阶段,也是大运河开凿的高峰时期。公元589年,隋统一天下,结束了自西晋末年以来中国长达近300年的纷争局面。隋文帝的励精图治,也让隋朝逐渐形成了开皇之治繁荣局面。为了进一步发展军事和社会经济,达到长治久安的目的,隋朝具备并动用大量人、财、物力投入到大运河的开凿工程之中。由前文所述可知,隋朝以前的运河开凿其实已经在全国各地开展,从华北平原到关中再到广东地区都有人工运河,这些区域运河也为隋唐大运河的贯通奠定了基础。隋文帝开通广通渠其实是对汉代槽渠的疏浚工程,其前身最早为战国时期的鸿沟。[1]命宇文恺开通的永济渠也是在汉代槽渠的基础上,从潼关接入黄河的。而山阳渎,同样也基于吴国邗沟故道通续而成。但即便如此,要想充分合理地利用自然河道与既有区域运河,完成更长距离范围的贯通,仍然需要完成难以想象的工程量。百万人合力开凿通济渠、永济渠,开山阳渎也需要十万民工之巨。而通济渠、邗沟、永济渠和江南运河则是隋朝大运河的四个最重要组成。通济渠是隋唐大运河的首期工程,连接了黄河与淮河这两大河流,贯通了洛阳到扬州,成为今后很长一段时间内中国重要的水路交通动脉。邗沟为公元前486年吴王夫差开凿,但在隋早期已经非常淤塞,于是隋炀帝下令疏通并扩大河道,才又改称为山阳渎。其后,隋炀帝又下令开通了永济渠,永济渠南引沁水通黄河,北通涿郡,是隋朝调运河北地区、太行山以东地区粮食的主要漕运通道。公元610年,隋炀帝下令重新疏浚并拓宽了长江以南的运河古道,形成了今天的江南运河,也是京杭运河运输最繁忙的航道。邗沟上

---

[1]　潘镛:《隋唐时期的运河和漕运》,西安:三秦出版社,1987年,第62页。

接通济渠，下接江南运河，和通济渠、永济渠和江南运河一起沟通了钱塘江和长江、淮河、黄河、海河的联系，形成了以洛阳为中心，向东北、东南辐射的运河脉络。

唐朝进一步修浚和完善了南北大运河。唐德宗年间，扬州地区的官运水道淤堵，扬州长史杜亚受命治理漕渠，一方面让大型船只可以自由通行，另一方面修建提水设施，便于农业灌溉的取水，山阳渎得以再次修整优化。后来在唐宪宗元和年间与唐敬宗宝历二年，又对运河扬州段疏通并新开凿加长河段，唐睿宗时期魏景清再凿直河，引淮水至黄土冈并可直接进入扬州。唐代宗永泰年间和大历年间，以导练湖湖水入漕河的方式，改善大运河常州到丹阳段水位浅、航道窄等问题。唐朝分别于贞观、永徽、开元年间，对永济渠的各个河段进行了修缮与扩宽。唐朝在对南北大运河进行开凿、疏浚的同时，还对灞水道、褒斜道、嘉陵江故道水道、灵渠和河汾水道进行治理和完善。经过隋唐两代的共同努力，大运河体系基本成形。

五代十国时期虽也有对运河的修整补缀，但总体上大运河并未有明显发展。宋朝时期，因为在与金兵的战争中失利北方沦陷，运河的各种设施遭到破坏，这一方面阻止了金兵船只的南下，但也让通济渠河道湮塞。直到元代，大运河才又开始出现新的发展局面。元朝将国都迁到北京，政治中心的转移也对航运提出了新的要求。忽必烈下令开凿了济州河、会通河、通惠河，济州河是今天运河鲁桥、安山段的前身，以满足当时漕运所需，后来成为会通河的一段。1289年，元世祖下令开凿会通河，也就是今天的山东运河，起自东平路须城县安山西南，至临清抵达御河。会通河的开通使得南北船只无需向西绕行洛阳，截弯取直成为其对南北大运河贯通的最大贡献和价值。而由郭守敬主持修建的通惠河虽然不长，但漕船却可由通县入通惠河，直达今北京城内的积水潭。至此，大运河的起点和终点才真正意义上的确定和串联起来。

明清时期,国家对于漕运的依赖和重视程度同样很高,中央政府专门设置了管理漕运的官员和部门,除北京外,天津、德州、沧州、淮安、扬州、苏州、杭州等沿运河的城市也快速发展,成为繁华的大都市。明代对大运河的河闸堤坝进行了全面的修整,永乐年间扩建改造了会通河,引汶水进入南旺湖,解决了汇通和水源的问题,同时加造船闸至51座。嘉庆和隆庆年间,为了避免运河受到黄河泛滥的影响,大运河改道从夏镇、韩庄、台儿庄到邳县入韩庄运河线。为了保障运河通航安全,修建了洪泽湖大堤和东堤水坝,保证水位合适。清康熙年间,开中河、皂河与里运河连接,使大运河航道完全与黄河河道分开,进一步保证了汛期的安全。

中华人民共和国成立后,国家开始了对古老运河的恢复和扩建工作。南水北调工程大大提升了大运河的年通货量,沿岸灌溉面积和排涝面积也大幅度增加,同时也降低了汛期风险,保障了里下河地区人民的生活与生命财产安全。2006年,我国着手开展大运河的世界文化遗产申报工作,经过八年的努力,京杭大运河于2014年正式通过评审,成为世界文化遗产项目。而今,大运河还在承担着航运使命,虽然其作为运输通道的重要性与过去不可同日而语,但大运河是祖先留给我们的宝贵遗产,见证了中华民族文化千百年来的发展历程,历史文化资源价值巨大,需要吾辈齐心合力,"保护好、传承好、利用好"大运河文化。

第二节 大运河文化与遗产廊道

关于大运河文化,不同的视角会形成不同的解读。大运河文化的指代是具体的,但同时内涵和范围却是宏富而广阔的。从时间上看，大运河自春秋时期至今跨越2500多年，见证了中国社会古今发展的绝大部分朝代更迭发展。从空间上看，大运河贯穿南北，参与到我国南北各地不同区域文化的形成之中。大运河文化可以是关于物化的遗产，也可以是关于历史、风土、习俗、生产、文学、艺术、信仰和价值观等非物质形态。因此，大运河文化其实是一个以运河为场域形成的文化成果、现象的总括。而在具体传承，以及由影像出发探讨大运河文化的过程中，了解大运河文化的构成、内涵、属性和特征，则显得尤为必要。

一、大运河文化的概念与特性

文化是相对于经济、政治而言的人类全部精神活动及其产品。我国古代的"文化"概念最早可见于《易经》贲卦象传："刚柔交错，天文也；文明以止，人文也。观乎天文，以察时变，观乎人文，以化成天下。"[1]此时的文化表达的是通过观天象变化，了解阴阳二力相互作用下的自然运行之道，从而引导、教化、治理天下，认知、重构和转化为人文活动的含义。西汉刘向在《说苑·指武》中提道："圣人之治天下也，先文德而后武力。凡武之兴，为不服也。文化不改，然后加诛。"这里"文化"则包含了"文明、德行、道理"之意。可以说，"以文教化"正是古代中国对于"文化"概念的主要解读。在西方国家，"文化"（Culture）一词来源于拉丁文"Colere"，有"耕耘、耕作"之意，也指对人的能力进行培养训练，使其超出单纯自然状态之上。同样源于人与自然的关系，同样有教化意图，但从中却能够看出东西方在早期对于文化概念认知的异同所在。而随着时间的推移，文化的内涵和外延开始扩大，东西方对于文化概念的认知也逐渐开始靠近与融合。

文化是人类在社会历史发展过程中所创造的物质财富和精

---

[1] 参见《周易·贲卦·象传》，"贲"卦的卦辞。

神财富的总和。[1]它包括物质文化、制度文化和心理文化三个方面。物质文化是指人类创造的物质文明，包括交通工具、服饰、日常用品等，它是一种可见的显性文化；制度文化和心理文化分别指生活制度、家庭制度、社会制度以及思维方式、宗教信仰、审美情趣等，它们属于不可见的隐性文化，包括文学、哲学、政治等方面的内容。人类所创造的精神财富，包括宗教、信仰、风俗习惯、道德情操、学术思想、文学艺术、科学技术、各种制度等。英国著名人类学家爱德华·泰勒（Edward Taylor）认为，文化或文明，就其广泛的民族学意义来讲，是一个复合整体，包括全部的知识、信仰、艺术、道德、法律、风俗，以及作为社会成员的人所掌握和接受的任何其他才能和习惯的复合体。[2]美国学者阿尔弗雷德·路易斯·克罗伯（A. L. Kroeber）与克鲁·克洪（Clyd Kluck-hohn）在著作《文化：关于概念和定义的探讨》（*Culture: A Critical Review of Concepts and Definitions*）中则将文化概念分为三个层次，即文化是行为模型、文化以符号为载体、文化是历史发展产物。[3]由此可见，无论是广义的文化还是狭义的文化，无论是东方释义还是西方的理解，文化都不是单向的、单一的概念，而是包含从物质到精神的极为多元的丰富内涵。对于大运河文化而言，亦是如此。

　　大运河文化是中国文化的重要组成部分，是以运河为主体影响下的人类社会精神活动及其产物，同样可以被分为物质文化和非物质文化这两大组成部分。当然，与其他文化不同的是，大运河文化有着自身的显著特征。运河文化属于一种跨水系、跨地区的区域性文化系统，也是一个典型的动态开放性系统，一个多元共生

---

[1] 参见《辞海》中对于广义"文化"概念的解释。

[2] ［英］爱德华·泰勒：《原始文化》，连树声译，上海：上海文艺出版社，1992年，序言部分。

[3] 王恩涌等：《人文地理学》，北京：高等教育出版社，2000年，第22页。

的文化场域。国内学者认为,运河文化是人类在特定的社会历史条件下,通过跨自然水系的通航、漕运,促进运河流域不同文化区在思想意识、价值形态、社会理念、生产方式、文化艺术、风俗民情等领域的广角度、深层次交流融合,推动沿运河流域的社会政治、经济、科技、文化的全面发展而形成的一种跨水系、跨领域的网带状区域文化集合体。[1]

连接、沟通、多元、开放、交融是大运河文化的主要特征。中国大运河的修建历时2500多年,从时间上来看就是"穿越古今",让使用运河的人从公元前5世纪直到今天,都产生着某种共同的关联,这些关联以运河为载体,以制度、风俗、精神、纪念物等为方式存在着,成为文脉的依托与保证。而从效能来看,大运河的出现,沟通了南北,让长江、黄河、淮河等九大水系有机会实现贯通,为各朝代完成大一统格局都起到了至关重要的作用。而作为漕运的主要方式,大运河不仅是国家军事重要通道,更是物资流动分配的民生与经济生命线。沿运河的城市也逐渐发展壮大起来,农业、商业甚至水利相关的工程技术都因为大运河而得到发展,这无疑也是形成、发展大运河文化的重要因素。而大运河流经南北,将东南文化、岭南文化、江南文化、齐鲁文化、中土文化、江淮文化、黄河文化、燕北文化、西部文化串联起来,完成物资运转的同时,促进了各个区域文化间的相互交流与影响。大运河作为内水航道同时有入海口与大海相连,成为海上丝绸之路的起点,也为国内外商旅"通江达海"提供了路径,同时也提供了不同国家文化交流的可能性。正是这种对于多元文化的沟通与连接,让大运河文化呈现一种开放包容的特性。

---

[1] 王永波:《运河文化的运动规律及其启示》,《东南文化》,2002年第3期,第66页。

由此可见,大运河文化的概念无法脱离我们对于文化的整体认知共识,河流本身是无法独立形成关于河流文化的全貌。而当大运河历经时代变迁,贯穿连接南北不同区域,贯通构筑人工与天然关联水网,灌溉沿岸农田,承载民生、商贸物资,并同时形成不同区域文化交流与融合时,沿运河的城市乡村、聚落结构、风俗民情、生活形态、精神信仰、价值认知等在各具特色的同时,又保持在统一且紧密关联的格局之下,共同造就真正意义上的大运河文化。

二、大运河文化遗产的类型

申请成为世界遗产,不仅是为大运河文化正名,同样给继承和传播大运河文化提供了一次梳理和自我审视的机会。正因为大运河文化是内容宏富,层次、形式多样的,因此"文化遗产"就成为我们认识、分析大运河文化的一种特定视角。当文化成为遗产,那么关于这种文化的挖掘、保护、继承和发扬就成为非常明确的目标和任务,而非仅仅是浅表的文化认知或认同。中国大运河因为自身的物理与文化场域特征,形成了独特的物质与非物质文化遗产,所以"文化遗产廊道"和"线性遗产"能够成为帮助我们找到、分析、梳理大运河文化的角度与路径。

世界遗产(World Heritage)是指被联合国教科文组织和世界遗产委员会确认的人类罕见的、无法替代的财富,是全人类公认的具有突出意义和普遍价值的文物古迹及自然景观。但实际上除了文物古迹和自然景观,广义的"世界遗产"还应当包括人类历史、物质与精神文明的重要成果。而文化遗产显然包含在世界遗产的大概念内。具体来说,如果以形态和性质区分,世界遗产主要包括自然遗产、文化遗产、双重遗产、记忆遗产、非物质文化遗产等。但总体上,世界遗产可以被视作物质文化遗产和非物质文化遗产的集合。

大运河所申请的"世界遗产"是作为具体联合国教科文组织开展的实际项目。1972年11月16日,联合国教科文组织大会在第十七届会议中通过了《保护世界文化和自然遗产公约》（*Convention Concerning the Protection of the World Cultural and Natural Heritage*）并同时成立"世界遗产委员会"（UNESCO），确立了《世界遗产名录》的评选机制。至2020年，全球世界遗产总数已达1121项。无论是《公约》还是《名录》，都不仅仅是荣誉、公益或学术互动，而是整合世界范围内经济、科学和技术力量形成的一种保护体系，形成保护机制、示范效应，建立保护意识，才是世界遗产项目的初衷。文化遗产在公约中被定位为世界遗产的一种类型，比如有突出普遍价值的历史名城、街道、建筑或构件、雕塑、壁画、碑刻、岩绘、文献书籍等，或者具有突出普遍价值的人类和人类与自然结合的工程、场所、考古发掘遗迹等，都被视作文化遗产。由于一开始进入《世界遗产名录》的文化遗产被要求必须是物质化的，有具体形的，在我国就如历史文化保护区域、单位等。而在项目进行的过程中，作为文化非常重要组成部分的许多非物质的、无形的文化同样急需受到关注和保护，甚至更为迫切。于是，联合国教科文组织在2003年10月的第三十二届会议上，通过了《保护无形文化遗产公约》（*Convention for the Safeguarding of Intangible Cul*）。该公约将被各群体、团体、个人视为文化遗产的各种实践、表演、表现形式、知识和技能及其衍生的工具、实物、工艺品和文化空间等，划归为"无形文化遗产"的范畴。比如表演、手工技艺、民俗活动和礼仪与节庆，甚至信仰、思想等都可以称为非物质文化遗产。在我国，《中华人民共和国非物质文化遗产法》明确规定，中华儿女薪火相传同时当成中华民族文化遗产重要内容的所有用来体现传统文化的方式，还有和这些表现形式联系的物体与空间，都属于非物质文化遗产。比如，绘画、音乐、书法、戏剧、舞蹈、杂技与曲艺、用作传播介质的言语、传统节庆、礼仪等民俗、传统历法、技艺和医药、传统游艺与体育等。

中国大运河获准列入世界遗产名录的系列遗产点主要以物质文化遗产形式为主,分别选取大运河各典型段落、水利构建和沿河建筑。总体上包括河道遗产27段,总长度1011公里,相关遗产共计58处。遗产类型包括闸、堤、坝、桥、水城门、纤道、码头、险工等运河水工遗存,以及仓窖、衙署、驿站、行宫、会馆、钞关等大运河的配套设施和管理设施,和一部分与大运河文化意义密切相关的古建筑、历史文化街区等。这些遗产分布在2个直辖市、6个省、25个地级市,遗产区总面积为20819公顷,缓冲区总面积为54263公顷(见表1)。当然,除了作为遗产点的物质物化遗产,大运河各河段都包含各种形式的其他物质文化遗产和更多的非物质文化遗产。

表1 世界遗产中国大运河遗产点分布

序号	地区	河道	遗产点/遗迹
1	北京市	通惠河北京旧城段、通惠河通州段	玉河故道、澄清上闸(万宁桥)、澄清下闸(东不压桥)、什刹海
2	天津市	天津三岔口	无
3	河北省	南运河沧州至德州段	沧州东光连镇谢家坝、衡水景县华家口夯土险工
4	山东省	南运河德州段、会通河临清段、会通河阳谷段、南旺水利枢纽、会通河微山段、中运河台儿庄段	临清运河钞关、阳谷古闸群(荆门上闸、荆门下闸、阿城上闸、阿城下闸)、东平戴村坝、汶上邢通斗门遗址、汶上徐建口斗门遗址、汶上十里闸、汶上柳林闸、汶上寺前铺闸、南旺分水龙王庙遗址、汶上运河砖砌河堤、微山县利建闸
5	河南省	通济渠郑州段、通济渠商丘南关段、通济渠商丘夏邑段、永济渠(卫运河)滑县浚县段	洛阳含嘉仓遗址、洛阳回洛仓遗址、浚县黎阳仓遗址

序号	地区	河道	遗产点/遗迹
6	安徽省	通济渠泗县段	柳孜运河遗址、柳孜桥梁遗址
7	江苏省	中运河宿迁段、淮阳运河淮安段、淮阳运河扬州段、江南运河常州城区段、江南运河无锡城区段、江南运河苏州城区段	总督漕运公署遗址、宿迁龙王庙行宫、清口水利枢纽、淮安双金闸、淮安清江大闸、淮安洪泽湖大堤、宝应刘堡减水闸、高邮盂城驿、江都邵伯古堤、江都邵伯码头、扬州瘦西湖、扬州天宁寺行宫和重宁寺、扬州个园、扬州汪氏小苑、扬州盐宗庙、扬州卢绍绪宅、无锡清名桥历史文化街区、苏州盘门、苏州宝带桥、苏州山塘历史文化街区、苏州平江历史文化街区、吴江运河古纤道
8	浙江省	江南运河南浔段、江南运河嘉兴至杭州段、浙东运河萧山至绍兴段、浙东运河上虞至余姚段、浙东运河宁波段、宁波三江口	南浔古镇、嘉兴长虹桥、嘉兴长安闸、杭州富义仓、杭州凤山水城门遗址、杭州桥西历史街区、杭州拱宸桥、杭州广济桥、西兴过塘行码头、绍兴八字桥、绍兴八字桥历史街区、绍兴古纤道、宁波庆安会馆

　　从物质文化遗产方面来看,因为具有客观性所以整理较为系统,主要可分为运河相关水利工程及构件、沿运河城镇街道及建筑、沿运河遗址遗迹及景观、沿运河出土及流传物品这四个大的类型。首先,从遗产点不难发现,如桥、闸、坝、堤、纤道等运河通行通航、水利防控管理相关的设施众多。除此之外,漕运码头、仓储建筑、卫所驿站等许多遗存虽然或许不在名单之内,却同样是各运河段非常重要的物质文化遗产代表。其次,运河流经的8个省市地区,有许多历史悠久的沿河城镇,在历史上的各个时期荣枯变化,成为运河发展的见证,更重要的是这些沿河城镇也是大运河遗产的"活态"因素。而且,城镇本身就是一个依水而建的复杂文化综

合体,是具有鲜明特色的在地文化的缩影。沿运河两岸与运河经济、生活、聚落、信仰相关的建筑或遗址也是大运河物质文化要素。比如进行漕运管理的衙署,宗教信仰生活相关的庙宇,经商通航形成的各类商会、会馆,官商富甲的宅邸园林,百姓人家的屋舍民居等,为大运河留下了层次丰富、类型繁多的物质文化遗产。运河沿岸还有很多其他人文和自然景观。以通州为例,沿运河就有如"古塔凌云""二水汇流""柳阴龙舟""长桥映月"等所谓"通州八景",而这种沿河景观由南至北更是不胜枚举。再有,沿运河留存或出土的各种文物也属于大运河物质文化的组成部分。比如,洛阳偃师市首阳山镇义井村发现的西南汉唐漕运故道内的沉船,或是安徽泗县刘圩汴河故道遗址发掘的唐宋陶器、钱币遗物等。总之,大运河物质文化遗产的内容、类型丰富,为大运河文化的研究、保护和传承提供了样本。

以非物质文化遗产为例,与大运河文化密切相关的开漕节、敬奉金龙四大王、敬奉龙王、敬奉关公、敬奉河臣等活动,包括更广泛的与水文化相关的妈祖祭祀、水神祭祀等,都是非物质文化的类型与形式,这些非物质文化遗产都是由文化性与空间性进行界定的。另外,包括大运河工程开展过程中形成的非物质文化遗产,包括运河的开凿、修缮、疏浚、拓新、闸坝修筑、漕船制造等传统技艺,则是以人类口述与非物质文化遗产的发展和演变关联来判定的。大运河沿岸居民在生活过程中所派生的人类口述遗产,如各类民间故事、典故传说、民歌童谣、社会风俗、节日庆典等,包括作为娱乐项目的戏曲、音乐、舞蹈的表演艺术等;还有如砖石烧制、染纺刺绣、金石雕刻、花木茶艺等沿岸的传统手工艺技能等,都是大运河文化母题下的非物质文化遗产组成。由此可见,大运河非物质文化遗产是一个复杂多样的整体系统,探究分析同一时期、同一区域运河发展演变内容时,不仅需要注重看得见的物质遗存,同时也要放眼于无形的、非物质文化遗存,探究其背后的社会网络、个体因素、自然环境影响。研究运河非物质文化遗产,需要在了解其多样化、跨地域化的同时,关注彼此之间的关联性与交融性。如宜兴紫砂壶技术,苏州宋织锦技艺,苏州御窑金砖制作技艺,碧螺春、龙井等制茶技艺等,不仅是运河沿岸经久不衰的传统生产技艺,更是代表中华民族优秀传统文化的重要文化遗产,具有深厚的历史文化价值。而且,这些技艺对于运河沿岸,乃至整个亚洲地区相关产业和技艺都有着非常重要的影响和关联作用。再比如,从风俗节庆的角度来看,开漕节、龙舟节,甚至端午节都与大运河之间有着深厚的渊源。再比如,无论是戏曲戏剧、宗教梵呗吟诵,还是民间的船工号子,也都是大运河文化语境下产生、交融和发展的非物质文化遗产类型。因此,我们对于非物质文化遗产的继承、研究和影像化的表现,不能仅仅停留在个体现象之上,而是应该深入大运河文化遗产的整个生态环境和复杂结构体系中,更整体、全面地解读和展示大运河非物质文化遗产的诸多方面及其关联。这也是为什么对于非物质文化遗产的研究,会涉及旅游学、民俗学、人类学、历史学、美学、社会学等各个方面的原因,而这些成果同样为影像化创作提供了思考。

三、大运河文化的遗产形态

遗产廊道或线性遗产本来是对于河流、故道等此类遗产的形态特性的描述,或者是一种保护、治理、开发的手段。不管是线性遗产还是遗产廊道,都是对遗产场域类型的划分,是对遗产所处文化场域特征的尊重。在大运河遗产影像化的过程中,遗产形态也成为影像记录和建构形象的方向与着眼点。线性廊道决定了影像化过程中对于元素的串联方式,以及叙事安排的次序性引导。在"一带一路"文化传承、激活与发扬的时代背景下,对于大运河文化遗产廊道与线性遗产的研究和把握,有助于更有效、更精准地实现大运河文化的影像化建构与传播。

（一）线性文化遗产

线性文化遗产（Lineal or Serial Cultural Heritages）是文化线路（Cultural Routes）、线状遗迹（Serial Monuments and Sites）和历史路径（Historic Pathway）等遗产概念演化而来的遗产类型判断和新概念，主要是指在拥有特殊文化资源集合的线形或带状区域内的物质和非物质的文化遗产族群，运河、道路以及铁路线等都是重要表现形式。线性文化遗产也可以是基于一种陆地道路、水道或者混合类型的通道，其形态特征的定型和形成基于它自身具体的和历史的动态发展和功能演变；代表人民的迁徙和流动，代表一定时间内国家、地区内部或国家、地区之间人民的交往，代表多维度的商品、思想、知识和价值的互惠和不断的交流，并代表因此产生的文化在时间和空间上的交流与相互滋养，这些滋养长期以来通过物质和非物质遗产不断得到体现。由此可见，线性文化遗产不拘泥于真实物理空间中线路与通道的概念，反而被越来越多的学者作为价值认同、地域合作、民族交融、文化互动的媒质进行深入研究。线性文化遗产与其他类型的遗产不同之处在于，它更强调的是线性路线带来的区域文化间的交流与相互影响。我国的线性文化遗产资源丰富，丝绸之路、长城、茶马古道等都属于其中著名的线性遗产类型，而大运河无疑同样是非常重要的线性文化遗产的代表之一。

线性文化遗产的概念最早来自欧美西方国家，最开始仅指以绿地景观轴线将古迹、广场、公园等文化元素进行串联的景观轴线和林荫大道。20世纪初，美国著名城市景观规划大师德里克·劳·奥姆斯特德（Frederick Law Olmsted）将波士顿公园绿道系统改造成为一个集休闲娱乐、遗产保护于一体的线性景观体系，与此之后的绿道网络系统和遗产区域一同奠定了美国以线性自然廊道为框架的线性遗产保护体系。这种线性遗产保护体系的文化资源整合性优势逐渐开始被西方各国所关注。20世纪末期欧洲与国际古迹遗址理事会(ICOMOS)相继以欧洲遗产体系为背景设立了各自的文化线路体系,一条条文化线路促进了整个欧洲区域的旅游产业发展的同时让人们认识到遗产保护对经济发展的促进作用,从而掀起世界范围内线性文化遗产研究的热潮。2005年,联合国教科文组织遗产中心在当时的《实施世界遗产公约操作指南》(*Operational Guidelines for the Implementation of World Heritage Convention*)中将各类线性文化遗产以"遗产线路"(Heritage Itinerary)的形式列为世界文化遗产的特殊形式。20世纪80年代,线性文化遗产的概念和研究思路开始引起我国学者的注意,当时也正是丝绸之路考察研究开展的重要阶段。而随着"中国大运河""丝绸之路长安——天山段"申请成功以及"一带一路"战略的提出,线性文化遗产概念体系再次成为学界开展相关文化遗产研究的关注点。从线性文化遗产的概念可以准确地判定,大运河正是这种拥有特殊文化资源集合的线形或带状区域内的物质和非物质的文化遗产组群,将一些原本不关联的城镇或村庄串联起来,构成链状的文化遗存状态,真实再现了历史上人类活动的移动,物质和非物质文化的交流互动,并赋予作为重要文化遗产载体的人文意义和文化内涵。大运河作为线性文化遗产的着眼点有三个方面。首先,大运河是人类出于交通和运输的目的而形成的一条重要的纽带。其次,大运河将沿岸的城镇和村庄串联起来,配合交通与运输的目的而形成了线性的经济带。再者,大运河带来了不同地域文化的传播交流,并为城市景观文化体现注入了新的内涵。

国外关于线性文化遗产体系的建立和研究成果较早,欧洲各国始终致力于开展区域间文化遗产的修复与保护,并通过设施建设、文化交流等方式维护区域稳定,并于20世纪中期提出了"欧洲委员文化线路"(Cultural Routes of the Council of Europe)计划。该计划由欧洲委会于1987年正式施行,在计划的协定内容中明确指出,文化线路是具有文化、教育特征的遗产与旅游合作框架,旨在通过促进某一条或是某一系列基于历史旅程、文化概念、旅行线路以及人物或现象的路线的发展,帮助理解并尊重其具有重要国际意义的共同欧洲价值观。随后,欧洲委员会还于1998年制定了关于文化线路认证标准,即关于欧洲历史、哲学、宗教、艺术、科学、技术、商业活动等活动都有可能成为文化线路的认证领域。这使得文化线路本身的线路内容更加丰富,且更具传播的灵活性。在此过程中,丰富内容的同时如何凸显特色是文化线路计划的重要目标。比如以种植业景观为特色的"橄榄树线路""葡萄种植园线路",以艺术表现为特色的"罗马风线路""史前岩绘线路""新艺术运动线路",以及以历史人名为特色的"莫扎特线路""拿破仑线路""席克哈特线路"等等。这种策略与欧洲文化线路"文化多元化"与"欧洲一体化"相结合的目标相一致。我国关于文化线路的研究早在《史记》《汉书》中就有关于丝绸之路的相关记载与线路研究。但将大运河视作线性文化遗产的研究则直到2000年以后才逐渐出现。

国际古迹遗址理事会(the International Council of Monuments and Sites, ICOMOS)文化线路体系也是建立在欧洲文化线路体系之上的。西班牙的"圣地亚哥·德·孔波斯特拉朝圣之路"(The pilgrimage to Santiago de Compostela)是欧洲委员会认定的第一条文化线路,该线路后来入选世界文化遗产名录。欧洲委员会对于文化线路体系的研究成果为世界遗产系统对此类成果的认定打下了基础。国际古迹遗址理事会之后成立相关研究机构——文化线路国际科学委员会。这一组织深入开展关于文化线路界定的相关研究,这让文化线路的概念、意义越来越清晰,与之相关的理论体系和视野日渐丰富。2008年国际古迹遗址理事会大会上正式通过了《文化线路国际宪章》(*Charter on Cultural Routes*)。宪章中指出,任何交通线路,无论是陆路、水路,还是其他形式,拥有实体界限;以其自身所具有的特定发展动力和历史功能为特征,以服务于特定的、十分明确的用途;且必须满足:它必须是产生于、也反映了人们之间的相互往来,以及贯穿重大历史时期的人类、国家、地区甚至大陆之间的货物、思想、知识和价值观的多维度的持续的相互交流;也因此必须促进了其所影响的文化在时间与空间上的杂交融合,并通过其有形的和无形的遗产反映出来;与线路存在相关的文物和历史关系,必须已经组成了一个动力系统。至此,对于线性文化遗产的认知逐渐成为共识。

这些研究成果以及后续对于线性文化遗产的保护与活化策略,为我们研究、保护和传承大运河文化提供了经验。首先,大运河作为线性文化遗产,要充分挖掘线性遗产内容的丰富性与层次性,搭建立体的遗产结构。其次,从欧洲的经验不难看出,线性遗产需要突出自身特色,而大运河同样需要在形式多样、类型繁复的文化内容中,总结提炼自身特色,凝练文化形象。

(二)文化遗产廊道

遗产廊道(Heritage Corridor)是最早由美国提出的一种类似线性文化遗产的概念,但两者之间又有所不同。美国提出遗产廊道是处于一种战略保护的意图,美国国家公园管理局(NPS)提出依据国家环境政策法(NEPA)、国家历史保护法(NHPA)及各遗产区域相关的授权法的相关内容,对国家遗产区域保护与发展所应遵循的行动计划、政策法规、目标、原则与战略等所进行的全面阐释。遗产廊道在保护区域内活态景观、振兴当地经济、增加就业机会、增强地域认同、提供公众游憩空间、提高居民生活质量等方面起到了重要作用。遗产廊道的基本概念为:为了当代和后代的利益,由居民、商业机构和政府部门共同参与保护、展示地方和国家的自然和文化遗产的区域。遗产区域包括较大尺度的独特资源，可以是河流、湖泊或山脉等自然资源类型；又可以是运河、铁路、道路等文化资源类型；还可以是废弃废旧的工厂、矿地等文化资源。

作为理论，遗产廊道与20世纪50年代的"绿色廊道"（Green Way）概念有关，但绿色廊道主要强调自然与半自然环境，关注此类线性环境的生态保护问题。这显然与文化遗产的综合概念相比，范围要小得多。因此，在绿色廊道概念的基础上，慢慢开始出现"遗产廊道"的概念，将线性景观与经济活动、传统建筑等的适应性再利用和改善关联起来。1984年，"伊利诺伊和密歇根运河国家遗产廊道"（Illinois and Michigan Canal National Heritage Corridor）成为美国国会立法认定的第一个国家遗产廊道，在其后的十多年时间里，美国先后认定了包括黑石河峡谷国家遗产廊道（Blackstone River Valley Heritage Corridor）、特拉华运河国家遗产廊道（Delaware Canal Heritage Corridor）等在内的23个国家级文化遗产廊道，并专门立法设置相关机构负责保护、建设的具体事宜。除了国家级文化遗产廊道外，美国各个州也有自己的文化遗产廊道认定办法，真正形成了有层次的文化遗产廊道认定体系，遗产廊道也真正从理论发展为项目和措施。而学界关于"遗产廊道"概念的理解基本分为两类，一类认为遗产廊道是以河流、交通线路为代表的遗产类型，囊括与之相关的物质与非物质文化成果。另一类则认为其是一种遗产保护与开发的方法，这是由于遗产廊道概念早期与绿色廊道的概念有关，在美国早期的认定和举措中不难发现这种认知。

遗产廊道和文化线路都是建立在某一历史阶段内，人类生产生活及其依赖的物理线路，而在此过程中，这条线路形成了丰富的物质与非物质文化成果，成为过去、现在乃至未来对人类来说极其重要的资源聚集线路。从前文描述可见，遗产廊道的认定倾向于对于空间与文化交融的保护与再设计语境，美国认定的各种文化廊道都伴随特定的遗产保护类扶持计划，并常常有民间机构和资本介入，存有治理开发的意味。而以欧洲委员会和国际古迹遗址理事会为代表所倡导的文化线路，则更侧重与文化和社会意义，通过对线性遗产的保护，达成某种文化节点的连接、对话，并促成欧洲文化一体化的某种牢固与共识。但不管是遗产廊道和文化线路，都是欧盟和美国根据自身特点和需求形成的文化保护思考与设计，对于自身文化遗产的挖掘与继承具有当代价值和意义，对于大运河文化的保护和继承也同样具有借鉴的意义。

如果遗产廊道是一种保护措施，就其构成元素来看，文化、自然，甚至机构、制度和资金来源都会成为其中的组成部分，因此在认定和审视遗产廊道的时候就必须有各类基本原则的聚焦。在美国国家遗产廊道计划实施的过程中，就制定了相关的认定标准。首先是历史重要性。历史重要性既是一个综合判断，又是以时间为线索收集整理遗产点形成与发展源流，串联历史进程事件的挖掘保护过程。与此同时，历史重要性又是将遗产单位放在时间长河中分析其对所在场域经济、社会、生活、信仰等影响力的分析判断。大运河就是这种穿越数千年时间，见证中华民族发展，同时对民生和精神生活产生巨大影响的场域。其次是建筑物或工程的重要性。这个标准是相对具体而物化的，在遗产廊道内的建筑物在形态、功能、结构、材料和审美上的水平达到何种程度，是否具有独特性或代表性。比如大运河沿岸就保留着大量的从古至今各个年代的建筑，如做细分则有运河本体、水源工程、水利工程设施、航运工程设施，也有衙署、仓库、钞关等运河管理机构所在，更有沿河城镇的历代建筑遗存等。这些遗产不仅建筑本身有历史价值，同时还具有艺术与文化价值。再次是自然环境的重要性。这里其实考量的是一个自然环境与人文景观融合度的问题，自然要素是否对文化资源生产和保护起到支撑作用,这种关联至今是否断裂。而运河本来就是人与自然完美结合的产物,中国大运河更是将人工河道与境内各个重要自然河道相连接,在军事、经济、农业、商业、民生等各个方面都起到重要的作用。再者就是经济的重要性。在美国的遗产廊道概念里,经济重要性更多考量遗产廊道对当地经济现状及未来发展有何作用。而中国大运河虽然作为航运通道,虽然作用远不如过往,但其对于未来城市建设、文旅事业发展都具有非常重要的价值意义。

另一方面,遗产廊道具有非常鲜明的具体主题方向,无论是以遗产保护为主题还是以遗产开发为主题。而如果把遗产廊道的概念放在大运河文化上,则关于大运河遗产廊道的主题分类就会使文化挖掘变得聚焦。比如,作为漕运通道和农业灌溉来源,中国大运河无疑是农业文化遗产廊道。而在中国近代工业史上,大运河沿岸诞生了一大批重要的早期工业集群,至今运河工业遗存仍是值得研究与再开发的重要命题。由此着眼,大运河又可被视作为工业文化遗产廊道。如果再由此展开细分,我们会发现大运河在不同时期又有不同工业遗产分布。比如缫丝、丝织、棉纺织染为主的轻纺工业遗产,以粮食加工、仓储等为主的食品工业遗存,以金属熔炼煅制、船舶建造等为主的重工业、制造业等。这些都是"遗产廊道"或"线性遗产"概念带给我们的启发,在进行大运河文化影像建构与传播研究的过程中,这些概念及其衍生内容,都为我们提供了分析的视角,并成为我们提出系统性问题与建议的方向和依据。

第三节 国际化传播相关原理

国际化传播就是一种文化"走出去"的过程,而其中最重要的环节和意义,就是跨文化的交流与被接受。因此,跨文化传播在传播学中就是一个独立的研究领域。20世纪50年代美国学者爱德华·霍尔(Edward Hall)撰写的《无声的语言》(*The Silent Language*)成为跨文化传播学的开山之作。跨文化传播是在不同文化背景的群体进行互动时产生的,也可以被认为是文化异质的人之间的互动交流。[1]在全球化程度如此之高的今天,一方面,各个国家、民族和地区不同文化间的交流日益频繁,另一方面,文化之间的融合与排斥也同时发生。如何更有效地实现自身文化形象的建构与传播,获得跨文化的接受,也成为跨文化传播学研究的方向,其中的一些理论成果,也有助于我们理解与完成大运河文化的国际化传播。

文化维度理论(Cultural Dimensions Theory)的提出者——荷兰心理学家吉尔特·霍夫斯泰德(Geert Hofstede)认为,不同的国家和区域存在着不同的心理特征,权力距离(Power Distance)、不确定性规避(Uncertainty Avoidance)、个人主义与集体主义(Individualism Versus Collectivism)、社会的男性化与女性化(Masculine Versus Femininity)、长远导向与短期导向(Long-term Versus Short-term Orientation)和自身放纵与约束(Indulgence versus Restraint),共同构成文化差异的六个维度。人类社会中普遍存在的不平等情况,在各个国家、地区的文化中会有程度和方向上的差异,这就是权力距离维度。不同文化背景下的社会成员对于文化不确定性和模糊状态的接受度,则成为不确定性规避维度。社会关系中人与人、人与集体之间的关联紧密程度,构成的是个人与集体主义维度。男女差异维度则与特定文化语境下,男女在情感、职责、权力等各方面的角色分配问题相对应。而区域文化中的社会成员对社会物质文化、生活情感等因素满足的延迟限度和接受程度,就是所谓长远导向与

---

[1] 单波:《跨文化传播的问题与可能性》,武汉:武汉大学出版社,2010年。

短期导向。自身放纵与约束维度是指某一社会对人的基本需求与享受生活、享乐欲望的允许程度。自身放纵的程度与该社会整体对自身约束力成反比。通过这六个维度能够快速有效地找到各文化之间在各维度上的差别，从而有目标、有针对性地进行分析比较和得出较为全面的结论，并由此提升跨文化国际传播的效能。

文化适应理论（Acculturation）是由心理学家约翰·贝利（John W. Berry）提出的跨文化传播理论。该理论从全球化这一基本语境出发，诠释文化适应过程和结果，分析文化适应的态度和去向，理清文化适应群体，提出引人深思的问题。贝利认为文化适应的过程实际上对发生相互接触的两个不同文化都会产生影响，因此他提出了"保持传统文化和身份的倾向性"与"其他民族文化群体交流的倾向性"的双维度模型，将文化适应研究推到一个更加全面、细致深入的阶段。贝利还在此基础之上，从两个维度分别提出了具体的四种文化策略。从非主流外来文化的角度来看，分为整合、同化、分离、边缘化四个方面。"整合"指文化适应中的个体既重视保持传统文化，也注重于其他群体进行日常的交往；"同化"指个体不愿意保持它们原来的文化认同，却与其他文化群体有频繁的交往；"分离"指个体重视自己的原有文化，希望避免与其他群体进行交流；而"边缘化"是最难以接受的情况，指个体既不能保持原来文化，又不被其他群体文化所接受。从主流文化与非主流文化相互交流的角度来看，也存在四种可能。当主流文化实行熔炉策略时，非主流群体会采取同化；当主流文化实行种族隔离时，非主流群体会采取分离；当主流文化实行排外策略时，非主流群体会采取边缘化；当主流文化实行多元文化主义策略时，非主流群体会采取整合策略。而全球化过程中，文化与文化之间的交融也会有"世界文化同质化""相互的改变""相互排斥"和"主流支配"这四类不同的走向。总之，跨文化交流能否完成，取决于对自己的改变和对不同外来文化的接纳与融合。面对全球化浪潮,应当平衡传统文化神人认同与世界其他文化的融合,而不是一味地抵抗、逃避或试图支配。

"陌生化"(Defamiliarization)的概念最初为文学理论,由俄国形式主义评论家维克多·鲍里索维奇·什克洛夫斯基(Viktor borisovich Shklovsky)提出,是俄国形式主义的核心概念之一,也是形式主义者最关心的问题。什克洛夫斯基认为,所谓"陌生化",实质在于不断更新我们对人生、事物和世界的陈旧感觉,把人们从狭隘的日常关系的束缚中解放出来,摆脱习以为常的惯常化的制约,不再采用自动化、机械化的方式,而是采用创造性的独特方式,使人们面对熟视无睹的事物也能有新的发现,从而感受到对象事物的异乎寻常及非同一般。陌生化也是让普通平常的事物艺术化的过程,而艺术的存在就是为了恢复人对生活的感觉,增强人们对事物的可感性。艺术的程序就是将所表达的对象复杂化,增加人们认识事物的难度,从而延长读者审美感受的时值。"[1]陌生化的基本构成原则是表面互不相关而内里存在联系的诸种因素的对立和冲突,正是这种对立和冲突造成了"陌生化"的表象,给人以感官的刺激或情感的震动。这一理念在跨文化传播中同样适用,文化间的差异就会造成一种陌生感,而这种陌生感反而会让文化充满吸引力与美感,从而让跨文化传播得以顺利进行。

文化翻译(Culture Translation)概念是由英国操纵学派代表人,著名翻译理论家苏珊·巴斯奈特(Susan Bassnett)于20世纪80年代提出的。文化翻译理论认为翻译不仅仅是一种语言的转化,更是一种文化与文化之间的相互交流和接受的过程,而在翻译的过程中也应当充分考虑不同语言本身的文化特性。译者可以发挥其

---

[1] [俄]什克洛夫斯基等:《俄国形式主义文论选》,方珊等译,北京:三联书店,1989年。

自主权，采取灵活多样的形式对原文进行替换，以满足译语读者的需求。[1]文化翻译的最终目的不是理解文化信息，而是实现跨文化的对话与交流，并由此促成文化间的融合。在国际化传播的过程中，由于传与受的语言不同，文化语境也不同，如何在翻译语言的同时，完成不同语境间文化内容的转译显得更为重要。这需要传递着和接受者双方的合作，且彼此都会有相应的策略，而并非翻译者单方面的努力。从译者的角度来说，适度的归化是完成文化转译并被接受的重要方式之一。因为让文化内容以本民族文化的形式进行拆解，连接其中的文化普适部分，能够使异文化的理解形成一套编码体系，从而长久地建立某种关联。

在大运河文化影像的建构与国际化传播过程中，上述这些理论都能够成为分析看待传播效能评价的依据，同时也为影像建构与传播行为提供了着眼点和理论指导。文化维度能够让大运河文化的影像建构，有针对性地关照不同文化差异维度的因素，做到最全面的跨文化传播分析。文化适应理论则能够帮助我们在大运河文化影像建构过程中，关注文化遗产中的普世内容与跨文化连接方式。而陌生化理论告诉我们，适度的"陌生化"能够激发异文化对大运河文化的想象，也更容易吸引受众的注意力。而文化翻译理论则从异文化译者的角度，给了我们关于大运河文化形象凝结在编码方式上的启示。

第四节　大运河文化遗产的影像化传播

文化遗产对于当代社会而言，不仅仅只是曾经辉煌和经历的证据，更是知晓自身文化来源的支撑，是值得挖掘和继承的资源。

---

[1]　廖七一:《当代英国翻译理论》,武汉:湖北教育出版社,2001年。

对于文化遗产而言, 在新的时代继续被挽救和保护, 甚至焕发新的生机, 才是文化遗产继承的最为关键之所在。因此, 保持文化遗产的"活态"也成为各国文化遗产研究和工作者的主要目标。而在这其中, 传播是能够让文化拥有活力的必要手段, 在今天这样一个信息化、图像化的时代, 文化遗产的影像化对于其传播而言显得尤为重要。

人类的所有活动都是社会实践, 其现象都是文化, 大运河文化是人类围绕运河开展的社会实践及其现象的统称。人类在围绕某一核心主题进行社会实践过程中, 就会产生与之相对应的特定符号和意义, 其中包括物质与精神各个层面的内容, 在传播中必须找到和充分运用这些符号, 才能真正有效地形成文化传播。从某种意义上来说, 人类的社会文明发展史就是文化传播史。有着现代"传播学之父"之称的美国人威尔伯·施拉姆(Wilbur Lang Schramm)曾在《传播学概论》(Introduction to Communication)中指出, 人类是传播的动物, 传播渗透到我们所做的一切事情中。它是形成人类关系的材料。它是流经人类全部历史的水流, 不断延伸我们的感觉和我们的信息渠道。莱斯利·怀特(Leslie White)也在其著作《文化科学》(Cultural Science)中谈到, 全部人类行为都起源于对符号的使用。正是符号才使得我们的类人猿祖先转变为人, 并使他们成为人类。由于符号的使用, 人类的全部文化才得以产生并流传不绝。正是符号, 才使得人类从一个幼儿转变为人。由此可见, 人们创造、了解和接受一种文化, 其实就是通过符号建构、了解和接受一套有主题的信息集合。而且, 这种建构和接受是一个双向交流的过程。因此, 符号、信息与传播对于文化的存在和发展来说, 是尤为重要的关键词。时至今日, 传播的形式和媒介在不断的更新和变化, 但是关于符号、信息和文化传播的关联和关系从未改变, 这也成为我们进行文化遗产保护和传承的着力点。

今天, 文化遗产的保护与传承离不开对文化形象的建构与传播,而影像化则是建构与传播过程中必不可少的形式和手段。谈到文化遗产的影像化离不开几个方面的问题,首先是影像化的形式,这其中包括影像化的目的、方式、效能,而针对大运河主题而言,其影像化的发展历程也是研究的重要内容。其次,文化遗产影像化的理论支撑,这其中将文化遗产影像与人类学和影视人类学相结合,是学界逐渐开始着眼的研究视角,也是最能把文化与人的生存状态关联起来的角度。再者就是文化遗产影像化的传播,尤其是跨文化的国际传播,是实现文化遗产形象推广和获得文化认同的最终目的与使命。西方最早的文化遗产影像是以民族志记录方式出现的,1895年,法国人类学家费利克斯·路易斯·雷格纳特(Felix Louis Regnault)拍摄了西非沃洛夫妇女用传统技艺制作陶器的过程。随着电视的普及,在很长一段时间里文化遗产影像都是以类似新闻报道或旅游宣传片的方式出现的。而随着纪录片的专题创作开展,非遗影像的视听呈现逐渐开始向视觉人类学的角度发展。20世纪40年代玛格丽特·米德(Margaret Mead)和格雷戈里·贝特森(Gregory Bateson)系统而有针对性的实地考察和影像记录,被认为是这一现象的起始点。

如前文所述,文化遗产(Cultural Heritage)概念由联合国教科文组织(UNESCO)于二战后首次提出。而随着全球化、工业化等社会变革和经济进程,加速了全球对自然与文化资源的开发利用,这也导致了文化遗产的破坏、衰落、丧失或滥用,对于非物质文化遗产的保护势在必行。于是在1972年,联合国教科文组织正式通过了《保护世界文化和自然遗产公约》,旨在保护如文化古迹、历史建筑和自然遗址等物质与文化遗产。[1] 而"非物质文化遗产"

---

[1] 闫颖、张广海:《中国世界遗产旅游与城市发展的关系研究》,青岛:中国海洋大学出版社,2016年,第3页。

（Intangible Cultural Heritage）概念则于2001年由《人类口头和非物质遗产名著宣言》项目提出并得到广泛关注。2003年，联合国教科文组织的《保护非物质文化遗产公约》中再次强调非物质文化遗产保护的重要性，将其定义为一种代代相传的，作为对社会环境、自然世界和历史的回应而进行的再创造内容和方式。从文化遗产的相关概念演进历程不难发现，文化遗产是物质与非物质文化的融合，而大运河文化就是一种物质与非物质文化的廊道式遗产集合体。

正是由于文化遗产的这种集合性，从一开始联合国教科文组织就认识到影像对于文化遗产保护的重要作用。首先，在申遗过程中，申请地区除了需要提供书面材料，还必须提交包括照片和视频在内的遗产要素可视化内容，文化习俗的视听记录和表现是非物质文化遗产保护战略的重要组成部分。早期，联合国教科文组织甚至明确建议了相关影像创作的内容、时长和技术要求，并希望让渡知识产权，但对于制作方法、风格和目标观众却只字不提。后来在实际创作过程中才发现，过多的限制并不能对应不同文化遗产影像化的具体要求。其次，影像本身就是文化遗产的组成部分。1992年，教科文组织设立了《世界记忆工程》，以确保世界上珍贵的文献遗产得到关注、保护和尽可能的推广。该工程包含稿、文件、地图、书信、录音、影像等各类文献遗产的324个要素，并借助数字化手段和互联网促成这些遗产宣传和推广的无障碍。再者，从遗产保护的角度来看，"保护"包含鉴定、记录、研究、保存、活化、推广、教育和传播共同构成保护职责的各个方面，并在其中"突出普遍价值"的核心理念。[1]在传承的过程中，影像也为"引导人们

---

[1] 高小燕、段清波：《传承与传播：物质文化遗产的可沟通性》，《人文杂志》，2019年第2期。

对文化遗产投入广泛兴趣"作出了重要的贡献。[1]因此,从申遗需要到自身文献价值属性,再到记录、传播等传承保护职能,都充分证明影像化是文化遗产保护的必然选择。

大运河是我国"通南北、鉴古今"的伟大水利工程,也是世界文化遗产的重要组成部分。党中央、国务院在《大运河文化保护传承利用规划纲要》中明确提出了"保护好、传承好、利用好大运河这一祖先留给我们的宝贵遗产"的重要战略部署。[2]这对于大运河文化的影像建构与传播来说,既带来了创作契机也提出了更高的要求。而事实上,自大运河申遗成功后,近年来相关主题影像成果却鲜有佳作,同质化、浅层化的传统创作套路与融媒体语境下大运河文化的当代传播需求不符,大运河文化的影像建构与传播亟须完成从目标定位到范式策略的转向和自新。相较于西方国家,我国的文化遗产影像化创作起步较晚,多以专题纪录片方式出现。大运河文化遗产的影像化形制上一方面有明显的学习痕迹,另一方面也形成了诸如"知识分子介入"等本土化特色。正如德瑞克·吉尔曼所言,人们总是有目的地来阐释文化遗产的价值。大运河文化自身具有独特的廊道遗产线性组织特征,因此在影像化的过程中,需要聚焦整体文化形象特色的建构。[3]

大运河文化遗产的核心还是文化本身,而非单纯的空间或物的遗存。一方面,大运河文化遗产的形成是伴随运河相关人类社会活动出现的,并且能够反映特定人群的物质与精神生活经历,代表这一场域内人群的集体文化共识。另一方面,大运河文化作为

[1] 张松:《城市文化遗产保护国际宪章与国内法选编》,上海:同济大学出版社,2007年,第35—37页。

[2] 新华社:《中办国办印发大运河文化保护传承利用规划纲要》,《人民日报》,2019年5月10日。

[3] [英]德瑞克·吉尔曼:《文化遗产的观念》,唐璐璐、向勇译,大连:东北财经大学出版社,2018年,第13页。

一种文化母题,是将符号和信息进行有效编码的区域文化系统。大运河文化的活态和发展一定是建立在符号和信息有效传递的前提之下的。怎样实现有效的传播,则涉及编码方式的相对固定、传播形式的适宜以及传播渠道的丰富与畅通。

就影像化方式而言,一定要遵循媒介与主题的需求和规律。比如大运河物质文化与非物质文化遗产的影像建构与传播就会有所不同。非物质文化遗产与物质文化遗产一样具有历史、科学、艺术性价值的要求,但非物质文化遗产还有范式、经验、感受传承等特性,同时也是文化多样性和人类智慧的延续,而需要由人具体传承的文化遗产还有着必然的创新性要求在其中。当下,许多技艺类非物质文化遗产就面临着"人亡艺绝"的困境,那么影像化传播不仅只是实现形式记录功能,而是对技艺过程与经验的传播,并在此过程中让更多的人了解其价值与意义,扩展传承的范围与发展可能。因此在影像化的过程中,非遗所具有的传承性、实践性、多元性、活态性等特征和要求,就会有更为明确的影像化编码诉求。当然,还有一些非物质文化遗产,如传统方言、婚丧嫁娶习俗、宗教仪式、商贸活动等,因为时代发展和条件的限制无法有效地被传承下去,那么对于此类文化遗产在现有留存的情况下则急需影像化的记录与留存,且对于大运河文化母题来说,仍然具有重要的传播价值,文化的多样性、独特性,文化符号的形成来源及演变过程等都蕴含其中。

影像可以将大运河的发展历程、语言特色、沿河居民的生活方式、民风习俗、技艺工巧等用最生动的方式记录下来,这具有非常直观的文献价值,让影像化行为也具有了影视史学的意义。影像记录和创作本身在形成作品之前,也已经成为一种积极的文化审视和传播方式。文化遗产关系着国家和民族文化和精神的传承,保护、挖掘中国大运河文化,做好大运河文化遗产的影像化建构和传播,同样也是讲好中国故事,传播好中国形象的重要举措。

第二章
大运河早期图像与西方文化想象

中国自古就有关于大运河的图像化记载，舆图与绘画是其中最重要的两种表现方式，虽然两者功能与表现特征各不相同，但都是大运河文化影像化的最初样貌。舆图与绘画同样也是西方世界了解中国大运河的起点，在摄影技术还没诞生之前，西方人通过地图和绘画知道了这条人类历史上最大的人工运河，并由此展开了关于神秘东方国度和运河图景的文化想象，这种文化想象成为了大运河文化跨文化传播的起点。因此，研究大运河文化的影像建构与国际化传播，需要我们回到大运河早期图像与西方文化想象的阶段，甚至是文化图像史本身的形成与发展中。这种回溯对于厘清大运河文化影像建构历程的整体脉络，建立更科学可信的影像史观，具有非常重要的意义。

第一节　影像史观与文化形象

任何文化都是在经年累月中逐渐形成的，是同一场域内的人、事、物于不断相互依存和对话的产物。一方面，文化形象是由此种文化自身符号的有机组合；而另一方面在跨文化传播中，来自他者的接受或差异认知，也会对该文化形象的建构产生反向影响。无论是研究文化的形成，还是探究文化的传播，保有严谨的历史观都是使研究成果客观、完整、准确的基本前提，也是必要的视角。而影像是当代史学和文化研究的全新形式，影像史学和视觉人类学也成为今天史学与文化记录、呈现、保护和传承研究的重要领域。对于大运河文化的影像建构与传播研究而言，建立良好的影像史观，运用影像史学的研究方法和成果来分析大运河文化现象，增加研究成果的时空厚度，也成为笔者研究的基本方法和态度。

一、影像史学

影像是人类用来记录历史的重要手段，早在茹毛饮血的原始阶段，人类就通过绘画的方式记录发生过的事情。一直以来，"以图记事"就是人类文化的重要活动之一，甚至是一种本能。由于世界是客观而具体的，从古至今人类不断把自己对于客观世界的探索、感受和认知，通过绘制、凿刻、雕塑等方式，将主观归纳的画面保留在山体、洞壁、陶罐等器物上。在古代先民留下的岩洞壁画、砖石、骨片上，我们都能够找到人类记录与传达信息的证据，这也能够被视作利用影像记录历史的开端。随着文字的出现，记录历史的方式开始发生改变，我们可以在青铜器、纪念碑、墓葬中发现这种变化，当纸张出现后，文字与历史记录的关联变得更加紧密，而图像则开始朝着更具审美与象征意义的符号化方向发展。清代著名史学家章学诚曾在《和州志》中提到过这一现象，"始创十表，后世相承，志表愈繁，图经渐失"[1]，并认为是太史公司马迁割断了图像与正史记载的连接。因为文字记录历史的缺点与优点同样明显，真实性、还原性、直观性的缺乏以及人们对于文字记录的依赖，都让历史记录变得单调与同质化，所以在人类历史发展的过程中，影像仍然以自己的方式发挥着记录历史的重要作用。其实中国自古就把书籍称为"图书"，《汉书》中就有刘邦攻克秦国都城、萧何"收律令图书"的典故。而《新唐书·杨绾传》中的"左右图史"，更是把图文并重作为判断学识渊博的重要传统和标准。这里我们探讨的似乎并非影像的概念，而都是图像的概念，实际上要了解影像的所涉范畴必须先来了解影像的基本概念。

对于"影像"概念的理解可以分为广义与狭义两个层面，狭义的影像是通过光学、电子等装置材料，将光的反射造成的被摄物通过物理或数字方式记录下来的图像，具体有照片、视频等动静态形式。而广泛意义上的影像，则包括绘画、地图、雕刻、雕塑、建筑、遗

[1] 参见章学诚《和州志》。

迹等,在史学和人类学研究的过程中,分别具有不同的价值。

影像史学(Historiophoty)源于新史学(New History)思潮带来的关于历史研究方向和方法的改变,是历史学现代化的产物。影视史学的出现并非一蹴而就,而是西方史学界通过长时间利用影像媒介开展历史研究探索后逐渐形成的。1988年,美国历史学家海登·怀特(Hayden Whit)在《书写史学与影视史学》(Historiography and Historiophoty)一文中,首次提出了"影像史学"的概念,即以影像的方式传达历史以及我们对历史的见解。由此可见,影像史学并非研究影像或影视发展历史的学问,而是依靠影像为手段开展历史研究,呈现历史意义的新学科。

从研究对象的范围来看,影像史学并非只限于视频形式,还应当包括其他的影像视觉的媒体与图像。张广智认为诸如历史照片、雕塑、建筑、图像等能呈现或传达某种历史理念的存在,都是影像史学所要研究的对象。[1]周梁楷同样认为,任何影像视觉符号中所呈现过去的事实,其成果或成品都是影像史学研究的范围,例如有远自上古时代的岩画,历代以来的静态历史图像,以及近代的摄影、电影、电视和数字化多媒体都算在内。[2]吴紫阳也指出,包括战场、遗址、文物、雕塑、建筑、画册等都应是影像视觉的历史文本。[3]彼得·伯克(Peter Burke)的《图像证史》(Eyewitnessing: The Uses of Images as Historical Evidence)强调图像是解读历史的重要证据,并将画像、雕塑、电影、电视、照片等共同作为影像史学研究的视觉材料。因此,在本章节关于早期大运河影像的研究中,

[1] 张广智:《黑白之间——赫鲁晓夫画传续后》,《文汇读书周报》,2004年第12期。

[2] 周梁楷:《影视史学:理论基础及课程主旨的反思》,《台大历史学报》,1999年第23期,第445页。

[3] 吴紫阳:《影视史学的思考》,《史学史研究》,2001年第4期。

笔者也将古代舆图、静态照片等作为研究采样的考量。

虽然"影像史学"的概念在20世纪中叶才出现,但东西方利用影像呈现、研究历史的活动由来已久。中国自古以来就有"以图辅史"的传统,《尚书中候·握河纪》中的"河龙出图,洛龟书灵,赤文绿字,以授轩辕",解释了图像和文字在人类认识自然、记录和理解世界规律过程中的重要作用。"宣物莫大于言,存形莫善于画"[1],文字和图像的不同能力,在记录历史的过程中必然发挥不同的价值。《历代名画记》的作者张彦远认为:

> "书画同体而未分,象制肇创而犹略,无以传其意,故有书无以见其形,故有画。记传所以叙其事,不能载其容,赞颂有以咏其美,不能备其象,图画之制,所以兼之也。"[2]

作为一本艺术论著,这里不仅讨论了具体的"画"与"书"的关联异同,更是分析了图像与文字在各自组织表达信息上的侧重与合作方式。西方文明中图像与历史的互动和中国并无二致,历史以各种可感知的视觉形式被记录和传承下来。但是东西方在关于影像与历史关联的认知上,始终并没有得到足够的重视,或者是更主动的运用。

直到摄影技术的出现,人们开始反思关于历史记录的其他重要方式一直被我们所忽略,雅克·勒高夫(Jacques Le Goff)在讨论新史学问题时曾谈到:

> "新史学扩大了历史文献的范围,它使史学不再限于朗格

---

[1] 语出晋代陆机,载于唐代张彦远《历代名画记·卷一·叙画之源流》。

[2] 参见张彦远《历代名画记·卷一·叙画之源流》。

罗瓦和塞诺博斯所主要依据的书面文献中,而代之以一种多元史料的基础,这些史料包括各种书写材料、图像材料、考古发掘成果、口头资料等。一个统计数字、一条价格曲线、一张照片或一部电影,古代的一块化石、一件工具或一个教堂的还愿物,对于新史学而言都是第一层次的史料。"[1]

照片、视频、数字图像等现代语境下的影像手段开始成为记录、研究历史的重要方式。法国年鉴学派史学家马克·费罗(Marc Ferro)认为,在消费影像的社会中,影像已成了史学文献与历史学者本身。[2]马克·费罗的《电影与历史》(*Cinema and History*)、克里斯蒂昂·德拉热(Christian Delage)和樊尚·吉格诺(Vincent Guigueno)的《历史学家与电影》(*L'Historian et le film*)等都是探讨影像与历史的重要研究成果。今天,影像已经不再仅仅是一种技术表现形式,而是当代人获取信息的最重要途径,已经成为助力人类学习、生产、生活各个方面的组成部分。因此,影像史学的出现和发展是一种必然结果,而当影视史学与影视人类学(Visual Anthropology)等学科领域不断展开相互协作和影响之后,影像在人类文化现象的研究中成为必不可少的视角。

二、影视人类学

影视人类学是影像参与文化呈现、表达和传播的另一重要学术视角和领域。影视人类学的概念出现于20世纪60年代,是人类学的一个分支领域,主要指以影像与影视手段表现人类学原理,记录、展示和诠释一个族群的文化或尝试建立比较文化的学问。[3]

---

[1] [法]勒高夫等编:《新史学》,姚蒙编译,上海:上海译文出版社,1989年版,第6—7页。

[2] 肖同庆:《影像史记》,广州:南方日报出版社,2005年,第153页。

[3] 庄孔韶:《文化与性灵》,武汉:湖北教育出版社,2001年,第113页。

随着影像设备的便携度的不断提高, 20世纪末人类学家们开始在田野调查的过程中使用摄像机进行辅助记录。在此过程中, 更多的艺术家和影视制作专业人士开始参与进来, 与人类学家一起完成影像的拍摄, 影像的质量也越来越高, 并开始形成研究与纪录片相结合的全新创作范式。1922年,《北方的纳努克》(*Nanook of the North*) 的上映, 被视作影视人类学被推向公众视野的标志性事件与时间节点。20世纪30年代, 人类学学家玛格丽特·米德 (Margaret Mead) 和格雷戈里·贝特森 (Gregory Bateson) 在答里岛开展当地文化中的自我催眠倾向等文化性格问题时, 运用人类学方法创作完成了6部影像作品, 这些影像也产生了巨大的影响。法国人类学家让·鲁什 (Jean Rouch) 也在20世纪中叶拍摄了《大河之战》(*Bataille sur le grand fleuve*)、《黑法师的国度》(*Au pays des mages noirs*)、《入门仪式与起乩之舞》(*Les magicians de Wanzarbé*) 等一系列展示尼日尔河谷的传统、文化和社群生态的人类学影像作品。正是这些影像实践积累, 以及在研究过程中与文本的协作与对比, 让影视人类学逐渐浮出水面, 成为独立的研究分类。

影像对于人类学研究的贡献不只是在帮助记录的方面, 对于人类学的研究方法的更新和发展也产生了重要影响。田野调查、深度访谈等作为人类学研究的方法一直被广泛使用, 影像能够深入被研究对象的日常生活环境, 通过长时间的拍摄获得全面和细致的原始资料, 并且这些影像可以反复观看以通过目标分类的方式, 分别研究、统计、归类人类行为, 总结其中的文化特性与基本规律。美国人类学学者阿基尔·古塔 (Akhil Gupta) 和詹姆斯·弗格森 (James Ferguson) 曾在论著中提出:

"人类学与其他学科的区别与其说是在于研究主题, 还不如说是在于人类学家所使用的独特方法,即基于参与式观察的田野调查方法。"[1]

在田野调查的过程中,影像最大限度地保留了过程性的资料,也让参与式观察的优势和价值得到了最大化的发挥。因为这些影像不仅对于研究者而言是珍贵而全面的研究采样,更让观众在感知了解特定人类群体的生活状态、风俗习惯和文化特色方面提供了最直观而具体的形式。在人类学的研究过程中,影像一方面成为研究调查记录的重要形式和手段,另一方面也为人类学研究带来了主题的再次细分。因为虽然研究者在进行参与式调查之前,就已经准备了需要研究的方向和内容,以保证在观察过程中完成定量式的信息采集,并最终获得科学的研究结论。但是由于影像更全面地保留了观察过程,许多行为现象和情况并非完全与研究者的研究着眼点或计划一致,但却极具研究价值,那么新的研究方向和命题反而会被细分出来。当细分主题越多,对于被研究对象文化认知和判断则越客观完整。

另一方面,人类学的研究方法同样也对文化的影像化,以及相关纪录片增加了创作视角和学术厚度。人类学研究方法的科学性和系统性,能够很好地提升影像的客观真实性。长时段、长镜头的拍摄方式,让镜头不会更多地通过景别切换形成主观叙事的引导。因为任何过度的细节关注本身,就带有拍摄者自身的兴趣喜好或观念立场。拍摄者在内容的选取上将会更注重行为发展的完整性,场景和视角的全面性。这种与商业叙事影像截然相反的拍摄方法,反而为影像赋予了新的魅力与感染力。当然,人类学影像与

---

[1] [美]古塔、[美]弗格森:《人类学定位:田野科学的界限和基础》,骆建建等译,北京:华夏出版社,2005年。

纪录片的拍摄有相似处,也仍然有很多差异,但都是人类文化影像化的重要方法和形式。

在本书的撰写过程中,影像不仅是大运河文化研究的内容与方向,影像史学以及影视人类学同样成为笔者研究的着眼点和方法。因为只有在研究和撰写过程中具有明确的历史和时空观念,才能更宏观和整体地审视大运河文化,并对大运河文化的影像建构与传播作出更准确的认识和判断。

三、影像特征与文化形象

利用影像建构大运河文化,必然离不开对于大运河历史的研究和表达,影像与历史结合的影像史观能够让大运河文化的影像建构具备极强的叙事性,而这种叙事性则能够帮助大运河文化进行更有效的传播。因为影像自身有着鲜活、直观的叙事优势,且能够利用审美手段让大运河文化更具吸引力,增强接受度。

(一)视觉直观

影像记录的视觉直观性是文字所不能比拟的,通过文字记载依靠想象力还原的“真实”,一定会存在各种不同的演绎与错位。有些场景并没有事件化的因果和过程描述,活动方式与行为细节也不易事无巨细地被记录。此种情况之下,影像的视觉直观就变得非常必要。

比如,古代大运河水系交通过程中有一种被称之为“翻坝”的活动,即利用人力或畜力拉扯的方式,帮助船只翻过堤坝从大运河进入运河的支流或其他临近自然河道,或是从自然河道或运河支流越过堤坝进入运河主干道,如果仅凭文字记载,我们只能猜测当时的场景,因为在今天的大运河运输过程中,已经见不到此种活动。有幸的是,一位外国传教士用手中的相机拍摄下了1891年大运河杭州段德胜坝货船翻坝的珍贵影像。从照片中我们可以看到,人们或骑或赶着五头水牛,水牛的身上都绑着长长的纤绳,同时也有纤夫以人力身背纤绳拉扯，所有纤绳的另一头都连着一艘货船，纤夫和几头水牛呈扇形散开。画面中货船正从堤坝的另一侧被拉扯到堤坝的最高处，上扬的船头显示此刻正是船即将来到堤坝另一侧的关键之处。从堤坝通向河水的路上有着明显的一条滑道，为了防止船在翻过堤坝后滑行过快，所以扇形分布的纤夫和水牛就能够通过向两侧拉扯为船只在下滑过程中提供适当的阻力。由于后来德胜坝的船只翻坝使用了更为经济有效的绞盘车，因此如果不是因为这张照片，我们不仅无法细致地了解130年前的翻坝场景，甚至不可能知道当时使用的是古老的水牛拖拽法。

德胜坝北通京杭大运河，南连杭州内城水系，是京杭大运河大船行进的终点。因为内城水系水位比运河水位要高，而且很少会产生变化，所以只能建造固定的土质堤坝。元朝末年，张士诚组织20万民夫开凿拓展从塘栖武林港到江涨桥段运河航道，全长45里，被称为新开运河。而从江涨桥到德胜坝一段的旧河道仍保持原样，所以沿大运河从北而来的大型船只只能行驶至江涨桥。到了明初，德胜坝开始设置管理机构，通调运河与内河的船只航行。清乾隆年间，江涨桥到德胜坝1.3公里河道被拓宽，京杭大运河的南端被延长，沿运河而来的大船也能更加靠近杭州，直达德胜坝下。1958年，德胜坝开始使用皮带传送机，不再需要船只翻坝，直到1970年，京杭运河向南延伸至艮山港，德胜坝也被拆除。回望历史，我们就能了解到1891年这张照片记录的翻坝在整个德胜坝历史中的时间节点和面貌，以历史瞬间的形式让我们对于大运河有了更直观的感受，成为记录与呈现大运河历史风貌的采样。

（二）口述历史

影像在呈现历史和文化的过程中，并非总能用参与的方式记录文化诞生、发展演变的全过程。因此，以访谈的方式将亲历者、传承者、见证者、研究者的口述记录下来，也成为历史或文化影像化的一种重要方式和特性。由于他们与文化现象或内容有着紧密的关联，因此他们的特殊身份就决定了他们所述内容的权威性和可信度。大运河虽然历经数千年历史，但至今在运河河畔仍然生活着大批的运河人，他们本身就是大运河文化的组成部分，并有着关于运河记忆的传承。另一方面，有些大运河文化的研究学者、专家，对于大运河文化有着非常深入细致的认识和理解，他们的叙述本身就是自己研究成果的呈现，这同样增加了大运河口述史相关影像的部分文献价值。

以大运河文化主题纪录片为例，摄制者在已有拍摄计划与线索的基础之上，让运河历史文化在特定的场所环境中，以被访谈者口述的方式娓娓道来，口述信息、现实场景、共同记忆、亲历感受与过往传承等一起，共同勾勒出大运河的文化形象。从影像叙事的角度来看，访谈口述与旁白叙述其实并没有什么信息传递形式上的差别，旁白从某种意义上来说其实更加精炼和准确，但口述者的身份、情感，以及对话感，都能够给观者一种身临其境的体验。几乎所有大运河主题纪录片中，都有访谈类口述史的形式。《大运河》《中国大运河》《远方的家——大运河系列》《京杭大运河》等大运河文化主题纪录片，无一例外地在呈现过程中大量运用访谈口述的方式。这其中有运河跑船人，有当年的纤夫，有学界的专家学者，有非遗传承人等，他们都讲着自己有关运河的故事，让观者能够深刻体会到大运河对于我们的重要影响和价值意义，让观者理解大运河是被共同拥有也需要共同保护、继承的。口述的方式还将大运河文化的解释权交还给公众，而非自上而下的宏大叙事或引导。大运河滋养着运河畔人们的生产生活与文化，所有口述者以个体的方式触摸、构建着大运河历史文化，这样的影像更容易引起观者的情感共鸣。

影像中的口述历史虽然有一定的史料价值和研究方法的意味，

但更倾向于一种表达方式的运用。因此,在影像化的过程中,营造良好口述氛围感染观众的同时,也应当对口述内容的真实度与准确性进行合理的甄别与运用。让口述历史的形式与口述历史的方法以及翔实的史料相互支撑协作,充分发挥好影像口述史的作用。

（三）再现真实

相对于传统概念中的图像而言,当代影像的概念源于影像技术的进步,而随着媒介技术的不断发展,影像的获取也并非只有通过拍摄才能获得。从绘制到化学成像,从数字录制到虚拟成像,直到今天智能技术与影像在表现甚至生产过程中的交融,影像的获取、展示和接收都发生了巨大的改变。关于历史文化影像化的方式方法,以及影像变革为历史文化研究方法也带来了更多的可能性。影像化本就是虚拟呈现的手段,而利用这种虚拟的手段却可以完成"再现真实"的目的。

图像诞生伊始,就有着还原再现真实的功能。原始人类通过画面的绘制记录、纪念周边的重要经历和事件。其后,不管画面的精美程度以及形式发生怎样的变化,在很长一段时间内,图像都承载者"再现"过往真实的功能。但画面显然不是"真实",即便是最写实的表现风格,造型的偏颇、审美的喜好、情感的期盼、内容的取舍都会让人工图像显得充满主观色彩。即使是当摄影和电影出现以后,这一现象仍然存在。看似客观的记录,在视角的选取、景别的切换、镜头的剪辑之后,仍然会带有鲜明的引导性。然而即便如此,影像毫无疑问具有无可比拟的再现真实的能力。并且在此过程中,如何通过设计、表演更好地表现真实,也成为历史文化影像化过程中值得研究的问题。在大运河主题相关纪录片影像中,许多古代场景和事件是通过搭建和演员表演的方式完成的,这也是中外各种纪录片创作常见的手法。这种影像创作手段不仅能够更直观地还原历史事件或场景,增强影像的观赏性和接受度,同时也是过往真实的还原探索与尝试。这种"再现真实"的手段,让许多原本只保留在书本上的文字,或者口口相传的故事成为可以被展示的完整视觉结果。虽然不是真正意义上的还原,却起到了辅助描述真实的效果。在这一过程中,场景、人物、服饰、活动、时间等要素,无不需要经过严谨细致的考较。在这一过程中,还原真实的严谨性和影像重构的尺度把握,都会影响到历史还原的可信度。

另一方面,媒介融合发展是近年来不断加速的新趋势,也必将成为未来文化传播的常态,研究学者们也敏锐地察觉到了媒介变化带来的研究方法的革新可能。早在1999年,沃尔夫冈·雷克海斯(Wolfgang Recheis)、格哈德·韦伯(Gerhard Weber)和卡特林·施弗(Katrin Schfer)等人就发表了《虚拟现实与人类学》(*Virtual Reality and Anthropology*)的研究成果。他们认为可以利用三维扫描与虚拟现实技术来开展人类学的研究。在史学和人类学研究的过程中,许多有文字记载但却无具体留存的物件与事件,而这些已经不存在的人类文化与活动形式,都可以影像化的方式完成对于研究材料的还原与重建,人们可以再次于"真实"中亲历过往瞬间,直观感受文化蕴涵,这对于人类文化保护、研究和传播都具有极其重要的意义。在申遗纪录片《大运河》中,就利用三维数字技术,模拟了隋炀帝下令征发百万人共同开凿运河的宏大场面,满足了观众对于这一历史盛况的想象。而这一手段在该片的建造技术分析、运河城市复原、运河航运构建复原讲解等不同段落都有使用,以虚拟的方式完成了"非虚构"的历史文化呈现。

影像能够成为大运河文化形象建构的重要形式,在充分利用好影像的视觉直观、口述历史和真实再现等媒介特质的同时,必须持有合理的影像史观。因为只有将大运河文化置于历史长河之中,整体了解把握大运河文化的源头与演进,才能真正找到大运河文化形象影像化建构的着眼点与文化本源。在研究过程中,影像史学和影视人类学研究的方法与成果，能够帮助我们行之有效地透过影像表面，抓住文化内核，找到最适合的传播策略。

第二节 中国古代运河图像

黄河、长江作为中华文明发端的重要河流，千百年来一直都是文化、艺术创作的重要题材，关于两者的图像成果很多，官方和民间的皆有，形式上大体可分为舆图与山水画两大类，两者相互关联却又有着各自不同的功能和创作目的。舆图主要呈现河流来源、形态及其流域相关信息，有资料档案属性，为河流利用与治理提供依据。而山水画作为绘画作品，在体现审美价值的同时，常含展示山河壮美、疆土辽阔之情感意味。早在汉代和唐代就有黄河图，宋代碑刻《九域守令图》《华夷图》《禹迹图》中都有黄河水系图像。[1] 元代旅行家都实曾深入青海勘察，并绘制了《黄河源图》。[2] 王喜所撰的《治河图略》则是中国现存最早的治河工程图说，里面有更为详细的黄河图集。明嘉靖年间，吴山、刘隅的《治河通考》和刘天和的《黄河图说》碑刻中，则分别呈现了黄河全貌与黄河夺淮的情况示意。[3] 如果说关于黄河的图像以舆图为主，那么关于长江的图像则更多以山水画的形式出现。唐人朱景玄在《唐朝名画录》中就曾记载过，李思训、吴道子奉唐玄宗之命入蜀写生，更传下吴道子经数月观察，一日绘就《嘉陵江山水三百里图》的佳话。从五代巨然的《长江万里图》开始，北宋的许道宁、

---

[1] 成一农：《中国古代舆地图研究》，北京：中国社会科学出版社，2018年，第73—78页。

[2] 陶宗仪：《南村辍耕录》，上海：上海古籍出版社，2012年第22卷，第240—243页。

[3] 孔庆贤、成一农：《古籍中所见"黄河全图"的谱系整理研究》，《形象史学》，2019年第1期，第180—201页。

北宋的赵芾、南宋的夏圭，再到元代的王蒙，明代的吴伟、沈周、文徵明，清代的王翚，直至近代的张大千，都曾以《长江万里图》为题进行过创作。[1]虽然风格表现各有不同，但艺术家通过描绘长江展示山河气度，表达民族自豪感的意图并无二致。大运河图像的出现要晚于黄河与长江图像，这与大运河作为人工开凿的漕运河道有关。

一、舆图类

"舆图"在古代有"地图"或"疆域"的含义，"舆"是古代用以承载物体的车辆底部构建，因为地图上有山川、河流、城市和乡村等，所以被古人称作舆图。北周时期的《齐白兔表》中就曾有记载道："臣闻舆图欲远，则玉虎晨鸣; 辙迹方开，则银麞入贡。"[2]而舆图则是大运河图像的主要类型之一。明朝弘治年间，在王琼所编写的《漕河图志》中就绘有一系列墨刻漕河图。嘉靖年间，杨宏、谢纯的《漕运通志》里也有自仪真至都城的漕河系列示意图。罗洪先的《广舆图》则描绘了自瓜州与仪真绘至京师的漕运图，其中除了地名的标注还使用了规范的标记符号。万历间年章潢的《图书编》中也有各类漕河图的呈现。清代康熙年间的《运河图》与光绪年间的《京杭运河全图》则都是更加完整、标注翔实细致的经典运河图像。比利时传教士南怀仁在中国任官职时撰有《七奇图说》，把京杭大运河喻为"世界七大奇"之一。这些图像都是用以展示大运河形态和掌握其信息的舆图。我国大运河地图以明清两代最多，主要有运河全图和局部运河图两种，相对来说，全图的研究价值更高。

《运河全图》就是全图类的代表，以此为名称的图在清代不同

---

[1] 翁万戈:《莱溪居读王翚〈长江万里图〉》，上海: 上海书画出版社，2018年，第112—116页。

[2] 参见〔北周〕庾信《齐白兔表》。

时期都有各种不同的版本存世。中国国家图书馆舆图组就收藏有《运河全图》一册,该图创作于清康熙年间(1703—1722),全册开本为宽28厘米,高17.5厘米,全图采用中国传统山水画技法绘制,图中描绘了由京至杭河道沿线的各个区域及相关水利设施,其中以济宁州、临清州、淮安府区域绘制最为详细。该图与早期舆图以墨色线条绘制不同,其用笔考究、设色浓丽,北京一地更是用祥云环绕宫殿的象征手法表现,空旷各处也是布满郁郁葱葱的树木,让地图中的点与线自然融合,信息明确又兼顾审美需求。

收藏于北京图书馆的《京杭运河全图》绘制于1850年前后,长860厘米,高25厘米,全图为传统纸本设色,以中国传统的绘图法表现。图中比较详细地描绘了运河两岸的山川、湖泊,各州、府、县、镇的名胜古迹以及桥、坝、闸口等运河水利设施构建。运河各段的长度、河岸码头、重城驿站的名称、湖泊尺寸、水网来源构成等,全图都留有用以注释说明的文字。

国家测绘档案资料馆也藏有一卷清光绪年间的《清代京杭运河全图》,该图长798厘米,高19.8厘米,纸本设色,描绘了从京师到绍兴府一段运河沿线的地理地貌与人文景观。地图中对于黄河、长江、钱塘江等水流也都有表现,并且用黄色和绿色来区别运河河道与其他河道。地图里有非常详细的关于城郭驿站、水闸节点的名称距离,运河运量与湖泊储水量等的说明信息。且文字也被分为红色和黑色两类,黑色文字主要记述运河沿途地貌和运河官员的新政管辖范围,而红色文字则说明所有的驿路系统。

美国的华盛顿弗瑞尔美术馆(The Freer Gallery of Art)和纽约大都会博物馆(Metropolitan Museum of Art)也都收藏有名为《运河全图》的运河舆图。两幅图大致都绘制于清康熙年间,纸本设色,画面表现风格与内容也比较类似。图中都描绘了从北京到扬州大运河段沿河两岸的河道、湖泊、城池、驿道、闸坝、出海口等区域与水利构建。值得注意的是,两幅图中黄河从河南到徐州都是以南岸为上,而徐州到黄河入海口一段却又改为西岸为上,所以在黄河与运河并行的段落中,地图的方位并不统一。虽然基本内容和形制相似,但就绘制技巧和画面细节而言,弗瑞尔美术馆所藏舆图更为精美考究,艺术性更佳,而大都会博物馆所藏舆图则胜在标准信息的翔实。

除了《运河全图》系列,以湖南、湖北、江西、浙江、安徽、江南、山东、直隶八省为范围的全图也存世较多。中国国家图书馆就藏有清乾隆、咸丰年间的《八省运河泉源水利情形全图》,而中国台北故宫博物院和山东省汶上县档案馆则分别馆藏有清同治年间的《八省运河泉源水利情形全图》,这些同名舆图各有水利工程设施、水道驿道、航运机构的更新与注释,成为运河及其沿线八省行政区范围划分、地形地貌变迁研究的重要史料。另外,像美国国会图书馆馆藏的清光绪甲申年由段必魁绘制的《全漕运道图》、中国国家图书馆馆藏的清中期《岳阳至长江入海及自江阴沿大运河至北京故宫水道彩色图》、清乾隆年间的《江西挽运图》、清光绪年间的《长江运河图》等,都是运河舆图在当世的重要留存(见表2)。

表2　部分明清时期运河舆图

名　称	年　代	收　藏
《漕河图志》	明弘治九年(1496)	湖南图书馆
《漕运通志》	明嘉靖年间	北京图书馆
《广舆图》	明嘉靖二十年(1541)	河南省图书馆
《运河全图》	清康熙后期(1703—1722)	弗瑞尔美术馆
《运河全图》	清康熙后期(1703—1722)	纽约大都会博物馆
《运河全图》	清康熙年间(1703—1722)	中国国家图书馆

名　　称	年　　代	收　　藏
《京杭道里图》	清中期	浙江省博物馆
《清代京杭运河全图》	清光绪年间（1881—1901）	国家测绘档案资料馆
《八省运河泉源水利情形全图》	清光绪年间（1882—1901）	中国国家图书馆
《八省运河泉源水利情形全图》	清乾隆年间	台北故宫博物院
《八省运河泉源水利情形全图》	清同治二年（1863）	山东省汶上县档案馆
《全漕运道图》	清光绪甲申年（1884）	美国国会图书馆
《漕运全图》	清光绪元年（1875）	中国国家图书馆
《江西挽运图》	清乾隆年间	中国国家图书馆
《长江运河图》	清光绪元年（1875）	中国国家图书馆

二、绘画类

除了以舆图的方式出现，大运河也与长江、黄河一样出现在绘画作品中，甚至出现的时间更早。《清明上河图》《运河纪行图》《潞河督运图》与《康熙南巡图》系列等，都是其中的经典之作。

北宋画家张择端的《清明上河图》无疑是中国绘画作品中的经典传世巨作，属国宝级文物，今藏于北京故宫博物院。《清明上河图》长528.7厘米，高24.8厘米，绢本设色。画面描绘了中国12世纪北宋都城东京汴河沿岸的城市风貌与人文景观，成为当时宋都繁荣景象的生动写照。其中，尤以汴河虹桥一段的舟船过拱、商旅熙攘画面最为精彩，而汴河正是大运河的重要组成部分。如前文中提到的那样，汴河就是通济渠，其前身是战国时的鸿沟，也是大运河最早的重要组成部分，正是通济渠完成了隋炀帝"引黄入淮"的计划，才让大运河沟通了黄河、淮河、长江三大水系，成为隋朝大运河的主体部分。宋天禧年间，汴河漕运粮食800万石，也直接说明汴河在当时水路运输上的重要地位，而这种重要地位在《清明上河图》中有着明确的反映。

从画面上可以看到，沿汴河两岸楼宇鳞次栉比，如茶馆、酒肆、庙宇、公廨、脚店、绸庄、修铺、医馆等商业店铺林立，街市行人、商家官吏、男女老幼、车马船轿，熙熙攘攘地各行其是，来往穿梭于街巷之间，一派大都市的商贸生活繁华景象。其中，虹桥与码头是整幅图的高潮片段。虹桥是横跨汴河之上的一座大型木制拱桥，其形态优美宛如飞虹，因此被称为"虹桥"，虹桥旁就是重要的虹桥码头，虹桥旁的河岸上，以虹桥码头为中心，遍布刀剪农具、南北杂货、饮食餐点等摊贩，热闹非凡。而河中，一艘大船正要自桥下通过，一些船员正急忙放下桅杆，以免撞上桥拱。其他船员或以竹竿反向撑抵河道，或用钩子钩住桥梁，或拉拽麻绳矫正船身。旁边船上的人们也在指指点点，而桥上的行人也停下脚步，探头观望着河中的情况。虽然画面是静止的，但我们似乎能从这凝固的瞬间，感受到当时紧张忙碌的气氛。《清明上河图》以汴河为路线，从郊区逐渐进入城市，所绘内容极其丰富。在俯瞰散点透视视角之下，全图绘有1695人[1]，其中包含仕、农、商、医、卜、僧、道、吏、纤夫等类型，分别排布于驾车、驻守、行舟、闲谈、买卖、骑马、赶集、饮酒等场景之内。包含各类牲畜60余匹、船只20余艘、建筑30余栋、车轿20余件。这些丰富的要素之间安排合理，与彼此关联的空间与剧情线索融于一体，共同展现了运河旁的生动历史瞬间。从画面表现来看，《清明上河图》中虽然内容丰富却井然有序、繁而不杂，主

---

[1] 参见齐藤谦《拙堂文话·卷八》。

次分明, 视觉节奏感强。用笔兼工带写, 松弛却又细节工整, 所绘之物再大也不空泛, 再小亦不拘谨, 每个人物景致都完成得疏密得当、动静相宜。《清明上河图》不仅仅只是一张出色的风俗画, 更是生动地描绘了汴河上舟楫连樯的繁忙运输景象, 成为反映古代大运河与城市商贸发展关系的直接写照。

《运河纪行图》是由明代画家钱毂、张復和王世贞所绘制的一套纸本设色册页组图。明代大运河主要由江南运河、淮扬运河、泗洳运道、会通河、南北运河以及通惠河六个主要部分构成。当年王世贞从苏州府太仓州赴京任太仆寺卿, 正是从南向北经过京杭大运河全程。《运河纪行图》描绘了除苏州以下至杭州段的江南运河南段以及通州至京师东便门外的通惠河段外的五个最重要河段, 其中包含84处地理标记点。 吴门画派画家钱毂是文徵明的弟子, 而张復则是钱毂的高徒, 钱、张师徒都是王世贞的好友, 因此在其赴京就任之时, 先是由钱毂绘制了《运河纪行图》上册于王启程前相送, 而后张復与王世贞一同出发, 沿路观察后又分别完成了中、下两册。整套图册由师徒二人共同完成, 虽有尺幅差别, 但画风一脉相承, 极具吴门特质。《运河纪行图》采用俯瞰视角, 用笔松弛造型却工整朴拙。实处建筑桥梁结构严谨清晰, 虚处氤氲缭绕、山峦隐绰, 既有着开阔的空间感, 又不乏丰富的细节。画册在各页中都题写了地名和所绘制物的名称, 像是写生后的标注, 又像舆图一样标注了地点信息, 也还原了王世贞的行进路线。钱、张师徒二人描绘了大运河沿岸重要的城市、村庄和重要园林建筑。除此之外, 码头、堤坝、钞关、巡检司、水闸、驿站等运河水利建构, 也被画册记录了下来, 成为大运河重要的图像史料。《运河纪行图》也成为最早由非官方主导的全面描绘京杭大运河的图像集合。

《潞河督运图卷》与《清明上河图》颇有几分神似, 只不过时空从北宋东京汴河来到了清代北运河的天津三岔河口。该画绘制于清乾隆年间,绢本设色,长度比之《清明上河图》还要略长,达到680厘米,传出自清乾隆年间大画家江萱之手。长长的漕运河道贯穿整幅画面,河面上行船如织,河两岸村落民居、官宦园林、银号酒肆、庙宇祠堂等各类建筑群落有序连接,市井民众、商贩、官吏、船工等近千位不同人物跃然纸上,仅船只就有漕船、官船、货船、商船、渔船等共64条,与《清明上河图》一样内容丰富,细节充分,极好地展现了清代北运河及其沿岸的繁荣景象。而与《清明上河图》相比,《潞河督运图卷》中的潞河为北运河,连接北京与天津,自通州北关闸起一路通海,与南运河交汇于三岔河口,是大运河的"通江达海"段落,也是我国在元明清时期的重要漕运和商业航道。尤其对于京都来说,从米、盐、茶、粟到丝麻织物,从木竹材料到金砖油漆,都必须从南方运输而来,元时就有"百司庶府之繁,卫士编民之众,莫不仰给予江南"[1]的记载。而无论通过运河还是海上运线,漕船都必须在直沽转驳启运,并沿潞河北上自通州进京,所以潞河作为北运河的重要性不言而喻,而其繁荣景象从《潞河督运图卷》中也可见一斑。

清代巨作《康熙南巡图》是由王翚和杨晋主笔完成的系列长卷,全图共分12卷,每卷长度在15米到27米之间,宽均为0.68米,绢本重彩(见表3)。

表3 《康熙南巡图》各卷基本信息

卷　序	尺　寸	场　景	收　藏
第一卷	67.8 cm × 1555 cm	永定门—京郊南苑	北京故宫博物院
第二卷	67.8 cm × 1377 cm	平原—济南	法国巴黎吉美博物馆

---

[1]　参见《元史·食货志》。

卷　序	尺　寸	场　景	收　藏
第三卷	67.8 cm×1393 cm	济南—泰安	美国纽约大都会博物馆
第四卷	67.8 cm×1562 cm	山东—江苏	法国巴黎吉美博物馆
第五卷	不详	不详	遗失
第六卷	67.8 cm×567 cm	常州	美国凤凰城私人收藏
第七卷	67.8 cm×2195 cm	无锡—苏州	加拿大阿尔伯达大学
第八卷	67.8 cm×1965 cm	苏州—杭州	北京故宫博物院
第九卷	67.8 cm×2227 cm	钱塘—绍兴	北京故宫博物院
第十卷	67.8 cm×2559 cm	句容—南京	北京故宫博物院
第十一卷	67.8 cm×2313 cm	南京—金山	北京故宫博物院
第十二卷	67.8 cm×2612 cm	永定门—太和殿	北京故宫博物院

　　清早期，为了笼络江南士大夫阶级，缓解满、汉民族与阶级矛盾，进一步巩固清王朝统治，康熙帝在1684年至1707年的24年间，先后六次沿京杭大运河南巡，而《康熙南巡图》也正是记录了这一重要的历史事件。康熙帝非常重视对于自己南巡之举的图像记录，在全国范围内征选能堪重任的优秀画家。王翚在王时敏、王鉴、纳兰性德等诗画大家的共同推荐下，于花甲之年赴京担任待诏，与其弟子杨晋一起负责《康熙南巡图》卷的组织创作。王翚和杨晋师徒都是清代著名画家，王翚更为"清初六大家"之一，并因此《康熙南巡图》的绘制被康熙帝玄烨赐予"山水清晖"四字，故又被称为"清晖老人"。在长卷的绘制过程中，王翚主要负责画面的总体设计布局，以及其中山水、树石的绘制，而杨晋主要负责人物与牛马等，另有冷枚、王云、徐玫、虞沅、吴芷、顾昉等供奉内廷的画师

完成房屋、舟车等其他部分。《康熙南巡图》场面宏大、叙事性强、情节丰富且画面精美考究，形象地再现了京杭大运河由南向北沿途的风土人情和城乡、商贸、农作景象，不仅是珍贵的宫廷画卷，更是大运河文化的重要图像史料。

三、中国古代运河图像传播

关于大运河的这些古代图像，无论是舆图还是绘画作品，无论何种形式都是大运河文化的重要历史记载与展示。

位于美国首都华盛顿的弗瑞尔美术馆和赛克勒博物馆（The Arthur M. Sackler Gallery）合称为"美国国立亚洲艺术博物馆"，是全美收藏中国古代书画类艺术作品最多的地方。弗瑞尔美术馆的藏品中不乏阎立本、李公麟、周文矩、郭熙、吴镇、王蒙、朱耷、文徵明等历朝历代中国艺术大家的《重屏会棋图》《渔父图》《夏山隐居图》等重要代表作。而作为世界五大博物馆之一的纽约大都会博物馆，其中更是不乏阎立本的《历代帝王图》《步辇图》，张萱的《捣练图》《虢国夫人春游图》等传世巨作。从艺术表现上来看，两所博物馆收藏的两幅《运河全图》无法与其他绘画作品相提并论，但它们对于大运河文化的史料记载与留存有着极其重要的价值。弗瑞尔美术馆和大都会博物馆每年都会接待数百万的参观者，这或可提供一种大运河文化国际化传播的可能。收藏于美国国会图书馆的《全漕运道图》，同样为国外学者带来了近距离研究大运河文化的可能。

与舆图相比，与大运河相关的绘画作品，因为艺术观赏价值更高，更容易实现有效的文化传播效能。以《清明上河图》为例，作为中国十大传世名画之一，该画在海内外都享有极高知名度。而围绕《清明上河图》展开的"秋景之说""真伪之辩"与"寓意之争"等话题，更为其增添了神秘的色彩，不断引发争鸣与关注。虽然作品中的运河要素往往不会成为关注的焦点，但仍然让大运河文化得到了某种意义上的传播。而数字化和影像化,则让这种关注继续升温。2010年,高6.4米,长130多米的世博版《清明上河图》动态影像,成为当年上海世博会上最让中外观众趋之若鹜的中国馆"镇馆之宝"。而2018年,故宫上线了《清明上河图3.0》,此时的影像已不再只是动态展示,而是可以实现交互的高清巨幅互动长卷,同样吸引了大批观众前往体验。同样在2018年,荷兰籍艺术家WAY FUNG(Digiway)选取《清明上河图》"虹桥"一段,将KAWS、村上隆、李小龙、乔布斯、迈克尔·杰克逊、科比·布莱恩特等时尚届、娱乐界、艺术界、商业界和体育界的各种当代名人融入北宋热闹、繁忙的生活场景中。作者希望通过这种方式,思考古往今来历史与文化之间的相互影响与流变,同时也向这个时代中影响文化发展的重要人物们致敬。而运河舆图也开始走入影像传播之中,清康熙年间的《运河全图》被中央电视台《绿水青山看中国》节目专题呈现。这幅三百多年前的《运河全图》为河道总督张鹏翮所绘,具有极高的文物与艺术价值。国家社科院民族所的专家王耀还现场介绍了舆图的绘制过程。在没有精密测绘仪器的古代,绘制和测绘地图的方法和技术与今天的知识体系完全不同。不同河段的基层河道官员需要分段绘制,然后再汇总并不断修订,逐步完善。而且,舆图并非上北下南,而是左南右北,不同的视角看运河,也会形成不同的景象与美感。

一方面,与大运河相关的舆图或绘画作品都是大运河文化的重要组成,需要我们通过研究和保护,不断了解大运河文化的历史发展脉络和遗产精髓所在。另一方面,关于运河舆图与运河绘画作品与运河文化建构与传播的关联度还很低,上述作品的高知名度,但却没有为大运河文化传播提供应有的助力。因此,关于古代大运河图像的影像化还有很大的挖掘空间。

第三节 大运河图像的西方早期创作与传播

从古至今,图像一直都是文化传播的重要载体和手段。尤其在交通和信息传递并不发达的古代,图像可以解读、还原和满足文化想象,形成跨文化传播的具体形象,并且能够借由新的图像不断地让这一文化形象变得凝实。我国历史上的每一次文化交流契机,都会形成与之相对应的视觉文化成果,以及其后在东西方文化间的相互传播。大运河文化也在不同国家和地区的人们与中国开展往来的过程中,形成了由"他者视角"生产的相关图像。而大运河文化作为中华民族文化的重要组成部分,其跨文化创作和传播的基础,是建立在整个国家形象的"被建构"和"被传播"之上的。

中华文化在古代的跨文化传播大致经历过四次高峰时期,都集中在如汉、唐、宋元和明清这样国力强盛的发展阶段。汉代张骞出使西域,成为"丝绸之路"开辟的标志性事件。丝绸之路不仅将以丝绸为代表的物产销往中亚、西亚乃至欧洲大陆,更是将技术、工艺、艺术和民俗等优秀的汉文化成果传向全世界。直到今天,丝绸之路同样是中国与世界各国交往的重要通道,并对当代中国外交发展带来了积累与新的启示。唐代是我国古代封建社会最为强盛的时期之一,代表着当时世界经济文化的最高峰,充满吸引力的唐帝国也成为许多民族争相学习的优秀典范。唐时长安城有粟特人、突厥人、沙陀人、回鹘人、葛逻禄人等胡人,甚至还有阿拉伯人、波斯人等来自世界各地的人群。以石窟艺术为代表的佛教艺术创作,留下了当时东西方文化交融最直观的视觉图像印记。东亚文化的"中华文化圈"也于当时形成,并深刻影响着后来东亚地区文化的基本面貌。宋代非常重视海外贸易,中国商船开始远赴波斯湾和非洲东海岸。宋时的中华文化在唐代的基础上又得到了新的发展,充分展现出自身文化的成熟与厚重。元代的民族交融与东西方交流更加通畅,中国的火药、指南针和雕版印刷术也正是在此时传向西方。明清时期,以基督教传教士为代表的西方人士在将西方宗教、艺术、文化成果带到中国的同时,开始把中国的学术典籍、政治制度、民俗信仰、文学艺术等带回欧洲。中国的瓷器、漆器、绘画开始越来越多地出现在西方国家的日常生活中,西方国家一方面开始熟悉和欣赏东方文化与美学,另一方面对"神秘"的东方古国知之甚少,因此关于中国的西方想象便成为一种现象和话题。

一、近代中国形象的西方影像化记录

西方世界对于中国这个古老的东方帝国一直充满着想象与神往,富饶与文明也成为西方试图了解和走入其中的重要原因。近代欧洲各国的传教士、访华使团纷纷来到中国,希望通过宗教、文化和外交的方式促使清王朝打开国门,开放市场促进对华贸易的发展。在此过程中,无论是威廉·亚历山大(William Alexander)的绘画作品,还是摄影技术诞生后的在华老照片留存,都是近代中国形象的西方影像记录的结果,对于中国形象的建构,以及西方世界对中华文化的传播,起到了从无到有的积累作用,具有珍贵的史料价值。除了威廉·亚历山大,英国画家托马斯·阿洛姆(Thomas Allom)用金属雕版版画的形式,将北京、香港、澳门、广东、江南、浙江、福建、运河、天津九个地区的图像呈现在西方读者的眼前,同时也成为大运河文化影像化的重要资料。

19世纪40年代初,摄影技术被西方人带入中国,中国最早的一批照片资料也在那个时期形成。而在此之前,关于中国的影像除了如瓷器、漆器上的图像外,西方国家对于中国形象的直观认知基本都来自英国马戛尔尼访华使团随行画家威廉·亚历山大的作品。1842年之后,更多的传教士、商人、旅行家、外交使节、军人和科学家等来到中国,并用照相机或绘画的方式记录了更多的地区,见证了近代中国的巨变。

1842年的7月，时值第一次鸦片战争末期，英国特命全权公使璞鼎查爵士（Sir Henry Pottinger）的两位助手伍斯纳姆医生（Dr. Woosnam）和麻恭少校（Major Malcolm）在今天镇江焦山一带拍摄了达盖尔银版照片。当时巴夏礼爵士（Sir Harry Parkes）作为璞鼎查爵士的见习中文翻译，在自己的日记里记录了这一事件，但遗憾的是这张照片至今没有被发现。现存最早的关于中国的照片来自法国海关总检察长于勒·埃及尔（Jules Itier）。埃及尔不仅是法国高官，更是巴黎科学艺术学会和法国地理学会的会员，当埃及尔1884年来到中国后，同样用达盖尔银版摄影法在澳门和广州拍摄了一批作品，其中包含了澳门码头、妈祖庙、广州街景、建筑、官员与普通百姓的珍贵画面，这些影像至今收藏在法国摄影博物馆里。19世纪50年代，法国人路易·李阁郎（Louis Legrand）开始在上海经营摄影工作室，拍摄了大量江、浙、沪地区人文风物和自然风光。1860年，意大利籍英国摄影师费利斯·比托（Felice Beato）先后拍摄了东北地区、北塘炮台、塘沽炮台、大沽口炮台，然后来到北京拍摄了恭亲王奕诉和当时的北京城。费利斯·比托也是第一个拍摄北京的摄影师，他的镜头里记录了晚清时期北京的建筑和城市面貌，其人物肖像也非常注重体现城市与生活的紧密关联。约翰·汤姆逊（John Thomson）不是最早来到中国拍照的摄影师，但却是最广泛拍摄中国的西方摄影师，他的拍摄足迹遍布澳门、汕头、广州、香港、潮州、厦门、闽江、马尾、福州、中国台湾、南京、上海、汉口、宜昌、九江、宁波、天津、北京等地，并在1873—1874年间将来华照片集册，出版了《中国和中国人图集》（*Illucreations of China and its People*）一书，书中展示了他拍摄的200多幅照片并配以记录式的文字说明，在西方国家引起了巨大的反响。德国人厄恩斯特·奥尔末（Ernst Ohlmer）曾于1867—1879年前后旅居北京，期间其拍摄了不少圆明园西洋楼的残迹照片。这些照片后来被商务印书馆出版成了《圆明园欧式宫殿残迹》一书, 成为后人研究圆明园西洋楼建筑提供了宝贵的影像史料。

20世纪初, 意大利天主教神父南怀谦 (Leone Nani) 以外方传教会工作原因来到中国陕西汉中地区, 来华期间南怀谦通过摄像机镜头记录下了当地社会及人民生活、风俗习惯、宗教仪式、建筑风景等。这些作品恰好拍摄于封建王朝土崩瓦解之际, 新旧社会变革带来的视觉表现也被一同记录了下来。1907年, 英国人奥里尔·斯坦因 (Marc Aurel Stein) 来到敦煌, 先后拍摄了134张照片, 其中包括敦煌莫高窟52幅、汉代长城与烽燧23幅等。19世纪末20世纪初世界上最有成就的中国学大师, 法国人爱德华·沙畹 (Edouard Chavanne) 被誉为 "欧洲汉学泰斗", 他在来华期间在山东、山西、陕西、河南等地拍摄了石窟、山川、古桥、庙宇、雕塑、河流、城市、乡村等一系列照片, 他的作品与其关注的考古学、碑铭学、宗教学、民族学研究紧密关联, 具有清晰的研究视角。瑞典人斯文·赫定 (Sven Hedin) 成为研究探索 "丝绸之路" 的最重要的西方学者, 并且在此过程中发现了楼兰古城。赫定不仅拍摄了大量关于新疆、西藏等西北地区的照片, 甚至在1928年拍摄了穿越戈壁的纪录片影像。英国人托马斯·查尔德 (Thomas Child) 采用玻璃湿版照片工艺摄制照片, 他的摄影作品无论是从构图、光线运用还是印制水平来说, 在当时都已达到很高的水平。查尔德在圆明园遗址拍摄了许多佳作, 同时于1870—1880年间还拍摄了大量北京及周围的建筑和风景, 留下了很多极为珍贵的照片。芬兰人马达汉 (Carl Mannerheim) 在1906年到1908年在华的两年时间里, 总共骑马走了14000公里, 横跨中国8个省份, 他学会了讲汉语, 收集的资料是独一无二的, 在进行人类学、人文史地考察中对各种物体做了大量摄影, 包括自然景观、城市风貌、社会现象、各色人物、人体特征、人文景观等，他共拍摄了近1400幅十分出色的照片。英国女传教士礼荷莲（Lilias Graham）1888—1906年间在福建地区传教，拍摄了一批晚清时期南方地区的社会生活的照片。1910年，美国人路得·那爱德（Luther Knight）受聘为四川高等学堂的化学兼算学教师，后又离川赴沪任教。在华期间，那爱德记录了自己在各地工作、生活的社会情况以及他所到之处的风物景象。内容包括辛亥狂潮、天府农事、汶川集镇、高等学堂、茶马古道、长江三峡及沪宁旧地等珍贵影像。法国人奥古斯特·费朗索瓦（Auguste Francois），中文名为方苏雅，1899年带着7部相机和大量玻璃干片来到昆明，担任领事一职。方苏雅在此后的多年时间里，拍摄了山川湖泊、城镇乡村、街道建筑、寺庙道观，也包括上至总督巡抚下至贩夫走卒、乞丐犯人的各色人等，以及发生的重大或日常事件，形成了记录地区社会概貌的纪实性图片集合。美国植物学家亨利·威尔逊（Henry Wilson）1899年至1911年间四次来到中国，三入横断山域考察，并最终出版了《中国：园林之母》（*China: Mother of Gardens*）一书。亨利·威尔逊带着沉重的摄影器材，在交通极不发达的中国西部翻山越岭，拍摄了2000余幅珍贵的图片。这些照片除了作为研究对象的植物花卉外，还有大量当时该区域的人文、地理、历史照片，这些照片为我们对横断山域的综合研究，提供了至为珍贵的资料。德国建筑师恩斯特·柏施曼（Ernst Boerschmann）于1906—1909年间穿越了中国的12个省，行程数万里，对中国古建筑进行全面考察，拍下了数千张古代皇家建筑、宗教建筑和代表各地风情的民居等极其珍贵的照片。回国以后连续出版了至少六部论述中国建筑的专著，这些论著已经成为后人所无法逾越的中国古建筑史领域的里程碑。瑞典学者喜仁龙（Osvald Siren）在20世纪20年代到50年代期间曾多次到访中国，1921年获得特权，进入紫禁城内进行参观和考察。后来又在溥仪妻子的陪同下来到颐和园、中南海、北海等皇家园林进行考察,共拍摄了300多张照片,记录了当时北京皇家园林的风景面貌。乔治·厄内斯特·莫理循(George Ernest Morrison)自1897年开始在华居住长达20余年,拍摄、收集了大量中国影像资料,其间作为中华民国总统政治顾问在当时的中国政治经济领域具有重要的影响力。美国人西德尼·戴维·甘博(Sidney David Gamble)自1917年到1932年期间多次来到中国,用镜头记录下了中国各地的社会风貌、风俗习惯、日常生活等珍贵影像资料。甘博来华期间来往于北京和杭州之间,拍摄了杭州、上海、苏州、南京、北京等城市的大街小巷。作为社会学家,甘博对于古建筑、地标物和具有地方特色的地方手工艺兴趣浓厚,照片内容也多聚焦于此。被称为"西方纳西学之父"的美国人约瑟夫·洛克(Joseph Rock)自20世纪20年代开始,在云南开始了对东巴教和东巴文长达27年的研究,期间拍摄了滇、川、康、纳西、彝、藏一带大量的民族地区活动。美国约翰霍普金斯大学土壤科学家和地理学教授罗伯特·彭德尔顿(Robert Pendleton)于1931—1933年间来华考察,在广东、广西、海南、香港、澳门、内蒙古、山西、北京、吉林、黑龙江、辽宁、江苏、上海、浙江、河北等省市地区,共拍摄照片1100余张,记录了20世纪30年代的历史风貌。1936年,克劳德·皮肯斯与其他传教士一起对中国西北、西藏、内蒙以及丝绸之路古线路进行了考察,以影像的方式记录下了当时中国人的生活环境与生活状况。

自20世纪40年代开始,《伦敦新闻画报》(*Illustrated London News*)、法国《小巴黎人报》(*Le Petit Parisien*)、美国《生活》(*Life*)杂志等报刊的记者等开始带着相机来到中国。当时以及之前的几十年时间里,近代中国经历了太多重要的历史变革,来自西方世界的这些镜头,记录下了这些瞬间,留下了重要的影像资料。近代中国的形象也随着这些影像一起被建构和传播,而随着中国影像越来越多地出现在西方大众的视野之中，神秘的东方帝国形象逐渐开始清晰起来。西方社会关于中国的文化想象，也在影像的作用下被印证、颠覆或引导。在这一过程中，中国大运河的影像也以不同的方式被保留了下来，形成了自身文化在一定程度上的传播和跨文化认知。

二、大运河图像的早期西方创作

早期大运河图像的西方创作、传播和认知是建立在西方世界对中国形象建构基础之上的，彼此之间有着紧密而必然的关联。从西方世界国家留下的近代中国影像可见，在19世纪中后期到20世纪初的时间里，虽然摄影技术还并不发达，但关于中国的影像已经几乎覆盖了从北京、杭州、上海、广州等内陆城市，到新疆、西藏、甘肃、云南等边远地区的绝大部分区域，内容更是从人文景观到自然风貌多样而丰富。大运河及其相关文化要素也在此过程中有所记录。比如，有文字记载的第一张关于中国的照片，就是英国特命全权公使璞鼎查爵士的两位助手伍斯纳姆医生和麻恭少校在水道航运的过程中，在今天镇江焦山一带拍摄的。常年生活在江南地区的路易·李阁郎拍摄了大量苏州和杭州的照片，其中就包含有运河船运生活的景象。费利斯·比托则拍摄下了运河通州段最具标志性的通州燃灯塔，这张照片也是目前已知最早的关于北京的照片。法国人爱德华·沙畹也于在华期间拍摄了一批北运河相关的船运影像。而美国人西德尼·甘博更是和他的兄弟一起，拍摄了杭州、苏州等多地的京杭运河相关影像，这些影像无疑都是大运河的重要影像资料。

在摄影技术进入我国之前，已有部分欧洲人开始创作中国主题的画作。1665年，为能与清帝国开展贸易往来，荷兰东印度公司派遣了由16人组成的荷兰使团前往北京谒见顺治皇帝。访华使团成员约翰·纽霍夫（Johan Nieuhoff）不仅是一名商人，同时也是一位画家,在中国境内长达两年多的旅途中,纽霍夫通过画笔详尽地记录了沿途的所见所闻,并选取其中的100多幅作品,辅以文字出版了名为《荷兰东印度公司访华谒见中国皇帝记》(*The embassy of the Dutch East Induche Company to the great Tartarischen Cham: the present emperor of China*) 的著作。这本书被翻译成多国文字,在欧洲引起了关于中国文化的热议,书中所绘的许多中式建筑、器物造型和图案一时成为西方设计的学习对象,也拉开了"中国风"在西方社会的序幕。在纽霍夫的这些作品中,就有关于天津、通州等大运河河段航运、沿河景观的描绘。1667年,德国学者阿塔纳修斯·基歇尔(Athanasius Kircher)所著的《中国图说》(*China Illustrata*) 一书中,就有关于中国城市与风土人情,以及运河桥梁的相关内容。后来的彼得·蒙迪(Peter Mundy)、让·安托万·华托(Jean-Antoine Watteau)、弗朗索瓦·布歇(Francois Boucher)、让·巴蒂斯特·佩特(Jean-Baptiste Pilliment)等画家也都创作过中国题材的作品,但与大运河直接相关的内容不多,且其中难免绘有艺术家自己的想象甚至偏见。

英国马戛尔尼使团访华成为了西方世界获得近代中国形象认知的重要起点,而中国大运河文化的西方传播也由此开始。正如法国学者佩雷菲特(Alain Peyrefitte)所言:

> "马戛尔尼使团在西方与远东的关系中是个转折点。它既是一个终点,又是一个起点。它结束了一个世纪来的外交与商业上的接近;它在西方人中开始了对中国形象的一个修正阶段。"[1]

---

[1] [法]佩雷菲特:《停滞的帝国——两个世界的撞击》,王国卿等译,北京:三联书店,2008年,第425页。

英国马戛尔尼使团的随行画家威廉·亚历山大（William Alexander）用画笔记录了整个访华过程的沿途风景。马戛尔尼一行来时从海上由舟山至天津再入北京，返回时则从北京出发，由军机大臣松筠伴送，沿大运河南下，几乎纵穿中国腹地，到达广州，于1794年1月自广州回国。由于使团返程时在华境内主要是通过大运河航道往来各处，因此亚历山大的画作正是对大运河及其沿线区域的描绘与图像化记录。

马戛尔尼使团中有两位随行专职画家，威廉·亚历山大其实是画家托马斯·希基（Thomas Hickey）的助手制图员（Draughtsman），薪资也仅仅只有希基的一半。但是时年25岁的亚历山大远比大他26岁的希基要更加勤奋，在华期间绘制了大量的素描、速写和水彩，反而是希基少有相关作品流传，使团随行副官威廉·帕里什（William Parish）也有一些当时的绘制作品留世。回国以后，亚历山大发表了他的许多关于中国的作品，并在为其他撰写中国题材的作者提供插图的同时，先后于1805年和1814年先后出版了《中国的服装》（*The Costume of China*）与《中国人的服饰和习俗图鉴》（*Picturesque Representation of the Dress and Manners of the China*）两本中国题材的水彩画集。从两本画集的名字就不难看出，亚历山大的作品并不仅仅只是展示神秘的东方异域风情，而是有明确主题聚焦的关于中国当时文化和生活的研究和表现。因此，在当时西方"中国热"的大背景下，亚历山大的作品获得了巨大的成功。除了聚焦服装和习俗，其实亚历山大的作品包含了中国地理风貌、人文景观、日常生活、风俗信仰和军民官商等不同内容，而这些内容中有很大一部分，正是来自于沿运河区域的相关记录与描绘。

从北京、天津到南方的扬州、苏州、杭州，由亚历山大的绘画作品里能够非常清晰地了解到马戛尔尼使团由北至南沿运河经过的完整路径。在作品《扬州》（*Yangzhou*）中，近处为暗远处为亮，运河成对角线构图,整个画面对比强烈,空间感深远。运河里停泊着各种大小船只,近处河边士兵堡垒之下有人钓鱼,有妇人牵着手持玩具的小孩行走,远处河岸边是连续的官衙和民居,官衙门口还有士兵站哨,运河水道最远端可见白色拱桥与远山城墙。整幅画层次分明地将运河与城市的贯穿与关联表现了出来。作品《苏州附近的桥》(*A Bridge in Suzhou*)描绘了使团通过大运河苏州段上一座石桥的场景。这座桥是江南运河上常见的单孔薄壁石桥,桥上有士兵列队,最高处有官员俯身查看过往船只。运河两边一侧为庙宇一侧为民居,远处是高大的城墙和高塔。亚历山大在绘制不同城市运河的时候,都非常注重运河与运河两岸景物之间的关联与层次关系。亚历山大绘制的许多人物背景仍都是运河,比如《杭州卖燕窝的商人》(*A Merchant Selling Cubilose in Hangzhou*),一位头戴圆帽的中年男子立于画面四分之三处,手捧装着燕窝的竹篮,腰间挂着布袋,袋中露出长长的秤杆,其身后的画面则是运河、船只和岸边的码头和建筑。《堡前小憩》(*A Man Resting in Front of A Fortress*)中画着五名不同服饰的文武官兵,或站或立于运河畔,画面背景是哨站箭楼等。类似这样的人物肖像很多,比如《銮仪卫执事》(*An Imperial Procession Guard*)、《手持兵刃的中国军官王文雄》(*Chinese Official Wang Wenxiong Holding a Weapon in His Hands*)、《乔大人》(*Official Qiao*)、《农妇》(*Countrywomen*)等,都是以人物为主体、背景为运河的安排。这样的画面很像是画家在运河边在给选定的对象进行写生,也充分符合使团沿运河前行的历史事实。关于还原史实,亚历山大在作画的过程中还有意把使团的船只作为主体放置进去,比如,《中国官员在天津欢迎英国使团》(*Chinese Officials Welcoming the English Diplomatic Mission in Tianjin*)一图就是师团船只在运河码头停靠的场面,河岸上站满了人,通向码头建筑的台阶步道上有士兵夹道欢迎。在作品《船过水闸》(*A Boat*

Passing Across the Barrage）中，一群人用绳子拉起木制水闸，让行船通过，而在船上清晰可辨地画着一些西方人，显然就是使团成员。这种客观视角的表现方式，让整幅画册随着使团行驶过程的地点转换而充满了叙事感。

其中有些作品与大运河之间的关联更加直接和紧密，这一点从作品命名中就可得见。比如，《大运河上的船和桥》(Ships and A Bridge on The Grand Canal) 就是关于大运河上"船"和"桥"这两大常见元素的一系列画面的名称。《沿运河的兵堡》(A Military Fortress Near The Grand Canal) 就是在运河边有个驻兵建筑，一列士兵队伍在建筑前的沿河道路上列队前行。《船过河闸》(A Boat Passing Across The Barrage) 中绘制了大运河船只翻坝的场面，只见坝口两侧有两个木制转轮装置，两侧都有一组人推动立柱上的横杆，旋转的圆柱拉扯绕起纤绳带动船只，画面中船头上扬，即将翻过河坝来到运河河道中。《大运河畔的官员府邸》(The Mansion of An Official Near The Grand Canal) 在中景处绘制了一座官员住宅建筑，门口还立着两根飘着旗子的高大旗杆。近景的运河上则绘制了一艘稍大些的客船和几艘小渔船。亚历山大还画了一系列表现运河人日常生活状态的作品。比如，《水上人家》(Households Living on The Water) 一个主题的两张作品。船上赤裸上半身与人聊天的男人，利用伸出船头的捕捞装置捕鱼的渔民，怀抱婴儿的妇人，船舱里对坐饮酒的家人等共同描绘出了生动鲜活的水上人家。《掷色子的农民船夫》(Farmer boaters throwing the dice)、《吃饭的纤夫们》(Boat trackers having meals)、《船姑》(A boatwoman) 和《渔民与鸬鹚》(Fishermen and cormorants) 等也同样都是展示大运河上亲水民众们日常生活状态的珍贵图像。

1843年，伦敦费舍尔父子公司 (Fisher, Son & Co.) 出版发行了一套名为《中国：那个古老帝国的风景、建筑与社会习俗》(China:

in a series of views, displaying the scenery, architecture, and social habits, of that ancient empire）的配文画册。画册共分4册，每册包含雕版画约30幅，全书共120余幅，共分为9大主题，其中"运河"被作为独立专题出现。原因也很简单，托马斯·阿洛姆（Thomas Allom）是英国著名的皇家建筑师学会（RIBA）的创始成员之一，设计了以诺丁山圣彼得教堂和伦敦西区的勒布洛庄园为代表的英国重要标志性建筑。而皇家艺术学院的学习经历，也让托马斯·阿洛姆拥有不俗的绘画功力。所以出版商委托阿洛姆进行该书铜版画的创作。但是由于托马斯·阿洛姆和该书的撰文作家乔治·赖特（George N. Wright）其实都没有来过中国，要想联手创作这样一本著作，必须研究与借鉴其他资料。于是他们便参考了法国画家奥古斯特·博絮埃（Auguste Borget）、第一次鸦片战争期间英国皇家海军随军画师司达特（R. N. Stoddart）上校和怀特（Lieutenant White）上尉等人关于中国的创作，而威廉·亚历山大的作品就是他们最主要的参考资料。又因为亚历山大随马戛尔尼使团访华的路径就是由海港进入内水，再沿运河游历南北的过程，所以运河也自然成为托马斯·阿洛姆在绘画创作中表现不可或缺的重要视角和组成部分。

　　以"运河"为主题的第一张作品就是《船过水闸》（*Junks Passing An Inclined Plane on The Imperial Canal*）。乔治·赖特在配文开端就强调了大运河的价值与不凡之处，认为其在当时来看是人力劳动最引人注目的"纪念碑"之一。中国运河不借助隧道穿山，也不利用高架渠来跨峡谷，而是完全合理利用平面地势，达到全世界任何净水水道都不曾达到的长度、宽度和深度，而大运河的精巧设计也让流速和水量便于航船的使用。当运河要开始进入上升部分或下降的部分，河床都会被设计成类似台阶一样的台架或平面，或者安装闸门来控制水面高度，而这幅图就是描述船过水闸的场面。托马斯·阿洛姆这张画与威廉·亚历山大的同主题创作的场景内容，尤其是关于闸口构建的元素基本一致。但是在画面视角、构图和排布上又有所不同。阿洛姆的《船过水闸》与闸口所成角度更大，关于闸口转轮装置的描绘更加细致。画面中的闸口两侧有两组人在推动转轮，船头上站立着一个手持船桨的舵手不断指挥调控船的方向和速度，船工们则将塞满填充物的兽皮放在船侧，防止船体碰撞损坏。与亚历山大画面中船头高高扬起的状态不同，阿洛姆选择船已经顺着斜坡过闸，船头入水溅起大片水花的瞬间。河岸上有许多人驻足观看，而河面上其他船上的船员们却似乎已经见惯了这种场面，各自忙着自己手里的工作。

扬州作为大运河重要的节点城市也自然成为重点描绘的对象，与亚历山大的《扬州》注重景别层次和尽量表现更多城市内容不同，阿洛姆的《扬州渡口》（*The Pass of Yangzhou*）选择"瓜洲渡"作为创作表现的主要场景。瓜洲渡是长江与大运河交互的重要节点，嘉庆《瓜洲志》卷一中记载："瓜洲虽江中沙渚，然始于晋，盛于唐、宋，屹然称巨镇，为南北扼要之地。"所以瓜洲渡从古至今都是非常重要且声名远播。唐代大诗人张祜在《题金陵渡》中就有"潮落夜江斜月里，两三星火是瓜州"的描述。元代诗人萨都刺在《过江后书寄成居竹》中"扬州酒力四十里，睡到瓜洲始渡江"的诗句，则将瓜洲渡与扬州的紧密代表性关联阐述得很清晰。而王安石在《泊船瓜洲》里"京口瓜洲一水间，钟山只隔数重山。春风又绿江南岸，明月何时照我还"的诗句更是让瓜洲古渡变得家喻户晓。画面中山丘与城墙之间架有一座浅色石桥，运河绕山穿过石桥流入长江。从河岸到桥上人头攒动，有步行的、骑马的、坐轿的，熙来攘往热闹非凡。因为桥上不能承载太多人同时通过，所以就有摆渡船送人们通过运河，桥下河水中大小船只或停或船过桥拱。画面中虽然画着瓜洲渡，但乔治·赖特的文字探讨的却是关于为扬州地区居民培养女孩才艺用以买卖的传闻进行分析与辟谣的内容。以往的传教会士们曾有记述认为,扬州有居民通过培养年轻女孩舞乐弹唱、琴棋书画等才艺,取悦达官显贵上流社会人群,以达到自身获取财富利益的目的。而赖特认为,地理优势带来了商业的发达,而商业发达带来了市民对于教育的关注和投入,正是这些教育让扬州这座城市的文化与艺术氛围得到了提升,并逐渐变得更具城市特色和吸引力。因此,实际上阿洛姆和赖特虽然画面上绘制的是瓜洲渡,却是以此为标志性视角符号,希望探讨关于大运河城市扬州的文化故事。

作品中并非没有诟病,《金坛纤夫》(The Kilns at Kingtan)就试图通过画面说明纤夫群体受到的残忍对待。画面中运河呈现右侧透视消失的纵深感,沿运河靠近画面一段,画着看不到尽头的纤夫队伍。从画面最前方的一组五个纤夫,能够想见其后纤夫的基本工作状态,从而在头脑中构建出纤夫群体共同拉纤的宏大场面。这些纤夫大多半裸着身体,肩膀上套着包裹衬垫的木棍做成的拦板,木棍两头都系着纤绳。他们躬身向前,用身体的重量和自身力量拉动绑在船上的主绳。纤夫的工作不仅非常消耗体力,而且工作时间很长,由此也可以看出生活的艰辛与雇佣者的压榨。在书中赖特还提到了运河纤夫的歌谣,并把它与英国水手的起锚号子或英国农夫的口哨进行了类比。其实这种纤夫的歌谣指的就是船工号子,有劳动时提高协调合力使用的,也有闲暇娱乐时哼唱的。看似简单,其实是来自劳动者的工作与生活需求,并有着自己的一套体系。比如,不同的工作内容和流程需要喊不同的号子,比如起锚号子紧凑有力,属于无旋律齐声;揽头冲船号子则稳健有力,助力把船头揽正,以便进入深水;摇橹号子简洁轻快有弹性;出舱号子比较自由,旋律感强,用以装卸货物;其他还有立桅号子、跑篷号子、闯滩号子、拉纤号子、绞关号子等,都因为工作环节和场景不同有着不同的内容与节奏。画面中领头的一名纤夫便是回头向后,似乎在以船工号子指挥大家保持同步,合力向前。

　　临清,西汉初年便已经设县制,后来因为大运河而成为元明清时期中国最繁华的城市之一。因此,在威廉·亚历山大和托马斯·阿洛姆的绘画作品中都有关于临清的专题创作。大运河临清段开凿于元代,又叫"会通河",河道流经临清、阳谷、东昌,全长97公里。明永乐十五年,临清又开凿了新的明代运河,成了一个四面环水之地,称为"中洲"。由于有了元代和明代大运河的交汇,临清成为非常重要的商贸口岸,从元代一直到清代,临清北依京津、南通江浙,成为"富庶甲齐郡""繁华压两京"之地。《乾隆临清直隶州志》曾记载:"实南北要冲,京师之门户,舟车所至,外连三边,士大夫有事于朝,内出外入者,道所必由。"[1]阿洛姆在创作过程中并没有通过城市街道、建筑景观来表现临清的繁华与发达,反而选择以《临清州街头杂耍》(*Raree Show at Linaing*)和《踢毽子》(*Playing at Shuttlecock with the Feet*)这样的主题,把人们生活富足安逸的状态以娱乐方式展示出来,从而巧妙地体现出临清的繁荣。在《临清州街头杂耍》里,画面中间两位表演者一立一坐,站立者一边用线控制两个玩偶在木制城墙舞台上打斗,坐着的两手握着横笛吹奏的同时,一只脚敲鼓,另一只脚击钹为表演伴奏。而在他们旁边,一群市民将两个正在进行街头表演的艺人围在当中,看得津津有味。在《踢毽子》中,五个人围成一圈抬头看着飞在空中的毽子,其中一人踢出的脚还悬在空中没有收回,旁边有几人坐着观看,而远处还有人急匆匆跑向这边,似乎是想加入其中。虽然主要是表现娱乐活动,但画面中还是把一些标志性景观融入其中。比如《踢毽子》一图的场景还是放在了运河边,而不远处就是临清著名的舍利塔,而该塔旧时正是临清这座国际性商业都市的标志性

---

[1]　参见〔清〕王俊等《乾隆临清直隶州志》卷二"建置"。

建筑物。临清舍利塔又名运河舍利塔,此塔与通州燃灯塔、杭州六和塔、镇江文峰塔并称为"运河四名塔"。舍利塔位于临清城北运河东岸,为仿木结构楼阁的砖塔,建于明万历三十九年,塔刹呈盔形,远眺雄浑高峻,巍峨壮观。《临清州志》中曾有记载,"州人大司空柳佐起建舍利塔,九级,九年成。登者不至绝顶可见泰山高耸玲珑。"明代文人汪大年在《登塔微见岱宗》里也留下了"登高分岱色,即想众山低。松去惟留石,云疲间作霓。半空天乐发,绝壁异人栖。每忆曾游处,莓苔满旧题"的诗句。因为舍利塔就在运河边的永寿寺内,所以当漕船驶过时就能听到永寿寺僧人撞钟之声,所以又有"塔岸闻钟"的典故。而像舍利塔、运河钞关、鳌头矶等都是证明临清曾经繁华的重要证据,而街头杂耍表演和各种娱乐项目,则是充分展示城市活力、吸引力,人们生活幸福状态的直接体现。

《黄河入口》(*Entrance to the Yellow River*)一图主要表现了大运河与黄河交汇口的景象。黄河与长江一直都是大运河的重要供水来源。因为黄河的水位高而运河的水位低,为了缩小两者之间的水平面差,所以采用了弯道渐近的方式,采用了所谓"三湾顶一坝"的说法。在淮阴西南等运河段,运河与黄河之间存在"之"字形的弯道,并在如淮安与马头镇之间不断开凿运河引河,再通过人力、畜力或装置牵引,漕船才能够出闸过黄。而运河与黄河的交汇自然也会形成航运业的集散中心,促进地区的繁荣。从阿洛姆的画面中就能够看到,这里水面极其宽阔,各种功用、类型、大小的船只众多,一派繁忙的航运景象。

运河沿途人们的饮食状态也是亚历山大或阿洛姆关注的方向之一,亚历山大当时就画过《吃饭的纤夫》(*Boat Trackers Having Meals*)、《吃饭的孩子们》(*Kids Having Meals*)等作品,而阿洛姆绘制的《东昌府饭摊》(*Rice Sellers at the Military Station of Tong-*

Chang foo) 也是这一类题材。东昌府位于今天的山东省聊城市，聊城也是大运河重要的沿线城市之一。在明清时期聊城就被誉为"漕挽之咽喉，天都之肘腋"，为当时运河沿线九大商埠之一。《东昌府饭摊》的场景就是当时此处作为运河商埠，热闹繁忙日常的缩影。因为东昌府就坐落在运河边，来往船只必须停下来进行相关税费的缴交，所以画面中出现了许多士兵并有专门的兵站，从画面背景一侧可见有一队士兵正在接受长官的训话。船家、船员和纤夫们也正好借此机会进食和休息，顺便恢复体力。画面中心的一顶竹制大遮阳伞下，一身背婴儿的妇人正在一手持碗，另外一手捧着筷子等工具递出。而顾客则手拿盛饭的工具，准备接过碗筷盛饭。妇人与顾客身后还有排队等待买饭的人群，而蒸饭的陶制火炉脚边的地上，已经盘坐着几位手捧大碗、狼吞虎咽、大快朵颐的客人。地上盘坐的客人腰间都别着烟袋和烟斗，排队的人手里也有人正拿着烟斗吸烟。与当时的西方社会一样，烟斗成为劳工中最常见的装备，而中式的烟斗比较长。乔治·赖特甚至还在配文中专门写到，在东昌府运河边种植有一种烟草的颜色与形态特征。

除了饭摊，亚历山大和阿洛姆还关注与描绘了运河边的各种行业。比如亚历山大就画了《杭州卖燕窝的商人》(*A Merchant Selling Cubilose in Hangzhou*)、《卖茶水的妇人》(*A Woman Selling Tea*)、《灯笼匠》(*A Man Selling Lanterns*)、《卖唱艺人》(*A Street Artist Singing for a Living*)、《贩书人》(*A Bookseller*)、《游方的铁匠》(*An Ironman Travelling About to Do Business*)、《贩粮人》(*Grain Seller*)、《卖槟榔人》(*A Seller of Areca Nut*)等。阿洛姆创作的《通州猫贩子和茶商》(*Cat Merchants and Tea Dealers at Tongzhou*)描述的是运河北端通州府的日常商贩场景。在乔治·赖特的描述里，通州是大运河北端的重要节点，也是北京城脚下最活跃的港口。南方各省的丰富物产和制造品都由此上岸，被运往首都，这里

虽然热闹且繁忙,但是却不似其他的运河城市那样富足。在1816
年英国外交官威廉·皮特·阿美士德(William Pitt Amherst)率团访
华时,就曾这样记载和描述过这里。《通州猫贩子和茶商》描绘了
通州码头旁的一处摊棚,摊主站在竹竿支撑的帆布篷下,盛出一杯
热茶给往来的客人品尝。摊主的身前一口煎煮茶水的锅子就放在
炉子上,以便茶水能够始终保持温度。在他身侧有一个摆放茶杯
和茶点的柜台,柜台下写着招牌,上面还挂着灯笼似的装饰品。在
摊位前方有一个身背竹篓的猫贩子,有两个顾客正在饶有兴趣地
查看挑选。从柜台到装猫的筐子,从船上的桅杆到顾客手中的拐
杖,都是以竹子为材料制作而成的,由此可见竹子在当时的广泛
使用。赖特在写到猫的同时,引出了当时中国家禽饲养和售卖
与欧洲集市的不同,并详细描写了当时中国人如何放养鸭子的过
程。在通州部分,阿洛姆还画了当时的标志性建筑《通州奎星楼》
(*Pavilion of the Star of Hope, Tongzhou*)。据《通州志》记载,奎星楼
"在州城阜宁坊左,明万历三十八年工部郎中陆基恕建,楼三层,中
设文昌像"。[1]

　　宁波也是阿洛姆创作表现的重要运河沿线城市,《宁波城远
眺》(*City of Ningbo from the River*)、《甬江河口》(*Estuary of the Ningbo
River*)等都是关于宁波与运河的描绘。宁波在大运河沿线城市中
非常特殊,这里是运河与大海的连接点,是所谓"通江达海"之处。
宁波作为大运河的出海口,港口靠海,同时连接腹地,海与江的关
系就在这里直接发生了关联。作为浙东运河天然水道的姚江、奉
化江,汇流后入甬江奔向大海,三江汇合之地便是三江口。宁波三
江口就是以前浙东运河的出海口,它既是中国大运河最南端的起
点,又是海上丝绸之路的起点。在《宁波城远眺》中可以看到船舶

---

[1]　参见(明)沈明臣《通州志》。

的吨位和数量都有明显的提升,即将出海的大型船舶与小型船舶形成鲜明的对比,这也再次证明了宁波海河汇聚的特点。在《甬江河口》中可以看到,此时的水面浪花明显,与前面画面中运河水面的平缓表现形成明显的反差。事实上也是如此,在大运河宁波段由于受到海潮变化的影响,从大海进入运河与从运河进入大海需要根据潮汐的变化控制闸口调节,或是选择进入与运河平行的运河引河。宁波地区甬江河口的这一特征,还是被画家把握和表现了出来。

画家非常重视对于宁波的表现是有其历史原因的。早在18世纪初,英国人就已经发现宁波的特殊地理位置非常适合进行商业贸易往来。于是,英国人在1701年便在定海创立了一家商行,但却严令禁止进入宁波城开展贸易活动。但是英国人也因此有机会结识当时宁波城里的官员,为后面开展贸易打下基础。因为江浙地区本来就是桑蚕养殖和茶叶种植的主要地区,在宁波购买丝绸和茶叶的成本是广州的一半,而当时国际贸易却只允许在广州和澳门两处口岸进行。于是在1736年,一群租用"诺曼顿号"商船的英国人再次向清政府提出了开展贸易的要求,仍然被清政府拒绝。1840年,英国对中国发动的一场非正义的侵略战争,也是中国近代屈辱史的开端,而英国经常称其为第一次中英战争或"通商战争",其目的和意图不言而喻。赖特在图画的配文中也提到,宁波的对外贸易大概比中国任何其他的自由港的规模都要大,英国商人用羊毛制品和五金器具交换丝绸、棉花、茶叶和漆器等商品。

实际上,在托马斯·阿洛姆和乔治·赖特的作品中,如《镇江河口》(*The Mouth of the River Zheng Jiang*)、《端午赛龙舟》(*Festival of the Dragon Boat, 5th Day of 5th Moon*)、《天津大戏台》(*Theatre at Tianjin*)、《乍浦古桥》(*Ancient Bridge of Zhapu*)等都是对大运河主题关联内容的表现。正是图像让大运河文化随着当时的中国形

象视觉化一起，在西方视野下被创作和展示，成为大运河文化影像传播的最早内容与形式。

从国内来看，关于大运河文化的早期图像主要有舆图和绘画作品两大类。舆图更全面和精准地介绍了大运河在不同时期的航道走向演进，对于运河本身的各种水情数据和水利设施构件也有着详细的记载，而且运河流经区域的其他湖泊水网与大运河的关系也能够通过舆图被保留下来。更重要的是，舆图中大运河流经的各个区域的各种信息也同时被记录，这对于研究运河对于运河流经区域的发展影响，以及各个区域在不同历史时期从名称到归属等各种信息都有了考证的依据。现存舆图在东西方都有收藏和展示，这对于大运河文化的传播也有着一定的推动作用。而作为以大运河为主题的绘画作品，因为具有更高的艺术和审美价值，其传播广度、可能性和效果都要更好，比如前文中所提到的《清明上河图》《潞河督运图》和《康熙南巡图》等，无不是中国美术史上的传世之作。与此同时，这些绘画作品以叙事的方式记录了大运河不同时期的区域文化生活状态，展示了大运河的文化风貌，不仅是对运河文化，也是对中国传统文化研究的重要历史资料。而其实两者之前又有着从主题到表现上的文化关联，因为即便是实现提供信息功能的舆图，其表现方式与西方地图也有着鲜明的不同，而且运河自身又有着自己的特点，所以运河舆图的表现也呈现其独特性。比如运河舆图的南北是与左右相匹配的，而且在不同的段落甚至东西河岸的呈现方向会产生对调，但却又不会引起观看的误解，极具本土特色。地图中关于地点的凸显，也采用象征的方式，比如京城会用祥云包裹宫殿的绘画形式来表现，而且不管是《漕运全图》《京杭道里图》亦或是其他同主题地图，所采用的象征表象方式也如出一辙。

从国外来看，在摄影被带入中国之前，约翰·纽霍夫、威廉·亚历山、托马斯·希基、威廉·帕里什、托马斯·阿洛姆等人在关于中国主题绘画的过程中，都进行过与大运河主题密切相关的绘画创作。这与马戛尔尼等使团访华过程中行进的水路线路密切相关，大运河带着使团成员们经过当时中国从南到北的许多重要城市和区域，这也从另一个侧面说明了大运河对于清帝国经济文化发展的重要作用。这些绘画创作虽然形象生动地记录了当时中国的自然环境、人文景观和民俗风俗，但同样带有非常强烈的主观判断与引导性。1844年摄影术被西方人带入中国之后，同样留下了为数不多但非常珍贵的关于运河的照片影像。这些影像成为组成当时中国形象的一部分，为西方国家了解中国提供了最直观的内容。

古人云："以铜为镜，可以正衣冠；以史为镜，可以知兴替。"[1] 从某种意义上来说，西方人用镜头和画笔记录下来的近代中国以及大运河影像，既是他们了解中国的资料来源，也是他们对于中国和大运河的认知。对于大运河文化影像建构来说，这些影像无疑是大运河文化影像化的最初阶段，具有极高的研究价值，也是大运河文化影像史观中重要的阶段与组成部分。而通过我们对自己国家历史上对于大运河舆图、绘画等方式的影像化历程的梳理，也能够了解大运河曾经是什么样的，是以何种方式去记录和解释的，在本民族文化中占据何种地位。无论是"他者"视角下的对镜观察，还是回顾自身历史的探究与追问，都为我们找到大运河文化影像化的过去提供了路径，也为我们如何在今天与未来利用影像手段建构、传播大运河文化带来了方向与依据。

---

[1] 参见〔宋〕欧阳修、宋祁《新唐书》卷一一零列传第二十二《魏徵》。

第三章
知识分子介入与运河影像类型化传播

1983年，中央电视台推出了大型电视系列纪录片《话说运河》，我国也真正意义上开始了关于大运河文化主题的影像化创作。《话说运河》以大运河的航道为线索，系统地将运河流经地区的自然景观、人文风物、民情民俗、历史变迁、经济文化与时代新貌结合起来，形成整部33集，每集约20分钟的大型长篇电视系列纪录片。节目每周一回，连续播放了九个月，且始终保持着超高的收视率。如果说1983年的《话说长江》通过展现长江两岸壮美风光激发了观众的爱国热情，那么《话说运河》则将文化作为创作的核心出发点，并且充分地把大运河的悠久历史与现状问题紧密地结合起来。

《话说运河》的出现与20世纪80年代的社会发展和时代需求与背景有关，也与当时中国纪录片创作发展的阶段特性相对应。仔细回看《话说运河》的成功，从内容到形式的因素可能有很多，但其中最主要的一点便是创作过程中知识分子群体的介入。知识分子群体介入创作过程，不仅让影片每一集从题材选择到剧本撰写，从现状分析到史料考证都变得严谨而大胆。更重要的是，创作中带有了知识分子对于大运河空间环境和文化现状的思考与批判，这大大提升了影片的现实性和社会价值。因此，在《话说运河》中，我们不仅能看到对于各地传统文化、自然风光的赞美与展示，同时对于大运河污染、水资源匮乏等问题毫不避讳，反而以专题专辑的方式与观众就这些问题展开探讨。这在以往的纪录片创作中是很难看到的，而作为创作团队的知识分子群体与作为观众的知识分子群体，也在争鸣中引发了全社会对于大运河问题的思考。

这种知识分子介入影像创作的形式不仅为《话说运河》带来了创新和成功，也逐渐形成了我国纪录片创作的类型化建构与传播特色，并在很长一段时间内影响着我国的纪录片创作。这对于其后的大运河文化主题影像创作和传播同样形成了深远的影响。

第一节　20世纪80年代与人文地理纪录片

新中国成立以后,大运河文化的第一次影像创作高峰是从80年代的人文地理纪录片兴起开始的。中国电视纪录片发展与社会时代进程共同催生了当时对于人文地理类影像的迫切创作需求。而在这其中,"水文化"热潮与"南水北调"工程的开展,《话说长江》与《丝绸之路》等人文地理纪录片的创作探索,知识分子话语权与参与意识等,都成为分析研究这一时期纪录片创作的重要方面,在这一语境下产生的《话说运河》,成为大运河文化影像化的重要起点。

1958年5月,刚刚成立的北京电视台播放了由中央新闻纪录电影制片厂创作的影片《到农村去》,虽然片长仅有10分钟,该片的出现却标志着中国电视纪录片的诞生。中国传媒大学的何苏六教授也以此为起点,将中国电视纪录片划分为四个历史阶段:1958年到1977年为"政治化纪录片时期"、1977年到1992年为"人文化纪录片时期"、1992年到1998年为"平民化纪录片时期"、1998年至今为"社会化纪录片时期"。[1]

政治化纪录片时期的相关影像创作,在功能上受格里尔逊式纪录片教化作用和苏联"形象化的政论"的影响,主要将影像当成政治宣传的媒介,对内灌输鼓动人民士气,对外宣传进行国际政治斗争。而在纪录片拍摄手法和形态上与电视新闻界限模糊,形式上主要有以《深山养路工》为代表的记录现实生活的电视纪录片,有以《党的好干部焦裕禄》《收租院》为代表的新闻式电视纪录片,还有以《到农村去》为代表的电视电影类纪录片的类型。内容上

---

[1]　何苏六:《中国电视纪录片史论》,北京:中国传媒大学出版社,2005年,绪论部分。

则包含政治与外事活动、建设成就、工作经验介绍、人物宣传等几个方面。当时的新闻与纪录片产量很高，所以又被称为"新闻纪录片时代"。

1978年，党的十一届三中全会为我国带来了崭新的发展时期。改革开放刚刚起步，大量新鲜事物迅速涌入这个生机勃勃的国度，新旧观念在不断冲突中交锋，整个社会也变得更加开放多元，文艺界也不例外。电视纪录片在这一时期得到了蓬勃的生长机会。从表现题材到形式风格，从产量、质量到人员、设备等各个方面都取得了长足的进步。创作过程中一些形式主义、程式化的创作手法渐渐开始弱化，很多如历史文化、名胜古迹、自然风光等原本不允许拍摄的选题，也被重点挖掘并形成了一批优秀作品，推动了我国电视纪录片的第一次发展高峰的到来。1980年，中央电视台与日本NHK电视台合作拍摄了大型电视纪录片《丝绸之路》，该片一经播出便在海外引起了不同寻常的反响。这部影片不仅从规模上代表了当时纪录片创作的最高水平，而且展示了国家友好开放的国际合作姿态。1983年，《话说长江》的出现，更是引起轰动，掀起了中国电视系列纪录片的高潮，40%的收视率至今仍是我国电视纪录片收视率之最，也由此真正掀起了中国纪录片发展史上第一次收视高潮。[1]《话说长江》的成功，以及后来《话说运河》的出现，不仅来自人文地理类纪录片的积累，更是与20世纪80年代中国的发展语境紧密关联。

首先，20世纪80年代正是我国完成拨乱反正，开启改革开放，逐步走上健康发展的时代。面对改变和机遇，当时整个中国到处充满生机，人们投入四个现代化建设的热情高涨，愿意以开放的心

---

[1] 石屹：《一撇一捺——陈汉元访谈》，上海：上海人民出版社，2008年，第48页。

态去接受新事物,同时对国家充满骄傲与自豪,对未来充满希望。其次,文化艺术得到复苏,知识分子积极地参与表达。文化大革命以后,中国文艺开始逐渐进入新的发展阶段。反思文学、伤痕文学、改革文学、知青文学、寻根文学等开始涌现,总体上,当时的文艺倾向张扬高雅的精英文化。这使得文学叙事视角和审美趣味向着大气、宏伟的方向发展。这不仅与《丝绸之路》《话说长江》《话说运河》《望长城》等电视纪录片的主题相一致,也为后来《话说运河》拍摄过程中的知识分子介入奠定了基础。

全新的创作需求和更多的创作题材范围,也转变了创作人员的创作理念,纪实主义的创作风格开始被推崇和广泛使用。纪录片中越来越多地出现原生态的直接记录的镜头,摒弃了早期惯用的说教式的创作模式。同期声、第一人称的使用,都能够更好地还原真实的拍摄对象与现场。创作人员在艺术创作表达方式、内容的编排组织上有了充分的发言权,但这个阶段的纪录片创作仍然表现为一种群体共同行为。环境生态变化、历史风貌变革是创作者们关注的重点,精英文化的审美要求和社会化的选题,也让知识分子有机会带着自己领域的知识与思考,进入电视纪录片的创作中。

1983年,第十一届全国广播电视工作会议确定了"四级办电视"的机制,使得全国电视行业得以全面发展,电视机也逐渐开始走进人们的生活。而观看电视逐渐开始成为普通家庭最重要的日常生活组成部分。此时,我国也正处于改革开放发展的初期,需要通过现代化的媒体手段,让世界认识、了解中国,实现自身国家形象、信息的有效传播,做好对外宣传也成为电视媒体的重要任务和使命。电视纪录片也因为受众多、传播面广,取代新闻记录电影,成为当时最重要的国家形象宣传方式。而宣传国家形象最重要、最有效的方式就是从国家历史和文化中寻找主题。按照杜赞奇的理论,历史是非民族国家转入民族国家的主要模式,它成为民族的生存形式。当历史成为民族根基与存在模式的同时,民族开始成为历史的主体。《丝绸之路》《话说长江》《话说运河》《望长城》等纪录片都试图从不同的角度回顾、重构中华民族的千年文明史,显然也都遵循、符合这一理论思路。因此,人文地理纪录片逐渐成为当时纪录片创作的首选类型。

人文地理纪录片是新闻纪录电影样式之一。从人文科学的角度,表现特定地理范围的自然风光、风土人情、文化历史沿革、城乡风貌,摄制时注重知识性、科学性和趣味性的结合。[1]这种类型的纪录片非常符合当时国家对于国家形象建构与传播的需要。

1979年的《丝绸之路》可以算得上是我国第一部大型电视纪录片,具有浓厚的人文色彩,同样也是对中华民族悠久文化的一次主题展示。全片通过镜头追忆古代商道曾经的繁华,塑造国家形象的同时增强民族自信心与自豪感。但是在叙事方式上,《丝绸之路》却没有采用简单直接地表达民族复兴的主题,而是在重走古丝绸之路的过程中,慢慢带领观众经过城市、古城墙、戈壁滩、河西走廊、绿洲梯田等,渐渐体会到祖先身上的坚忍和伟大,以及为了生存和发展而经受的苦难和不易。这种通过影像传递积累而触发的感动和自豪,远比简单直接的说教要来得有力。实际上,在《丝绸之路》的创作过程中,中日双方因为构思和视角的不同,也产生了一些分歧,因此在播放的过程中,中日两国其实是两个不同的版本,这些也成为《丝绸之路》持续被关注和讨论的话题。然而无论如何,《丝绸之路》在日本的播放取得了空前的反响,不仅让观众对于中国传统文化产生了浓厚的兴趣,也让丝绸之路再次回到了现代人的视野之中。

---

[1] 冯健总:《中国新闻实用大辞典》,北京:新华出版社,1996年,第198页。

虽然《丝绸之路》因为种种原因没有在国内引起预期中的巨大反响，但却为后面的创作积累了经验。与日本NHK电视台合作的过程给国内的创作者们带来了学习的机会，同时也激起了他们的创作热情。而且经过上一次的协作与磨合，也为后来的再次合作打下了基础。1983年，中央电视台与日本的佐田企划社联合拍摄了25集大型电视纪录片《话说长江》。该片以长江流向为线，从唐古拉山口的雪山到金沙江，从四川盆地到成都再到宜宾，一路顺江而下。《话说长江》的画面精美，出色的视觉效果与解说词、配乐一起共同烘托出大气磅礴的气氛。影片不但描述了长江两岸的自然风光，也将长江流域的风土民俗、历史文化等一并呈现，全面展现了长江这一中华民族重要文明之源的风采。《话说长江》播出后所取得的反响远远超过《丝绸之路》，而这其中对于经验的总结和对问题的改进起到了关键的作用。首先，《话说长江》第一次在纪录片中安排了陈铎和虹云两位固定的主持人，这一方面增加了信息传达的生动性，另一方面也拉近了影片与观众之间的距离，让观众感受到一种亲切感。节目每周的播放，都吸引了全国的观众观看和讨论。《话说长江》播出之后先后收到观众来信一万多封，新华社以《中国的〈话说长江〉热》为题，向国外播发英文电讯稿："每到星期天的晚上，数百万中国人便坐到电视机前，收看由中央电视台播放的电视系列片《话说长江》"，足可见影片在当时的受欢迎程度。节目还非常重视与观众之间的互动，在25集的《话说长江》中，专门设置了两集《答观众问》的环节，不仅回答观众的问题，还在节目中更正观众在影片中找出的错漏之处，观众的意见建议得到了尊重，参与的积极性也变得更高。

在《丝绸之路》和《话说长江》的经验积累之下，中央电视台于1986年推出了完全独立出资、策划、拍摄、制作的大型电视系列纪录片《话说运河》。《话说运河》虽然收视率数据没有超过《话说长江》，但无论从观众还是学者专家评价上都要高于后者。最关键的一点是《话说运河》更加注重观众的体验与接受。正如《话说长江》和《话说运河》总编导戴维宇所说："如果说，我们在涉足于长江的时候，注意力还集中于祖国山河的风貌，那么，我们在选择运河这一题材时，则总希望通过电视节目去追溯我们民族的悠久历史，旨在表达中国人民创造东方文明的艰苦历程，去话说运河身上所凝聚的中华民族的智慧和散发出的人情乡土味。"[1]《话说长江》无疑是《话说运河》出现和成功的重要原因之一，也作为参考和比较的对象，一直对《话说运河》的创作和评价起很大的作用。比如，《话说运河》在影片中安排固定的主持人，甚至选用了相同的主持人，在节目创作过程中设置专门的与观众互动的特别节目等做法，同样也都沿用于《话说长江》。更重要的是，两者一起为水文化影像，乃至中国景观主题纪录片的类型化创作和传播形成了至关重要的影响。

促使《话说长江》和《话说运河》在当时出现的另一个因素，就是关于水文化和水问题的关注和表达的实际需要，以及选择使用水文化主题进行的人文地理纪录片创作的兴起。水是生命之源，在中华民族悠久的历史进程中，水文化一直都是最重要的文化母题之一。中国水文化有着其自身独特的内涵，可以分成水的自然观、水的社会观以及水的哲学观。[2]回顾中国纪录片发展史不难发现，水文化也一直都是非常重要的创作主题。

2008年，中央电视台拍摄了20集电视系列纪录片《水与中华》，该片是以历史为经，地理为纬，以水相关的典型事件和历史细节为切入点，娓娓道来，通过一个个有关水的生动故事，全面展示

---

［1］ 朱羽君、殷乐：《生活的重构——新时期电视纪实语言》，北京：北京广播学院出版社，1988年，第69页。

［2］ 熊达成：《浅谈中国水文化的内涵》，《文史杂志》，1992年第2期。

了中华文明与水的关系,诠释了水在中华民族历史发展中的独特作用,以及治水活动对中国历史进程产生的影响。2011年,中央电视台新闻频道8集电视纪录片《水问》,分别从危机、饮水、生态、利用、分配、治理、节水、文明八个方面回答了有关水的问题。2012年,北京水务局与北京电视台纪实高清频道联合策划筹拍的电视纪录片《水情》,将视角放在人类学的角度去纪录、发现、思考"水"对人类生存的意义,并按照水资源的演化、现状、未来思考三部分构成,重新审视城市发展、人口增长以及高度工业化的开发,给自然和水资源带来的变化。2014年,中央电视台科教频道拍摄了以南水北调工程建设为主题的8集大型文献纪录片《水脉》。可以说,除了《话说长江》和《话说运河》,从《西湖》到《黄河》,从《河殇》到《再说长江》,水文化题材纪录片可谓是层出不穷。

仅以长江为例,早在1952年中国人民解放军电影制片厂就拍摄了纪录片《荆江分洪》,后来各大影场和中央电视台先后拍摄了众多相关主题的纪录片,如1956年的《横跨长江》、1957年的《长江大桥》、1959年的《东风掀起长江浪》、1969年的《南京长江大桥》、1979年的《长江第一坝在建设中》《神奇的长江源》、1981年的《葛洲坝船闸试航》、1982年的《大江截流》、1983年的《话说长江》、2006年的《再说长江》、2008年纪录电影《走近中国》之《长江》、2009年和2010年两个版本的《大三峡》《中国三峡》、2010年的《见证三峡》、2012年的《过江》、2015年的《长江黄金水道——中国经济大动脉》《情暖三峡》、2017年的《长江》等。由此可见,水文化主题在中国纪录片创作选题中的重要性。

《话说运河》拍摄的时期,恰好是我国南水北调工程推进的重要阶段。1986年,六届全国人大四次会议原则通过的《国民经济和社会发展第七个五年计划》中提出"开始建设南水北调东线第一期工程,为逐步缓解京、津、冀地区工农业用水紧张局面创造条件"。[1]同年,南水北调东线工程穿黄河勘探试验洞开工。而在《话说运河》的拍摄过程中,还专门对该穿黄勘探试验洞的项目进行了拍摄。所以,当时国家面临的北方水资源匮乏的现实问题,以及南水北调工程的开展,成为《话说运河》拍摄的又一有力动因。

由此可见,《话说运河》的出现有着20世纪80年代社会环境发展的必然需求。国家形象建构传播需要从说教转为历史与人文的呈现,国家面临的具体水资源匮乏问题,需要水文化主题纪录片的表现与回应。而且,如果说《话说长江》开始希望从传统文化和壮美山川处获取主题,展示、获得民族自信与自豪感。那么《话说运河》则通过深入表现运河两岸风土人情和日常生活,并且直面环境污染与水源匮乏的问题,这已然是一次重要的进步和突破。知识分子的创作介入与观众的积极参与,都让这部纪录片不再只是简单的关于大运河的颂赞,而是挖掘大运河文化,关注、保护甚至是抢救大运河的社会事件。在世界纪录电影发展史上,纪录片之父英国导演约翰·格里尔(John Greer)就曾强烈主张纪录片应当"面对现实、服务社会",而《话说运河》已经向着这个方向迈出了宝贵的一步。

第二节 《话说运河》系列纪录片的影像建构模式

对于大运河文化的影像化来说,《话说运河》的出现具有极其重要的开启意义。《话说运河》不仅是中国电视纪录片发展史上的一次重要的成功尝试,更是将大运河重新带回了公众视野。通过镜头,人们再一次回顾了大运河的发展历程,了解了大运河曾经对

---

[1] 《改革开放四十年大事记》,《人民网》http://politics.people.com.cn/n1/2018/1217/c1001-30469829.html

中国政治、经济、文化发展作出的重要贡献,与此同时也并不避讳大运河当时面临的困境和问题,从而引发观众参与思考,也把大运河与今天的生活以及未来的城市发展连接起来。整部影片共由33集构成,除了前言,笔者认为大致可以分为8个部分(见表4)。

表4 《话说运河》基本信息表

集序	名称	所属部分	内容关键词
第一回	《一撇一捺》	开篇序言	"人"的概念、发展回顾
第二回	《漂来的北京城》	北京/杭州篇	北京发展、物资贡献
第三回	《江河湖海处》	北京/杭州篇	杭州、地理环境、水文化
第四回	《浙东运河》	浙江篇	西兴古渡、宁波、陶瓷之路
第五回	《绍兴风情》	浙江篇	绍兴、名人荟萃、船、桥、酒
第六回	《杭嘉湖平原》	浙江篇	杭州、嘉兴、湖州、鱼米之乡
第七回	《丝绸古镇——盛泽》	苏南篇	盛泽、丝绸产业、丝绸文化
第八回	《水乡小镇》	苏南篇	同里镇、宁静、退思之地
第九回	《太湖与江南运河》	苏南篇	太湖、水上人家、泰伯渡
第十回	《水城苏州》	苏南篇	苏州、平江图、名家、枫桥夜泊
第十一回	《运河上的无锡景》	苏南篇	小小无锡景、整旧如新
第十二回	《常州的气魄》	苏南篇	常州、运河改道、新旧交汇
第十三回	《穿越长江》	苏南篇	丹阳、镇江、西津古渡、京口
第十四回	《运河城——扬州》	苏南篇	扬州、隋炀帝、运河重镇
第十五回	《苏北运河》	苏北篇	淮安水利、江都抽水站、粮食
第十六回	《春满里下河》	苏北篇	里下河、高邮、兴化
第十七回	《地灵人杰话淮安》	苏北篇	淮安、镇淮楼、漕运总督府
第十八回	《黄河故道》	苏北篇	黄河、夺淮入海、故道遗迹

集序	名称	所属部分	内容关键词
第十九回	《大运河畔古战场》	苏北篇	徐州、九里山古战场、淮海战役
第二十回	《日出斗金的微山湖》	山东篇	微山湖、湖产、运河穿湖
第二十一回	《运河的喜与忧》	特别篇	观众来信、污染问题
第二十二回	《孔孟之乡》	山东篇	济宁、曲阜、孔孟故里
第二十三回	《与观众对话》	特别篇	观众回复、观点表达
第二十四回	《黄河两岸》	山东篇	干涸、废弃闸坝、运河穿黄
第二十五回	《古运河畔——凤凰城》	山东篇	聊城、凤凰城、山陕会馆、海源阁
第二十六回	《古窑地·新棉城》	山东篇	临清、舍利宝塔、头闸口、清真寺
第二十七回	《德州的水土》	山东篇	德州、屯兵、粮仓、船工号子
第二十八回	《南运河的消失》	河北篇	沧州、水资源匮乏、南运河消失
第二十九回	《水的宏图》	河北篇	水路不畅、荒废、南水北调
第三十回	《玉带珍珠》	天津/通州篇	天津、三岔河口、城市发展
第三十一回	《龙头凤尾—北运河》	天津/通州篇	通州、北运河、漕运、污染
第三十二回	《另起一行》	结语篇	回顾过程、回应主题、警醒、希望

　　《话说运河》的第一回名为《一撇一捺》,作为整部作品的开篇,第一回主要是对中国大运河的历史发展过程和在我国历史文化发展中的重要地位进行了总体概述。镜头先从京杭大运河的起点北京开始,然后提出了本片的一个重要创意,那就是从中国地图上看,大运河与长城的形状就像一撇和一捺,共同组成了"人"字,人类的"人",中国人的"人"。长城是阳刚雄健的,而大运河是阴柔深沉的,这又与阴阳之力的力量相合,巧妙地道出了长城与大运

河对于中国以及中国人的重要作用。而更重要的是,长城和大运河都是由中国人设计并施工的重要建筑工程,它们见证了中华民族的历史,保护、滋养了一代又一代华夏儿女,因此这样的一个概念在开篇抛出,也为本片奠定了以文化传承为导向的基调。

在明确了中心思想之后,镜头开始总体介绍大运河的概况与发展历程。大运河的南端是杭州,北端是北京,因为水源来自天然河流,所以对于运河本身来说没有"所有"源头,只有"首位"源头。这也为后来摄制组分别从北京和杭州同时进行拍摄提供了解释。在介绍运河总体情况的过程中,影片仍然以长城为类比对象,认为与长城作为屏障的功能恰恰相反,开凿运河的目的则是最大限度的沟通。然后镜头正好巧妙地引出京杭运河与海河、黄河、长江、淮河和钱塘江的江河水网关系。从水网关系又引出大运河重要的南北运输与文化交流功能。然后,解说再次将大运河与长城作对比,由长城可以想到秦始皇,而提起大运河就会想到隋炀帝。这样,镜头便顺理成章地从总体介绍切换到了对于大运河发展史的概述上来。首先,解说提出隋炀帝并非最早开凿大运河的人,隋也不是最早开挖运河的朝代。然后开始从三个时期,对大运河进行了溯源与发展演变过程的梳理。在介绍修建过程的段落中,解说词再一次与长城的修建进行了巧妙的关联对比。

最后,画面时空再次回到今天的大运河。影片一方面展示了仍然充满生机的大运河江浙段,另一方面也展示了华北地区运河的干涸,有些地方甚至遭到了严重污染的现状。《话说运河》第一回在结尾处并没有一味赞美大运河的壮美,反而提出了其面临的问题,并再一次将长城拿出来与运河进行比较,指出运河需要得到我们对长城那样的保护与认同。这是以往的专题纪录片中很少出现的,也成为其后能够引发观众观影潮和热议的开始。

一、北京与杭州的对话

在开篇播出之后，影片从运河最北端的北京开始呈现，章回名为《漂来的北京城》。本集从一开头就紧扣主题，水是北京的眼睛，没有了昆明湖、什刹海、御河水，万寿山佛香阁、琼华岛吉祥如意白塔如果没了倒影，那么北京便缺了灵性，影片也借此引出早年间留下的俗语——"北京城是漂来的"。为什么说这座历经数千年的五朝古都是"漂"来的呢，影片带着这个问题缓缓展开。

镜头首先对准了紫禁城，太和殿里的金丝楠木盘龙立柱来自云贵川湘的深山老林，太和殿内的铺地金砖来自江南古城苏州，而太和殿前的三层地幔则来自山东临清。这只是太和殿，而偌大的紫禁城甚至整个北京城，无处不是这些来自天南地北的砖木材料，甚至在明代定陵的墓道里也会发现这些大青砖等，而这些材料正是通过古老的大运河水运而来的。为了增强对史实的进一步分析，影片插入了对于我国著名历史地理学家侯仁之教授的采访，从专家哪里获得了关于北京与水源的历史解读，并引出了郭守敬寻找白浮泉水进京与开通运河的故事。在追寻拍摄白浮泉入京之旧道的过程中，影片将德胜门、西山、积水潭、南河沿、御河桥、东西长安街、南船板胡同、昆明湖、龙王庙、广元闸、高粱桥、万宁桥、东门仓、万寿寺和浮塔寺等地点通过水的脉络连接起来。其间，对于每个地点的历史发展，以及地点与地点间的空间、存在关联，都巧妙地展开了叙述，比如像"高亮赶水""穷大奶奶逛万寿寺""赵孟頫写《大都红门外海子上即事》""忽必烈赐名通惠河"等历史典故都被按照地点一一穿插其中，这样让影片叙事既有主线，又使内容信息变得丰富有趣。1293年漕运的通航，让大运河一时间舳舻蔽水，运送江南地区稻米、陶瓷、绸缎、木材等的船只，让海子岸成了大码头。元代曾三造漕船八千多艘，可见当时的盛况。影片尝试从今天的城市中，找到当年漕运兴盛的证据。比如今天的骑河沿、银闸，缎库、磁器库、灯笼库等众多胡同名，都是当年运河以及漕运贡品卸船入库之处留下的地标名称。今天的御河桥只是个名字，但在当年却曾有过"御河桥畔看河灯"的景致，就连胡同走向斜偏的原因也是当年为了顺河而建所致。海运仓胡同、北新仓胡同、北门仓胡同、南门仓胡同、东门仓胡同、禄米仓胡同，都是当年存放漕粮的粮仓。今天北京火车站旁的东便门就是当年大通河流经之处，而大通河桥南不远则是神木场，用以堆放南来的木材。影片正是在这种寻找和探寻的过程中，反复证明着"北京城是漂来的"这句俗语和主题。

影片第三集《江河湖海处》的拍摄地并没有按照常规思路从北京沿着运河南下，而是出人意料地来到了京杭运河的最南端——杭州。在节目一开始，主持人便解答了为什么上一回介绍的北京，这一次却一下跳到了杭州的问题。因为大运河就像一条长长的扁担，两头挑的就是北京和杭州，这样的拍摄安排不失为一种公平和平衡。

杭州同样是中国七大古都之一，甚至比北京作为首都的历史还要悠久一些。这是因为但凡江河湖海汇聚之地，往往能够催生兴旺发达的大小城市，没有汽车、火车、飞机的过去，水运决定了人与资源往来的可能。即便是今天，航运在杭州地区仍然发挥着重要的作用。影片没有一味地表现杭州城的繁华，而是一上来就先提出两个比较尖锐的问题。首先，中河与东河是杭州市内最重要的两条河，这两条河一头连着大运河，一头连着钱塘江，是民用、灌溉、运输的重要依仗，就像是城市的动脉和静脉。但随着时间的推移，这两条河逐渐变窄变浅，就如同得了粥样动脉硬化和静脉曲张，倘若一朝断流，杭州城的活力何在。其次，杭州之所以誉满中外，与其拥有诸多寺庙、宝塔、石窟、碑志、桥梁、墓葬等名胜古迹有关，但是与北京不同，杭州在吴和南宋时期的宫殿建筑群除了凤凰山上的几级台阶,其他都荡然无存了。

然而紧接着影片又通过叙述,为这两个问题找到了解读的方向。首先对于城内河流的问题,杭州人已经开始有所行动。他们准备在杭州的西南方挖掘一条地下引水道,将大桥西面的钱塘江水引到西湖,再通过西湖把江水注入中河和东河。与此同时,他们还将在城区的东部开一条新运河,钱塘江和大运河重新沟通。如果这个计划最后得以实现的话,那么,杭州这个巨大就再也不会轻易患心血管病和静脉曲张了。另一方面,虽然曾经作为都城的皇宫建筑群已不得见,但杭州有自身独特的解决方案,那就是西湖。西湖不仅风景秀美,且是杭州百姓饮水、灌溉的主要用水,而且还是运河西端的水源,没有西湖也就不存在"上有天堂,下有苏杭"之说。从这两问题的解答,观众不仅能够了解杭州与北京的不同,也能从中找到水对于两座城市文化形象的重要作用。苏轼和白居易都曾在杭州为官,也都留下了"未能抛得杭州去,一半勾留是此湖"与"欲把西湖比西子,淡妆浓抹总相宜"这样的千古绝句。影片又从白居易、苏轼的诗句开始,展开了唐宋年间西湖改造与给运河供水的历史回顾,并最终再次点题,阐明了杭州江河湖海环抱的特殊地理优势。

二、大运河的浙江篇

在介绍了京杭运河南北两端的北京和杭州之后,影片开始了《浙东运河》部分的介绍。跨过钱塘江就是浙东运河的部分,虽然同为中国大运河的组成部分,却又各自独立,浙东运河可谓是京杭运河的延伸。浙东运河西起钱塘江古渡口——西兴镇,流经萧山、绍兴、上虞、余姚、宁波,在镇海城南注入东海。影片先从浙东运河的起点——西兴镇开始,这里的西兴古渡口曾是钱塘江畔最繁华的商埠,浙东平原的物产都由此运往京都。虽然现在钱塘江道北移,镜头仍然通过石桥、城隍庙、闸墩、闸槽、天陵观等遗迹,以及苏东坡"江上秋风晚来急，未传钟鼓到西兴"的诗句来证明这里曾经的繁华。镜头还对准了西兴灯笼、萧山烧鸡、麻编工艺鞋、仿宋官窑陶瓷等非物质文化遗产。运河塘路和堰埭是浙东运河非常有特点的水利设施，它们也是一部活的航运工程史，影片在这一集中通过对这两处的呈现，一方面赞扬了水中纤道和绞盘拖船过坝的劳动人民的智慧，另一方面也表达了对劳动人民吃苦耐劳精神的敬意。最后，影片提出了"海上陶瓷之路"的话题。因为唐代越窑清瓷从宁波出海，远涉重洋销售到朝鲜、日本、印度、伊朗、埃及、苏丹等二十多个国家和地区，这条陶瓷之路与丝绸之路一样成为中国与世界交流的重要通路，也是中国为世界文明发展作出的重要贡献。

　　摄制组继续来到浙东运河上的另一座古老城市——绍兴。绍兴是鲁迅先生的故乡，所以影片的开始便选择"毡帽"作为象征符号，并在解说过程中把"闰土""阿Q"等鲁迅笔下的人物带入到《绍兴风情》的开篇解说词。早先这里叫做山阴、会稽、越州，南宋时候改为绍兴府。以船、桥、酒为自己的特色，足以说明绍兴是典型的江南水乡，《绍兴风情》也主要围绕这三大特色展开。影片介绍了绍兴的各种船，其中着重聚焦了绍兴独特的乌篷船，当年鲁迅、周恩来都是坐着乌篷船离开绍兴城的。影片在介绍乌篷船的同时，也道出了绍兴的人杰地灵，为后面的叙述埋下了伏笔。然后，镜头又对准了绍兴的桥。八字桥、太平桥的雕塑、纤道长桥、二十元桥等都是绍兴桥的经典之作，它们历时不同、形态各异，也见证了绍兴的发展与变迁。"地上本没有路，走的人多了，也变成了路"，影片借由鲁迅的这句名言，引出"走过这里的人"的话题。除了前面提到的周恩来和鲁迅，从四千多年前的舜王到大禹王，再到越王勾践、秦始皇、司马迁、李白、杜甫、元稹、王充、王羲之、陆游、徐渭等都曾生活在这里，留下了一段又一段的传奇和佳话。民主革命烈士秋瑾、徐锡麟、曹臣章都生在绍兴，秋瑾就义的地方就在绍兴轩亭口，1933年在这里建了一座纪念碑，而题写碑文的蔡元培也是绍兴人。影片最后由温酒的甏筒引出了绍兴的黄酒，并通过航拍运河上运酒的船只作为本集的收尾。

《杭嘉湖平原》是离开浙江运河向北，关于杭州、嘉兴、湖州的一集。影片首先指出，杭嘉湖平原并非平坦清秀的美，而是山水相依，充满丰富的变化。于是镜头开始围绕山和水展开，从天目山到以运河为主线的四通八达的水网。鱼米之乡、运河古镇是镜头聚焦的重点，本集摄制组主要通过水路航道拍摄。摄制组首先在嘉兴开始寻找著名的运河胜景落帆亭，曾经北来船只至此必先落帆才能通过端平桥平安入城，而今却已被水岸人家取代。接着又由水岸人家引出双魁巷这样的傍水居住群落，并将之与北京的大杂院作比较。进入日常生活，镜头很自然地就对准了美食，而嘉兴最出名的传统美食便是粽子。摄制组拍摄粽子的目的，还是巧妙地把话题引回本集"鱼米之乡"的主题。"嘉禾"过去就是经运河运往京城的优质大米，而这里就是主要产地，并且种植历史已近七千年。影片最后，摄制组也尝试提出了运河运量、超载船、运河污染、拥挤混乱的问题，引发观众们的关注和反思。

三、大运河的苏南篇

《丝绸古镇盛泽》由运河上航拍王江泾大桥拉开序幕，摄制组也正式从桥南的浙江省进入了江苏省。本集的主角盛泽就是位于浙江省和江苏省交界处的古老运河小镇。由题目可知本集的主题就是聚焦盛泽古镇的丝绸产业和丝绸文化。镜头没有一开始就对准丝绸，而是先到到处都是出售纺织机械零件的门市部，发现盛泽与其他江南小镇的不同。再从人们的穿着、婴儿的襁褓，甚至小饭馆的抹布发现丝织品的无处不在。然后才提出疑问，进入对于丝绸古镇历史的追溯。镜头先从明嘉靖年间白龙桥上的"晴翻千尺浪，风送万机声"的石刻对联开始，说明盛泽丝绸产业由来已久。

接着在盛泽当地人的带领下，来到了供奉蚕花娘娘的蚕花殿，世代从事丝纺的盛泽已然形成了自己的桑蚕文化。影片也引用了著名的社会学家费孝通的话予以分析。盛泽这种世代相传的织绸技艺，甚至进入遗传的基因，成为生物基础。可见盛泽的丝绸是和盛泽人的生命史十分牢固地连接在一起了。以文化为切入点，影片从河姆渡遗址陶器上的蚕丝纹饰、殷代甲骨文中的蚕桑丝帛文字、良渚文化的丝线遗存、《诗经》中的养蚕采桑诗句、江宁织造府与曹雪芹等各个时期和视角，回顾了中国丝绸文化的源远流长，也借此说明盛泽这样一个丝绸之路的产业源头、一个活态的"丝绸博物馆"的珍贵之处。

《水乡小镇》以太湖之滨大运河畔的同里镇为拍摄对象，从同里的历史、自然景观和人文风物三个方面，呈现了一个宁静和谐、惬意宜居的江南运河古镇。其实像同里这样的水乡小镇可谓遍布于江南地区，选择同里作为其中的代表，自然有其共性与特质融合之妙。首先，同里从宋代便开始建镇，到《话说运河》拍摄之时已经有十个世纪之久。但在拍摄的时候汽车也只能开到镇外，摄制组的拍摄设备必须用船和肩扛才能运到镇内。也正是相对的封闭，才让这里千百年来没有受到外界喧嚣的浸染，始终保存着宁静与纯粹。即便是已经通了自来水，镜头中的同里人还是喜欢在河边洗漱、淘米、洗菜、洗肉、洗碗筷和衣服，甚至是洗澡和洗脚，这是因为他们遵循着"以水为净"的古老信条。与其他水乡小镇一样，同里的桥也很多，且历史悠久。影片中出现的思本桥、富观桥、太平桥等都是宋元明清时期的著名桥梁，随着镜头对准明代小东溪桥上"一泓月色含规影，两岸书声接榜歌"的诗句后，影片自然地开始介绍这里的人文风物。崇本堂里的《西厢记》雕刻、嘉荫堂里的《三国演义》木雕、五鹤门楼的砖刻、耕乐堂明、陈翠娥书楼等古建筑及其装饰雕刻遗迹随处可见。这些艺术品能够历经岁月被保留下来,与同里四面环水、天高地远有着密切的关联。这也是为什么历代许多官员告老还乡后在此修建园林庭院颐养天年的原因。镜头由此对准尚义堂、三谢堂、侍御第、遗老堂、西宅别业、退思园这些大宅园林,尤其从名命到建造特色等方面详细介绍了退思园。虽然今天同里已经成为游览胜地,影片最后还是希望今天的同里运河古镇存古求新,保有那份安适与纯净。

《太湖与江南运河》的拍摄来到了江南地区的腹地,江南的中心——太湖地区,本集主要介绍了江南运河的历史变迁、今天的风貌以及它和太湖水系的关系。镜头先从太湖地区的运河航运开始,因为这里是今天所有运河端运量最大的地方。而大运河最早开挖,也是由此开始的。公元前11世纪周泰王的长子泰伯为发展农业方便水运,便在无锡附近开挖了一条河道,就是今天的泰伯渡。泰伯的后代中有一位就是吴王夫差,前文中我们曾提到,大运河的最初形河道就是由吴王夫差开始的,直至隋炀帝时期江南运河真正完整成形。而在此过程中,大运河与太湖形成了相互促进的关系。影片中历数各次水利工程治理后,两者愈发唇齿相依的关联,以及两者共同推动江南地区不断繁荣的史实。摄制组还把镜头对准了水上生活的船家,他们使古老的运河至今仍然充满生机。最后,摄制组选择东山镇为代表,通过拍摄这里的古井、民宅、春在楼,再次展示了江南运河古镇的历史底蕴和现代风貌。

《水城苏州》的拍摄由距今2500多年历史的盘门开始,盘门也是苏州保存最完整的水陆城门。水是苏州城的骨架,所以本集也始终围绕这一主题展开。苏州城在宋徽宗年间叫平江城,镜头先从《平江图》石刻开始分析苏州的水网化城市格局。苏州城历经风雨,几度损毁,但水网骨架始终保留。摄制组先后对盘门、横塘驿亭、阊门、胥门进行拍摄和介绍,让观众们了解到苏州自古以来就是大运河江南段上重要的交通和商业中心。"翠袖三千楼上下,黄金百万水西东",唐伯虎的诗句也成为当年姑苏城商贸繁华的佐证。摄制组以全晋会馆为例,引出苏州全城来自全国各地的商会约有160多处,再次证明了苏州城的商贸中心地位。经济发达也带来了文化艺术的昌盛,"吴门画派"的兴起与西塘优质的国画颜料出现不无关联,晋朝以来苏州画坛更是大师辈出,张僧繇、吴道子、沈周、文徵明、唐寅、仇英等都是这里的杰出代表,而近代许多大画家任伯年、吴昌硕、徐悲鸿、齐白石等不少传世名画的色彩都是出自江苏西塘。除了绘画这样的高雅艺术,苏州的民间美食也是摄制组拍摄的聚焦点,其中着重介绍了苏州的糕团工艺。在《漂来的北京城》一集中讲到的故宫铺地金砖,也同样来自苏州,镜头也对大运河畔的陆墓乡御窑村进行了拍摄。在黄昏时分,摄制组来到了寒山寺,因为此时最适合捕捉张继在《枫桥夜泊》里描述的诗意画意。在寒山寺的钟声里,镜头不断切换着这个古老而崭新的城市画面。

《运河上的"无锡景"》一集标题中的"无锡景",来自民歌《小小无锡景》。影片首先出现无锡市内车水马龙的场景,然后逐渐转入太湖之滨的旅游胜地鼋头渚,城市的快速、拥挤与太湖湖畔的开阔、舒缓,形成了强烈的视觉对比。此时,《小小无锡景》的歌声响起,解说开始阐述无锡的繁华离不开大运河的功劳,今天便补唱这首大运河上的无锡景。影片首先回顾了无锡古运河的历史,然后便来到了龙舟,并介绍了历史悠久的江南船菜。制作龟山泥人的匠人、生活在床上的运河跑船人,都展示了无锡人的生活日常。除了这些生活日常,无锡也有许多运河胜迹,于是镜头又对准了清明桥、妙光塔、南禅寺、黄埠墩、西水墩、西定桥等运河遗迹,证明大运河与无锡发展之间的紧密关联。在拍摄《话说运河》的前两年,无锡市还修整过一段古运河,整旧如新的做法也引起了争论,但却为运河边的人们提供了休息和锻炼的地方。摄影机镜头也拍摄下了这些在运河边跑步、打太极拳、打羽毛球和看书的人们。影片最后又回到片头那般繁忙的城市景象。

在大运河常州段的拍摄叫《常州的气魄》，但影像一开始却是对大运河的现状提出了尖锐的问题。常州曾经宽阔的大运河，如今为何却变得如此狭窄和拥挤不堪，解说者甚至用了"动脉粥样硬化""卡脖子"这样的词语。大运河带来了沿岸城市的发展，城市发展又影响和限制了运河的进一步发展，运河的修缮、改造成本高，难度大。开辟新航道来解决航运问题是一种方案，而常州则选择在原有河道上进行改造。摄制组采访了时任常州副市长洪文鑫，洪副市长向摄制组介绍了常州结合城市改造对大运河开展的一系列综合治理。影片也感慨于常州敢于对大运河动大手术的胆量和举措，本集《常州的气魄》的标题来源至此也变得明朗。影片接着对改造后的城市与运河段面貌进行了展示，面对拆与建、旧与新的取舍和抉择需要勇气同时也需要保护与传承。由此，镜头一边对准了文笔塔、红梅阁、天宁寺、舣舟亭、东坡洗砚池、常州梳篦与篦箕巷，另一边又对准了金狮自行车和灯芯绒等工业产业，忙碌的现代城市与悠久的文化传承在大运河的映衬下交相辉映。

镇江是大运河与长江的交汇处，所以拍摄丹阳与镇江一段的名称就叫做《穿越长江》。摄制组离开常州首先进入丹阳境内，这里曾是齐梁两代帝王的故里，镜头中守护在陵前的天鹿、麒麟、颙屃等石兽，展现出鬼斧神工之美。但是这一段的运河却水量不足，被影片描述为"苏南运河被它卡住了脖子"。随即摄像机便给出了原因，丹阳城西的练湖农场本来是调剂这段运河水量的湖泊，但现在已经变成了农田。但在古代，这里的水道水流却非常丰沛，甚至为了降低水流速度，秦始皇还发三千囚徒利用"三弯抵一闸"的经验，将河道开凿成弯曲的形状，所以这里也曾经叫做丹徒。由于是运河与长江的交汇处，镇江自古以来就是我国的交通要道和军事重镇。而摄制组到了镇江并没有马上拍摄两水交界处,而是先关注起了美食。香醋摆不坏、肴肉不当菜和面锅里煮锅盖并称"镇江三怪",也是镇江人的饮食特色。而在《话说长江》中就着重作过介绍的金山寺,在《话说运河》中再一次受到了关注,而后随着昭关石塔、待渡亭、义渡码头,摄制组最终来到著名的西津古渡。古代大运河与长江交汇处就叫京口,王安石"京口瓜洲一水间"中的京口指的就是今天的镇江。影片也正好借着这首诗,来到了瓜洲古渡,瓜洲也是南北漕运的重要咽喉,唐代高僧鉴真就是从瓜洲起航东渡日本。到达瓜洲后,摄制组穿越长江的过程就此完成。

在《话说运河》全片的所有三十三回中,只有《运河城扬州》在题目里把运河与城市直接关联起来,由此可见扬州对于大运河,或者说大运河对于扬州来说是多么重要。为了突出这种重要性,在本集影片开头就将春秋时代的运河雏形到隋代大运河成形,再到隋炀帝死于扬州的历史进行了回顾,突出了扬州与大运河之间的紧密关联。大运河带来了扬州经济文化的繁荣,影片用《清明上河图》里的开封景象来类比扬州,当时扬州是盐、铁、药材、茶叶等的集散地,也是四川蜀锦、江西木材,以及各种珠宝金银的重要交易市场,来往商家如织丝毫不逊于开封。繁华的经济也吸引和造就了一大批文人墨客,仅唐代如李白、白居易、骆宾王、刘禹锡、高适、王昌龄等都曾在扬州留下传世之作,千百年来更是相关文化成果斐然。摄制组还将摄像机对准了高明寺、文峰塔、个园等重要传统古建,并对著名城建专家朱懋伟进行了关于扬州古建和城市道路、空间的采访,更进一步地了解了扬州城的人文景观风貌。

四、大运河苏北篇

《苏北运河》和《春满里下河》为观众们展示了大运河苏北段的宽阔、整齐和气魄。苏北运河是指京杭运河从扬州到徐州的一段,运河两边堤岸坚固、河道宽畅,完全没有江南段的弯曲多变,开始从秀丽转为壮阔和坦荡。《话说运河》拍摄的年代,铁路还并未在苏北所有地区开通,因此当时的大运河可谓是真正的运输命脉。以运河为主干的水网也让苏北平原粮食产量超过苏南,成为江苏的大粮仓。影片中还对苏北运河从春秋时期到今天的整个发展历程进行了简要的梳理,一方面证明大运河苏北段有着悠久的历史,另一方面说明今天的各种举措促使大运河继续发挥越来越大的作用。影片提到了淮安水利枢纽和江都抽水站这南北两项水利枢纽工程,正是解放后这些水利系统工程的不断推进,才有了大运河运能、灌溉能力在今天的不断优化与提升。摄制组还专门采访了水利专家钱正英,谈起了修建、治理苏北运河的过往。影片最后把苏北运河流域和里下河比喻为雕刻家手里的愚石,在神通广大的水利专家的精心雕琢下成为了大地的瑰宝。

摄制组来到里下河地区的当下正是春耕时分,生机勃勃的春色配上耕种的劳作,让画面充满了生命与希望。镜头通过奎星楼、镇国寺西塔、净土寺塔、古文游台、古四贤祠、王氏古井、秦邮董糖、麻鸭和双黄鸭蛋等人文景观和非遗传承,勾勒出了里下河地区高邮和兴化这两个地方独特的风土人情。

在《地灵人杰话淮安》的一开始,镜头便以航拍的方式对准了镇淮楼和大运河。镇淮楼有震慑淮水之意,也成了淮安的标志性建筑。而历史上淮安并不平安,自从夺淮入海,淮安的水患就连年不断,镇淮楼也未能镇住淮水。直到解放后修了苏北灌溉总渠,才得到根治。淮水也真的被"镇住",淮安也真的平安了。淮安为大运河入淮之口,也是南北交通咽喉要地。镜头以一块写着"末口"的石碑为转场,主持人由此介绍隋朝运河从末口经过淮水、渭水和洛水能一直抵达京都洛阳。而运河边的一个地方名为河下镇,更是淮安当年作为运河交通枢纽的最好证据。镜头下的河下古镇看似不起眼,却是曾经的"不夜城",至今这里的街巷还是以各种行业井然分布和名命的。摄制组还采访了淮安市人民政府的刘鹏坤，通过介绍当时在镇上建立的各种会馆，再次证明了这里的商贸繁华。当年的国家漕运总督府就建在淮安，足可见淮安在大运河航运方面的重要地位。影片最后还通过"汉初三杰"之一的韩信、抗金名将梁红玉、《西游记》的作者吴承恩、抗英将领关天培等淮安历史上的重要人物，展示了淮安的深厚文化底蕴。

在淮北平原上，大运河与淮河、黄河、洪泽湖之间相互交织，《黄河故道》的标题看似与大运河无关，但其实在黄河决口南下夺取淮河水道入海之前，运河一直是穿越淮河北上的，但后来大运河只能入淮阴与黄河并行，后再过黄河北上，各水系之间纠葛、关联密切。为了更清晰地向观众展示，摄制组专门拍摄了浙江省博物馆馆藏《无款南巡道里图》，辅以说明运河与黄河交汇的场景。因为黄河水位与运河水位高低不同，每次升船、落船都伴随着艰难与惊险。镜头里80多岁的老闸工王世林，也详细讲述了黄河故道上的这些传奇历程。自古水患，淮阴为大，而这里又是运河漕渡的重镇，所以这里才出现了如清江大闸这样的运河遗迹，而这闸就如同黄河故道旁最有意义的丰碑，成为古代劳动人民面对黄河与运河，以勇气和智慧治水用水的见证。接着，影片再从历代皇帝南巡驻留皂河行宫、黄河故道边的明祖陵，到解放初三河闸、洪泽湖坝体加固、宿迁枢纽、淮安枢纽一系列的水利工程的开展，陈述着这里的悠久历史与时代新生。

徐州地处南北相交之处，向来被誉为"北国锁钥，南国门户"，素有"五省通衢"之称，所以自古便为兵家必争之地，所以本集《大运河畔古战场》的标题也由此而来。历史上有记载的，在徐州大运河畔发生的战争有200多场，演绎了一段中华大地上的战争与和平故事，而这其中最著名的就是楚汉之争。于是镜头先对准了戏马台，通过戏马台和其上的"从此风云"的题词，感受当年西楚霸王项羽点阅兵马的震撼场面。徐州还有许多汉代兵马俑存世,汉兵马俑相较于秦兵马俑来说相对写意,但对我们了解当时兵种、兵器、阵法编制等都有着重要的参考价值,也是一种直观的再现。为了介绍刘邦,摄制组专门来到了刘邦店村,这里的刘邦井、歇马石似乎还在讲述着一代枭雄如何成长的故事。徐州到处都有关于刘邦的文化印记,沛公酒、大风歌、歌风台,甚至是樊哙和狗肉都是证明。而九里山古战场,正是刘邦项羽一决雌雄之处,古曲《十面埋伏》的第八段就叫"九里山大战",而《水浒》第三回的山歌里,同样描述了古战场的凄冷萧瑟。影片讲述了过去的战争,也必然不会忘记对于新中国来说至关重要的"淮海战役"。镜头不仅对准了淮海战役烈士纪念馆和烈士纪念堂,也对准了至今在徐州街头巷尾还随处可见的巷战碉堡。战争破坏了徐州的各种历史遗存,但仅留下来的云龙山石刻、石佛、汉画像石砖,都是战争无法破坏的石头。千百年来,作为大运河畔的古战场,徐州人也培养了一种不屈的尚武精神,镜头通过习武、健身的人,甚至射击类的娱乐项目表达了这一观点。而战争的终极目标就是和平,在拍摄此集的过程中恰逢国际和平日,影片也以此作为结尾并提出希望。

五、大运河山东篇

从《日出斗金的微山湖》开始,摄制组进入了山东境内。微山湖是山东省和华北平原上最大的淡水湖,大运河也静悄悄地流到了这里。元明清三代对京杭运河的大力开发,使得原来泗水河与黄河决口流出的水相互汇聚,形成了微山湖。而今,微山湖也成为京杭运河北方段中可通航的最后一段。因为有大运河从中穿过,这里的湖产等也得以传向四面八方。影片也从这些丰富的湖产入手,开始介绍微山湖的历史,以及这里生活的湖民和渔民。影片最后没有更多关注微山湖的风光,而是通过聚焦水上人家的生活与劳作、水上的学校,以及对渔业资源和水环境污染等问题,更真切地关注微山湖的今天与未来。

《孔孟之乡》主要围绕运河古城济宁及其相邻的曲阜展开。自从元代开通了南北直通的大运河后,处于运河中段的济宁,南通江淮,北接京城,开始逐渐发展成为运河重镇。首先,摄制组把镜头对准了济宁的竹竿巷,这里满是制作、售卖竹制品的商店,但实际上济宁并不产竹子,也其实就是南方的材料和工艺随大运河传来,并世代流传至今的最好证明。像这样根据糖、纸、瓷、酒等不同产业名命的街巷,在济宁还有很多。影片中还介绍了"玉堂酱园",这个当年由苏州人随大运河至此所开设的酱菜店,至今还写着姑苏老店的称号。除了产业发展,济宁还有一批如铁塔寺、东大寺、太白楼这样的历史遗存,这些都是大运河造就了济宁古城的证据。说到文化,影片开始转而介绍起与济宁相邻的曲阜。曲阜是我国24个文化名城之一,是古代著名思想家、教育家孔子和孟子生息的地方。影片先用"炎帝神农氏都陈徙曲阜""黄帝自穷桑徙曲阜""少昊都曲阜"和"舜作什器于寿丘"的典故,追溯曲阜的悠久历史,而后聚焦孔子和孟子两位先贤大德,通过夫子洞、孔庙、孔林、邹县孟庙、孟母断机、孟母三迁等地点和典故,讲述曲阜与孔孟之道的故事。影片最后再次拉回现实,草地上做着游戏的孩子和国际友人们,象征着今天的曲阜充满新的生机和开放的未来。

《黄河两岸》讲了大运河与黄河从过去到现在的关系和问题。由于水的断流,大运河到了黄河两岸便已空有虚名,摄制组在黄河两岸拍到了各种废弃的运河闸坝。其实曾经这一段大运河水量丰沛,为了控制水量从济宁到临清就有闸坝30余处,这一段也因此被称为"闸漕"。影片通过元代戴村坝的例子,说明了当时人们就已经能够因地制宜地提出科学解决水源和穿黄的水位差问题。张秋十字街头的繁华,也是大运河促进航运和贸易的证明。然后大运河至此,没了水,水泊梁山已然面目全非。虽然断金亭、景阳冈、谷阳狮子楼等景致还在，到如今却已没了曾经的生气。当然，梁山还是有水的，摄制组随机拍摄了美丽的东平湖，并抛出了核心问题，东平湖不是风景区，而是南水北调工程第一期东部输水线的重要节点。如何才能让大运河获得水源并穿过黄河，是解决北方水危机，完成南水北调工程的重要课题。最后，摄制组来到南水北调穿黄指挥部，这里正在进行让大运河从黄河底部穿过的革命性实验。影片至此也带着关切、希望和期盼进入尾声。

《古运河畔凤凰城》主要介绍了曾经的运河重镇聊城。聊城因古城形态似凤凰，又有群凤落此的传说，所以又被称为凤凰城。这里早在2500多年前的春秋战国时期就是筑城屯兵的齐国要地。而元代会通河开凿后的五六百年间，漕运真正为聊城迎来了鼎盛时期。影片一开始就介绍了山陕会馆建筑群、运河大小码头、馆驿巷、米市巷、宋代铁塔等遗址遗迹，并结合各种传说典故，证明曾经的东昌府是多么地强盛。商贸的发达自然也会带来文化的繁荣，著名的海源阁是中国最大的私人藏书楼之一，曾藏书二十二万余卷，其中宋元珍本逾万卷，也是历史上我国乃至全世界最重要的藏书楼之一。至今文艺活动在聊城仍然受到人们的喜爱，并有着很高的水平，摄制组在东昌书画院拍摄的过程中，书法家们"爱我中华，修我运河"的书写，也代表了当时聊城人民抢救运河的迫切心声。影片转向随着运河前行不远的东阿县，这里曾是曹植受封之地，光岳楼也是此处的代表性古建，这里的阿胶、钟表都非常有名。影片最后表达了对于聊城发展的期待，盼望凤凰城于未来再次展翅高飞。

临清位于漳卫河与古运河交汇处，是因运河而发展的城市，其名称就与水有着密切的关系。《古窑地·新棉城》一集从标题就能看出是关于大运河临清段拍摄的两个要点。摄制组进入临清最先看到的就是舍利宝塔，以前运河上的船只要是看到这座塔就知道到了临清。在前面的章节里也曾提到，西方艺术家在关于大运河的绘画中也曾表现过这座塔。这里的头闸口会通河的第一闸坝,而今天仍然留存的会通街、马市街、锅市街、商场街、箍桶巷街、竹竿巷街,也证明着这里曾经商贸繁华的过去。托板豆腐、济美酱园、临清汤等本地美食,曾吸引着由运河而来的天南地北的商旅行人。而回族移民在这里建造的清真寺,盛产具有波斯猫血统的临清狮猫等,也都是大运河带来临清各民族融合交流的证据。临清的张家窑和白塔窑曾经是全国最大的皇家窑地,烧制的黄砖贡品直接通过会通河北上京都。而随着运河的干涸与被弃用,临清开始在自己的植棉产业上获得发展,成为全国最重要的棉乡之一。

《德州的水土》继续在山东境内拍摄,但却继续面临尴尬,镜头里的大运河航道里的水面断断续续的,正上演着"沧海变桑田"的巨变。德州的兴衰枯荣可谓都紧紧系着大运河。这里曾是囤积皇粮的北方运河重镇,至今很多村子还以老虎仓、北仓等粮仓命名。而北营、哨马营等十二联营,以及运河边发现的各种铜铳火枪,也证明了这里同样还是重要的屯兵之所在。但是,随着运河的干涸,今天的德州遇到了急需解决的水资源问题。通过主持人对于当地专家的采访可知,1965年以后这里的大运河水道水量便开始不足,时断时续,而在1982年,德州地区航运局最终因航道干涸被撤销,德州数千年的大运河航运史被迫中断,令人惋惜。在镜头里,废弃的运河码头、老船工的运河船工号子都成为对大运河的追忆与呼唤。当然,德州人并没有沉浸在过去里,美丽的德州新湖、全国第一家制造玻璃钢汽车的工厂、中华蜜酒、德州扒鸡等,都成为德州今天的名片与骄傲。影片最后期待大运河再次通航,让德州实现水陆双行,而摄制组只能离开运河先坐火车北上。

六、大运河河北篇

自德州至天津这段交南运河,沧州就是在此过程中非常重要的运河城市。但是,当摄制组来到沧州时,却不见了小桥流水和水上人家, 不见了运输的船队, 甚至连运河也不见了。南运河的河道还在, 水闸水坝也都在, 但唯独不见了其中的河水, 河道里到是成了晒谷、放羊和养鸡的去处。摄制组通过对南运河河务处王嘉言工程师的采访得知, 1965年以前的南运河还能顺利通航, 但随着上流截、蓄水的工程越来越多, 导致下游逐渐无水可用。整段运河上修建了太多防洪抗涝的设施, 一心想要制服运河水的人们却没料到运河水有一天会消失不见。更讽刺的是, 作为沧州标志的铁狮子, 又叫镇海吼, 原本就是为了镇海啸防洪水, 但今天却更应该向无知贪婪的人们发出惊醒的吼声。在京杭运河断流之后, 沧州就成了严重的缺水城市, 当地含氟非常高的地下水, 对人的身体也有着极大的危害。因此整个《南运河的消失》这一集, 虽然也谈到了常州武术、金丝小枣、大鸭梨等沧州特产, 但和信心的内容就是对于南运河消失的反思。

京杭运河一过微山湖就渐渐在北方大地上消失了。在济宁, 虽然有水但变浅了, 河床也变窄了, 更没有千帆竞发的水上盛况了。而《水的宏图》却以这样的题目出现, 自然是为后续的内容埋下伏笔。摄制组航拍发现运河在黄河两岸停住了脚步, 传说中南旺的白英老人分水的地方, 如今已经没水了。一些船闸、节制闸、运河大桥等早已荒废。聊城与临清在不通铁路的情况下, 水路交通也已不再畅通, 德州和沧州运河河床已经变成了大马路。影片随即发出感慨, 北方的大运河似乎长着干裂的嘴巴等待水源, 地图上标注的蓝色河道却只表示它的过去, 运河边的人们也在急切盼望着。由此, 影片在最后点题, 引出南水北调问题, 水电部南水北调规划办公室在受访过程中也谈了其中的必要性与迫切性。

七、大运河天津与通州篇

虽然北方运河干涸带来了严重的水资源与地方发展问题, 但天津却在很短的时间内获得了快速的发展, 这并非天津对于运河的依赖不强，而是天津有着自己得天独厚的地理环境优势，并且依靠"引滦入津"的方式解决了淡水资源问题，《玉带珍珠》讲的就是关于运河城市天津的内容。在天津，运河到北端遇到了海河，由此，运河把黄河、长江、钱塘江、淮河、海河贯穿融合起来。摄制组首先来到了天津城最早的发祥地——三岔河口。北运河、永定河、大清河、子牙河、南运河在这里交汇由海河送入渤海，"晓日三岔口，连樯集万艘"，正是这样的地理优势让天津成为南北船舶的必经之地。摄像机还通过对《潞河督运图》的赏析，还原了当时河上桅樯林立、舟船往来的繁华场景。天后宫里供奉着海神娘娘，也是当时船运人的保护神与信仰。天津也有着丰富的地方传统文化，玉丰泰绒花、杨柳青年画、吊钱、贴福、贴饽饽熬鱼、桂发祥麻花、狗不理包子、煎饼果子、熟梨膏、面茶、糖堆等都让天津充满了文化底蕴与生活气息。不仅如此，天津又是一个蓬勃发展的现代大都市，工业发展水平在全国处于领先地位，我国第一台电视机、第一块手表、第一辆汽车、第一部电梯都来自这里。节目组还听取了前面节目中观众的建议，拍摄了很多展现天津现代城市风貌的画面，八里台立交桥、水晶宫饭店、中山门立交桥、天津凯越酒店、引滦入津纪念碑等都在其中。

大运河从天津到通县的段落被称作北运河，当地人称为铜帮铁底运粮河，从北往南来看，北运河是大运河的开端，而反向则是尾端，所以才有《龙头凤尾北运河》这样的标题。曾经的北运河，每年光运粮的漕船就有两万艘，押运官兵12万人次，连同水师船和商船多达3万艘，20世纪30年代还是有商船渔船通行。北京到天津中间的津门首驿河西务，北上南下的船只都要在此过夜。明代文学家冯梦龙曾在作品中写到往来河西务的船只像"蚂蚁一样"。另一处更大的张家湾，当时被称为南北水路要会。首位连接船十几里长，南来的到此下船换车马60里到北京，返回的也在此坐船。

但北运河的衰落,让这些地方都破败下来。为航行畅通,历代都大力修建闸坝,控制水流水位,影片中出现的屈家坝遗址,就是其中的代表,当时该坝落成时康熙皇帝还曾亲临现场,而现在却已成了排放污水的地方。作家刘绍棠在接受摄制组采访时表示,自己小时候所见的北运河有船运且水流清澈,村里做豆腐都从河中取水,劳作时河水也直接从此取水饮用,并且还能在里面游泳。而现在,不仅运河水,连地下水都受到了严重的污染。影片接着介绍了北运河起点的通州,有漕运通济之意,这里上接通惠河直通北京,下连海河直达各地,是漕运入京的仓储和转运之地。东仓遗址、燃灯塔、大通桥、石道都是当年运河漕运连接服务京城的重要证据。中国社会科学院的付崇兰还介绍了石道碑中记载石道如何服务漕粮与官员、使臣、商人进京的历史典故。影片最后展示了通州城市现代发展现状。

八、大运河特别篇

《运河的喜与忧》和《与观众对话》是《话说运河》非常特别的两集,主持人首先阅读了淮河水资源办公室、吉林市的原兆富、四川泸州采购供应站的杨慎思、杭州市规划设计院的吴兆申、铁道部四方机车车辆厂的郭立正等观众来信,这些来信无一例外地表达了同一个内容,那就是大运河的污染问题。随后主持人播放了在拍摄过程中记录下来的大运河各个区域的被污染画面,以及各种受访者对于大运河污染问题的观点表达。《话说运河》播放到这时,从北京白浮泉到杭州西湖景、钱塘潮,从苏州园林、同里民宅、扬州街市到微山湖鲤鱼、无锡惠山泥人、盛泽丝绸,从绍兴的鲁迅、兴化的郑板桥到淮安的周恩来,观众们看到了大运河的物华天宝与人杰地灵,但现实的问题同样不应故意回避。《话说运河》这种直面问题,并与观众形成互动,共同关注、探讨问题的形式,让影片产生了极大的社会反响,也是其获得成功的关键所在。

作为整部影片的总结篇章,《另起一行》的开篇再次回到"长城是阳刚雄健的一撇,京杭运河是阴柔深沉的一捺"的构思之上,两者一为阻隔,一求沟通,但在中华大地上共同构成大写的"人"字。长城与大运河都是人类智慧和意志的结晶,本集回顾了大运河建造史的苦难,也总结了大运河带来的贡献。如果没有大运河就没有今天的杭州和北京,也没有南北方语言、科技、文化、艺术、感情之间的交流,没有如此的民族团结与政治统一。影片把前面拍摄过的运河各处重要地点,以快切的方式进行了回顾,还对如白居易、黄庭坚、王维、张若虚、孟浩然等人关于大运河的文学创作进行了展现。然而,对于污水排放带来的大运河污染问题,节目组也没有回避,一幕幕触目惊心的画面让观众为大运河感到痛心。并且,大运河水资源缺乏,同样也是由于人们对上游水源的过度开发利用所造成的。至此,影片抛出总结,运河是由人开凿的,人在运河问题上要主动承担责任。大运河的使命已经从运粮变成运水,南水北调工程值得大家期待。在命运交响曲的音乐中,屏幕上的"另起一行"和一串省略号,是对过往人们举动的警醒,也是对今后人们拯救、改造、爱护运河的期待。

《话说运河》全篇采用回制,虽然基本按照运河流向展开叙述,但其中又有先讲两端,再由南一路向北的设计。影片继续沿用《话说长江》的主持人讲述的方式,但也在其中以访谈、观众互动、专家座谈等方式,丰富对于内容的展现方式。就当时而言,其叙事方式的改变与知识分子介入参与的模式,都属于变革式的创新。

第三节 "话说运河"的叙事创新与知识分子创作介入

《话说运河》的创作视域非常开阔,不但有航拍、"人"字撇捺概念,以及南北端同时拍摄的宏观视角,又有深入寻常百姓生活、聚焦砖瓦糕团等非常丰富的微观细节。影片在信息内容丰富的同时，视觉形式在当时来说也有突破性的创新之处。全片有效地引导观众跟随镜头，感受运河与生活的关联融合，体会运河似奔腾血脉般的文化力量。而与此同时，知识分子的创作介入，成为影片最终获得广泛反响的重要创新之举，也为《话说运河》带来了思考的深度、厚度与叙述的严谨与学术性。

一、"话说运河"叙事手法的创新

从20世纪50年代到70年代末，我国的纪录片通常采用"全知全能"视角展开叙事。这种叙事视角出自苏格兰著名的纪录片导演约翰·格里尔逊（John Grierson），并曾于20世纪30—40年代的西方世界风靡一时。全知全能叙事视角的优势在于，影片能够不受时间、空间的约束而自由跳转、切换，叙述者能够以自己的意愿选择叙述的对象、角度、景别和节奏。但这种叙事视角也因为其"全知性"，容易让观众处于完全被动接受的情况，观众的想象力和积极性很难被调动起来。叙事主体单一也造成了形式上的封闭和结构上的呆板。更重要的是，"全知性"往往还会带来观众对于所述内容真实性的质疑。当时我国的纪录片采用这种叙事视角和方式，是为了能够更好地完成影像的"教化与指导"功能。到了20世纪80年代，全知全能叙事视角仍然被沿用，但却开始出现了许多新的改变。《话说运河》的叙事手法虽然也还是全知全能的模式，但无论从拍摄手法的多元化、观众参与和内视角叙事的转变尝试，以及知识分子精英意识在创作过程中的体现，都足可见《话说运河》在叙事上的创新和改变。

（一）航拍的使用

《话说运河》的拍摄手法在当时是颇具新意的。首先，为了能够直接而宏观地感受大运河，《话说运河》摄制组在创作过程中采用了航拍技术，这在无人机航拍技术并未普及的年代，是非常大胆的镜头设置,也成为更有效实现宏观与微观表现结合的必要手段。在当时,西方发达国家在电影、电视拍摄时已经开始使用航拍画面,但对于20世纪80年代的我国,将航拍技术运用于电视纪录片拍摄的案例还很少。如果说在《话说长江》时是对航拍镜头的探索,那么在《话说运河》中我们已经可以看到对于航拍镜头更加成熟的运用和更主动、更巧妙的设计。这种运用不仅为纪录片创作带来了更丰富的视觉语汇,同时还拓宽了作品节奏维度。整个《话说运河》使用的航拍视频时间逾100小时,那么实际拍摄素材必然远超这一数字,这必然也同时为在纪录片中使用航拍技术本身积累了重要的经验。

当时摄制组租用了四架飞机参与拍摄,其中两架分别从北京和杭州出发,一南一北分组同时拍摄,提高效率的同时也丰富了走向上的互补。另外两架飞机则作为重点场景的多机位拍摄提供服务,以便在后期呈现过程中,提供更多、更立体的观察角度,带来更好的观影体验。比如在表现镇江的运河与长江交汇口时,镜头会在天空的直升机、地面摄制组以及航拍画面之间切换,让观众们更真切地从不同的视角了解长江与运河相互穿过的震撼场景。

虽然这与今天在拍摄大型纪录片时,动辄调用几十上百架无人机相比,镜头机位并不算太多,但在当时却是非常具有开拓性的探索。当时坐在舱门口向下拍摄,其实是存在一定危险性的。除了获得俯瞰的全局视角,《话说运河》的航拍还采用不同高度拍摄的方式获得差异景别。尤其是在有些低空飞行拍摄的过程中,采用了跟拍船只、火车等移动物体的方式,或者是采用升降、环绕的方式拍摄如楼、塔、亭、阁等建筑,或者山体、植被等景观,让影像在后期剪辑和呈现时视角能够更加丰富多样。也让原本从高空鸟瞰无法看清的建筑、街市,甚至人群等能够被看到,甚至形成一定的互动感。航拍画面能够给观众提供平时不能看到或发现的运河之美,这种美不仅仅是宏观的景致的壮阔,而是一种虽然自己参与其中,却不曾察觉的美。比如,在《话说运河》拍摄苏杭运河的过程中,摄制人员突然发现城市里的人正从四面八方向运河上的一座大桥集中,或许人们正在参加一次活动,但如果不是航拍的话,很难看到甚至想象这种人潮汇聚带来的震撼画面。这种人与运河的关联和互动形成了难以想象的视觉形式冲击,也带来了难以言喻的心灵感动。而这一切都是航拍所能带来的,且这些镜头是随机偶然出现的惊喜,原本摄制组的拍摄计划只是沿运河的线性拍摄。再比如,纪录片在讲述山东曲阜的段落时,有一段画面中拍到了许多孩子在草地上玩耍,镜头先是出现几个孩子围成了一个圆圈在做游戏,而当直升机逐渐升空人们才发现,草地上开始出现更多的圆圈。这种草地上布满"鲜花"的画面视觉形式感极强,且鲜花与儿童之间又有着巧妙的美好关联和寓意。更重要的是,这些在草地上玩耍的孩子们并非摄制组安排的演员,而是以航拍方式转换视角后的收获,也是摄制组善于发现美、记录美的证明。航拍可以说对于《话说运河》的画面创新来说只管中央,同时在视觉上也确实获得了观众的喜爱和认可。2017年,中央电视台推出的大型纪录片《航拍中国》(*Aerial China*),专门以航拍的方式通过空中视角俯瞰中国。对比《航拍中国》和《话说运河》中的大运河航拍画面会让人无比感慨,静静流淌的大运河似乎从未改变,而被运河贯通、滋养的中国大地却发生着翻天覆地的变化。

(二)画面要素的经营

除了通过航拍获得镜头的优势,摄制组的创作人员对于视觉表现手法和画面语言的运用也是让《话说运河》获得成功的关键因素之一。虽然是纪录片,但《话说运河》并非一味地追求直接纪实的表现,而是将多样的视觉表现语言与现实记录融合使用。

首先,创作人员善于调动镜头增强带入体验。比如在拍摄苏杭运河的某一段水中有一条长长的纤道,从高空航拍时观众能看到这条纤道就像运河上的一根线。然后镜头马上转为从水面近距离仰视这个石板纤道和与之相连的石桥,并且缓缓向前推进,像极了一艘小船轻轻驶过。然后镜头又切换成行走在纤道上的视角,历经岁月的石板路慢慢伸向远方,与运河、天空渐渐融为一体。这种围绕同一地点采用差别很大的镜头多角度展示的手段,在全片中比比皆是,由此也可以看出创作者的精心设计。比如,江苏高邮的镇国寺塔位于运河的河心小岛之上,摄像机镜头便先以航拍的方式交代其所处位置及周围环境,然后切换回塔下的地面仰视宝塔,感受其高大壮观,随即镜头又来到宝塔的内部,其中精巧的结构与细致的装饰与斑驳的外墙之间形成了高反差。而从镜头变化来说,这一俯一仰、一内一外的组合变化,从景别、角度、质感、光线上为观众拉开了感官的体验范围,从而被影像所吸引。

其次,创作者们非常注重对于视角要素的调动,让画面在客观记录的同时融入主观表达的感染力。《话说运河》非常注重对光线、构图等视觉因素的选择与经营。经常在拍摄相同场景时,分别选择昼、夜、晨、昏等不同的时间拍摄,因为即便是在同一场景中不同时间段的光线和色彩都不相同,这样一方面可以找到最适合某一特定场景的光线和色调氛围,另一方面也能够让拍摄场景更有时间变化带来的视觉丰富感和时空厚度。比如,在拍摄苏州时就选择在傍晚黄昏到夜幕降临这段时间来拍摄枫桥和寒山寺,以便还原与营造出一种"枫桥夜泊"的诗意画面。而在丹阳拍摄齐梁古墓的石刻神道时,摄制组也特地选择傍晚拍摄,暖橙色的太阳与石碑、石刻一起构建出一幅宁静的,充满岁月情怀的画面。正是这些视觉形式的设计让纪录片能够融入情感,也为纪录片观赏带来美感。

20世纪80年代的国产纪录片基本还是受到格里尔逊模的影

响下，以"声音+画面+字幕"的模式组织叙事，尤其是解说词，甚至成为纪录片的核心内容，超过影像的作用与贡献。《话说运河》同样也无法完全摆脱这种模式，但是却在其中尝试进行改变，从经营、设计视觉要素增加画面的吸引力，到由解说词到解说人与多口述者，都是让《话说运河》在当时让人眼前一亮的原因。

（三）观众的参与

《话说运河》播出之后在全国上下引起了巨大的反响，根据当时中央电视台在首都地区观众的收视率抽样调查统计显示，《话说运河》的收视率达到了惊人的23%，仅次于《新闻联播》和个别电视连续剧。《话说运河》的成功因素是多方面的，但对于观众需求的尊重和满足是最根本的原因。首先，运河当时在许多段落存在着被破坏的问题，《话说运河》在展现大运河如何壮美的同时，也阐述了大运河面临的危机和遇到的现实问题。对祖国大好河山的自豪感与面对迫切保护危急的社会呼吁同时作用，牢牢抓住了观众，引发了观众对于大运河文化的关注与热议。在当时甚至有很多观众在观看了《话说运河》后，希望组织捐款用于治理和修复大运河。有的还自发开展对于大运河的考察，甚至向政府提出了制定大运河治理和保护的相关政策建议。公众对于《话说运河》纪录片的热情逐渐开始辐射到现实生活中，真正在中华大地上掀起了一股"运河热"。

《话说运河》摄制组非常注重提高观众的参与度，甚至把这种参与安排在创作的过程中，这在当时来说也是极具创新性的做法。首先，《话说运河》并非全片录制完成后再整体播放的，而是拍摄的过程中根据观众的观影反应，动态调整拍摄的思路和策略，然后再进行新的拍摄、剪辑和播放。比如《里下河》一回就是听取采纳了观众的建议而增加的，原本的拍摄计划里并没有这部分内容。《无锡》一回中对当地特色"船菜"的表现，也来自观众的建议。有些观众更是直接指出了关于地名和史实上的错误，节目也在后来的部分专门进行了更正说明。而全片结尾到底是展望运河未来，还是提出具体的治理方案，也是结合观众与专家的意见和建议而最终决定的。其次，《话说运河》摄制组通过专题座谈、随机采访和来信互动等方式，《运河的喜和忧》《水的宏图》等研讨节目进一步调动观众的参与积极性，扩大观众参与群体的广度。在《运河的喜和忧》中，对五位观众进行了采访实录，这五位观众都是来信观众，一起讲述了自己与运河的故事，以及对于运河污染问题的探讨。而在《水的宏图》中，来自水电部南水北调办公室的专家也为观众们介绍了南水北调的相关规划与知识，同时呼吁大家关注大运河污染以及北运河干涸的问题。节目组通过这些互动获取相关信息，编辑成如《一致观众》《二致观众》《与观众的对话》等这样回复观众的特别节目播放。

在每一集的影片中，摄制组都非常注重安排各种不同类型人物与观众见面，这一方面扩展了节目信息传递的途径与可能性，另一方面也让观众意识到运河与我们每一个人都有着紧密的关联，不同的人都有关于运河文化的故事与记忆。比如，在《话说运河》中先后出现过几十位不同职业、年龄、身份的人，他们中有从中央到地方的部、省、市各级领导，有水利工程师、科技骨干，有大学生、工厂工人，还有名人后代、运河船工等，他们都是广大观众的代表，其间质朴的表达和真实的感受，远比精心准备的串词和专业表演来得易于接受，他们的出现也让观众在观影过程中获得了代入感和认同感。更重要的是，这是当时纪录片由全知全能叙事视角向内视角转变的尝试，从俯瞰山河到平视大众，中国纪录片叙事逐渐开始迈出新的脚步。

摄制组和中央电视台非常注重对于观众收视率数据报告的及时统计和研究，实时做好《话说运河》与其他同类节目的数据比较,做好《话说运河》中每一集之间的数据比较,做好观众反馈之间信息比较,并根据这些比较结果动态地把握创作的方向,调整创作的内容与形式。这一系列"以观众需求为导向"的举措不仅减少了创作中出现的失误,更多地满足观众的观影需求,提高了节目的质量与收视率。更重要的是,观众真正参与了影片创作,其意愿、想法得到了尊重甚至表现,这大大地提高了影片的观众黏性。

《话说运河》的创新摄制创作策略,为当时以及后来很长一段时间的电视专题纪录片拍摄都提供了依据,积累了经验。观众从关心、参与影像节目制作,进而引申到关注运河文化和运河的保护与建设,这是影片所取得的非常重要的社会效益。当然在此过程中也存在一些不足,比如许多采访和解读都放在了室内,主持人的出现也有不规律、不平均的情况,这些不足同样是非常宝贵的收获和经验。在此后的运河主题纪录片中,这些情况逐渐得到了改善。

"知我运河、爱我运河"是当时《话说运河》的基本创作指导思想,当时电视专题纪录片的模式比较单一,基本上是以拍摄画面、背景音乐再配上画外旁白解说。单片时长也基本参照电影纪录片,保持在一小时左右,并没有充分利用电视媒介平台的优势。而1980年,《丝绸之路》开始采用多集构成,单集播放的方式后,电视纪录片的优势与合理性便凸显出来,节目的反响效果大大延长。于是,1983年的《话说长江》同样沿用了这一创作策略,每周周日晚间播放时长为25分钟的一集,同时还采用了主持人如画的方式,受到了观众的好评。而在上述两部作品的基础上,保留了观众乐于接受的形式,并从满足观众需求的角度,创造性地从内容到形式进行了许多创新。

即便是到了《话说运河》播出完成之后,节目组对于观众的主题参与设计还在进行。比如中央电视台少儿部和浙江电视台联合举办的"话说运河"智力竞赛、中央电视台文艺部主办的"话说运河音乐会"、中国"运河杯"摄影大奖赛、"运河杯"自行车赛、人民美术出版社组织的画家大运河写生活动等,充分激发了观众的参与热情与广度,让创作真正做到由"人"开始,最后终究要回到"人"之中。

二、知识分子的创作介入

知识分子是一个泛化的概念,也是一个群体的称谓。西方知识分子介入电视传播的活动始于20世纪70年代初,多以艺术家和学者为主。1972年,约翰·伯格(John Berge)与英国广播公司合作制作了电视系列片《观看之道》(*Ways of Seeing*),并对70年代后的欧美文化产生了重要影响。随后,英国广播公司还与柏林、马尔库塞、奎因等十几位著名哲学家,进行哲学对话和辩难。在我国的知识分子群体中,作家最早参与其中,这也是后来许多电视系列纪录片被称为"作家电视"的原因。《话说运河》可谓是知识分子介入电视纪录片创作的最早尝试之一,而且这种参与的广度、方式都值得思考和总结。

《话说运河》的观众群体广泛,值得注意的是这部作品在高学历人群中尤其受到关注。据当时的收视率数据统计显示,在所有大学以上文化程度人群中有33.9%的人收看了该节目,高中文化程度以上人群为30.8%。这一现象与知识分子的创作介入有着密不可分的关联。

《话说运河》并不是仅仅依靠表现大运河两岸的秀丽景色,激起观众的爱国热情,而是试图以大运河文化为基底,将更丰富和厚重的文化内容传递给大家。在影片的开篇伊始,《话说运河》的总撰稿人,中央电视台副台长陈汉元就把长城比作"阳刚雄健"的一撇,把京杭大运河比作"阴柔深沉"的一捺。这一撇一捺就是我们的祖先在华夏大地上书写的一个"人"字——中国人的"人"字,全人类的"人"字。这一创意也奠定了民族文化形象的建构才是这部作品的重要基调。在创作过程中,该片的主创团队邀请了民族学、社会学、人类学等学科领域的专家、学者参与,谨慎选题、拟题,精巧设计。比如,创作团队邀请了北京作家韩少华担任北京部分的撰稿人,邀请了沧州的学者蒋子龙来撰写关于沧州南运河的部分。不仅如此,摄制组更是邀请到了如冯骥才、刘绍棠、李存葆、汪曾祺、高晓声、汪浙成、温小钰等撰稿,又有费孝通、林一山、钱正英、侯仁之等学者参与创作,在增加作品权威性的同时,也让影像本身具有了一定程度的文献、史料价值。

大运河的兴衰历程与中国政治、军事、经济发展之间的关系,大运河与城市和民族迁移之间的关联,大运河与文艺、工巧技艺、风俗习惯之间的共生关系等,都是让《话说运河》更加具有思想深度的设计。比如,在拍摄《丝绸之乡——盛泽》一回时,便始终围绕盛泽与丝绸和纺织机械零件集散中心的商业主题展开,把盛泽这个地方的民俗文化、日常生活、历史传承等各个要素都与丝绸纺织产业结合起来,产业的兴衰影响着区域的发展状态,也成为塑造盛泽人生活状态的重要因素。而盛泽的丝绸纺织产业发展历程,不仅贯穿地区发展史,更是中国丝绸纺织行业发展的缩影。而今天的盛泽丝绸纺织行业现状,以及其与大运河之间的关联,则给观众留下了思考的空间,也以故事还在继续的开放性结尾,让观众展开联想并赋予期待。

《话说运河》系列纪录片的创作不仅拥有来自各个不同写作方向的强大的作家群,而且有一批国内文学、影视学研究、新闻传播学、美学和运河水利研究方面的专家参与其中。比如,北京广播学院就曾主办了《话说运河》的专题研讨会,邀请各方面的学者专家共同探讨"话说运河"创作的相关问题,对已经播放的部分进行分析评价,对将要拍摄的部分提出意见和建议。各方面的学者专家对于《话说运河》的创作都有着自己独到的见解。时任中国作协副主席冯牧提出,影视创作在审美、艺术作用的基础上,不可缺少批判力量的作用。要善用这种批判力量，扫清社会发展前进道路上的障碍。《话说运河》在这一点上比《话说长江》更加自觉、更加有力、更加清楚。影片在展现艺术家主观表达方面有进步，也更加自然和生活化，在已经播放的部分里也存在每一集层次不齐的问题。翻译家、作家叶君健认为，《话说运河》是电视中的散文、随笔，却又有自己的系统，这是一种创造性的表现，这方面较之《话说长江》甚至《丝绸之路》都更加鲜明。电影评论家钟惦棐提出，《话说运河》中的某些电视工程会留下来，并建议结合画册和录像形式扩大其传播力度。电视艺术研究学家朱汉生则从电视美学的角度谈了《话说运河》中，主持人面对面交流的方式。这种方式使观众觉得影像特别亲切，像请一个老朋友回家聊天的感觉。中央戏剧学院副教授田本相也认为，《话说运河》比《话说长江》有进步和发展，主要体现在《话说运河》对于文化意识的增强，这在电视创作观念上的进步。著名作家、人民日报文艺部主任袁鹰则认为，《话说运河》的成功来源于其深沉的乡情。该片不仅是风光片，而是深入历史与现状，运河人的生活状况，运河的喜怒哀乐，复杂心态的综合体。文艺评论家顾骧认为，这部片子的魂就在于一种浓重的、深厚的、强烈的爱国主义的感情，并将这种情感融入所有画面、镜头、解说词等听视觉环节。撰稿人、著名作家韩少华提出了文学因素进入影视创作的问题。《话说运河》已经离开了一般的新闻报告样式，而进入了艺术品的范畴。电影评论家王云缦则认为《话说运河》属于通识性作品，而并非文化史，是用历史的观点来认识运河的过去、现在和未来。电影通讯总编李文斌、水利电力科学院工程师郑连弟等专家学者，从主观感情和运河开发的历史意义等各个方面都提出了自己的思考和观点，为《话说运河》的拍摄建言献策。这种参与不仅为影片的创作带来了养分，实际上也让《话说运河》与大运河保护的话题得到了更广泛的关注。

知识分子的介入让影片对于民族主义的表达更具层次。《话说运河》的定位并非聚焦对于祖国壮美山川的表现，也不是简单地对于运河历史的颂赞，而是一种将悠久历史、创造历程和现实关怀相结合的创作思路。所以，影片杂糅了不同撰稿人对于不同区域文化与发展现状的认知和思考，让影片内容的表现更有深度。比如，田本相在撰写《运河城扬州》时，对于隋炀帝开凿运河的历史没有一味地赞扬或批判，而是辨证地指出古代文明与统治者野蛮暴力事实的并存，运河的开凿确实给当时的人们带来了灾难，也为唐宋的经济和文化繁荣作出了贡献。田本相还将李敬芳的《汴河直进船》和皮日休的《汴河怀古》放置在一起，两首观点完全不同的唐诗也给历史解读提供了更全面的视角。

《话说运河》挑选的撰稿作家都是对该运河段落地区文化有着深厚研究基础，或者本身就是该地区有着乡情关联的人选。这种安排不仅让影片对于不同地区所涉文化史料的挖掘更深、更广，而且能够让作家从自己的切身体会中，表达出更真挚的情感内容。撰稿人刘绍棠在天津到通州段的影像中还谈到，自己小时候村里做豆腐还从运河中取水，大人们干农活也只需带上瓶子，休息时直接从运河中取水饮用。而现运河水被污染，甚至导致地下水也被污染，村里孩子们的牙齿也都因此普遍不好。作家的这种追忆和对现状的担忧，因为来自自己的亲身经历，因此格外动情，也更具有说服力。而汪曾祺在撰写《地灵人杰话淮安》一回中，详细描述了淮安城外运河两岸的蒲草，水中部分洁白肥嫩的根茎可以烧制成菜，清香甘甜，酥脆可口，似有嫩笋之味。并引南宋英雄梁红玉以蒲为食的传说引起人们的极大兴趣。作家的这些描述无不透露出自己对乡土的深深眷恋。

作家撰稿人对于大运河当下面临的各种问题也并未回避，甚至直接进行了抨击。在《日出斗金的微山湖》中，撰稿人直接将乱排废水的野蛮行为提了出来。《话说运河》也专门开辟一集《运河的喜与忧》，专题集中揭露环境污染对运河及其周边居民造成的危害。在《南运河的消失》一回中，作家蒋子龙直接提出，"近几年华北干旱是实，可我们人为的失误也是事实！"各地方盲目进行资源争夺，对于北方大运河的水资源确实造成了严重的影响。除此之外，在整部影片中，关于运河沿岸拆建改造合理性的质疑、对于一些公民行为违反社会公德的指出、对于两岸居民一些落后的生活习惯的善意批评等，都发挥了知识分子介入创作的优势，让影片的理论厚度与现实关怀都得到了提升。

以今天的标准来看，电视纪录片《话说运河》无论从画质、剪辑、节奏上都很难与后来的纪录片相提并论，但这无法否定《话说运河》对于中国电视纪录片发展的重要贡献。拍摄手段、画面经营上的尝试，观众参与的调动，以及在全知全能视角中尝试融入内视角叙事，尤其是精英意识驱动下的知识分子介入创作的模式创新，对后来的中国纪录片发展产生了重要的影响。虽然后来中国纪录片也由于知识分子的过度参与，产生了一些问题。但通过这种方式让纪录片摆脱形式化的说教或表面化的展示，做出了积极的探索。更重要的是，《话说运河》是新中国成立后对大运河文化进行主动影像化的起点，这为后来的大运河文化的影像化建构和传播奠定了坚实的基础。

第四章
申遗语境下的大运河文化影像叙事

在《话说运河》播出之后,关于大运河的纪录片影像创作一度沉寂。造成这一情况的原因很多。前文中我们已经提到过何苏六关于中国纪录片发展的时期划分,何先生将从1993年到1998年这个阶段称为"平民化纪录片时期",而源起于张元、吴文光、段锦川、蒋樾、时间、温普林、李小山等纪录片制作者对于"独立制作"的讨论,这个阶段也被一些学者称为"独立纪录片时期",并将时间起点前移至1988年。因为对于"独立"的概念界定和理解并不统一,所以至今仍存在争议。但是从20世纪80年代末90年代初,到新世纪之前的这一段时间,确实是社会个体参与纪录片创作,用影像丰富、立体纪录中国社会图景与记忆的年代。因此,一方面这一时期个体创作的着眼点不在此类人文地理景观类题材上,另一方面,大运河题材的拍摄规格决定了独立创作的创作难度。再者《话说运河》取得的成果,获得的社会反响一时间也很难被超越,因此这个阶段关于大运河和文化的影像化主要以静态的摄影作品为主。

直到2006年,国家做出了大运河申遗的决定,大运河再一次回到公众的视野当中。2009年,由中华文化发展促进会、中国华艺广播公司电视中心和中国台湾庚云国际传播事业有限公司合作,国务院台湾事务办公室协作,拍摄了18集大型历史人文旅行纪录片《京杭运河·两岸行》。这部纪录片对于中国台湾同胞了解祖国悠久的大运河文化,促进两岸文化交流有着重要而积极的意义。同年,中央电视台综合频道的《天下大观》栏目拍摄了纪录片《千年运河》。2014年,中央电视台连续推出了《中国大运河》《消失的大运河》等一系列大运河题材纪录片。同年,申遗纪录片《大运河》开拍,而2014年正是中国大运河成功获批成为世界遗产的年份。因此,这一时期也成为大运河文化影像化的又一次高峰时期,申遗语境下的大运河影像与《话说运河》时期有何关联与不同,又在影像建构和传播过程中有哪些特点和规律，都是本章尝试探讨的问题。其中，《大运河》与《京杭大运河》两部重要申遗纪录片，是本章研究的主要采样。

第一节　大运河申遗与中国纪录片社会化时期

申遗是大运河文化影像化的第二个高峰时期，大运河申遗过程中形成了一系列以中央电视台专题纪录片为主的影像成果。这些成果有申遗前的积累，也有围绕服务申遗的直接对应创作，所以在表现的角度上也各有侧重。另一方面，大运河申遗工作并非一蹴而就，从准备申遗到申请成功前后长达八年，而这一时期也被称为中国纪录片发展的"社会化纪录片"，同样有着这一时期纪录片自身的发展轨迹与表现特征。早期知识分子介入形成的自身"作家电视"的范式留存，以及随着国外纪录片涌入后叙事方式上的西学东渐，都成为影响申遗语境下大运河影像结果的种种关键因素。

一、中国大运河申遗

2005年12月，由91岁高龄的我国著名古建筑专家郑孝燮、82岁的文物专家罗哲文和62岁的中国工艺美术大师朱炳仁三位申请人联名，向运河沿线18城市市长发出《关于加快京杭大运河遗产保护和"申遗"工作的信》，引起运河沿线城市的积极回应，就此拉开了运河申遗的序幕。2006年3月，58位政协委员联合向"两会"提交提案，明确支持"运河三老"的申遗公开信，呼吁启动对京杭大运河的抢救性保护工作，并在适当时候申报世界遗产项目。同年6月，大运河被公布为第六批全国重点文物保护单位，12月被列入《中国世界文化遗产预备名单》，大运河申报世界文化遗产工作正式启动。2007年9月，"大运河联合申报世界文化遗产办公室"在扬州挂牌成立。2008年3月，国家文物局在扬州召开大运河保护与申遗第一次工作会议, 决定以城市联盟的形式整体联合申报世界文化遗产。2009年4月, 8个省市和13个部委联合组成大运河保护和申遗省部级会商小组, 大运河申遗上升为国家行动。2011年3月, 公布了大运河申遗预备名单。2011年4月, 在扬州召开"大运河保护和申遗工作会议", 大运河的申遗工作已经进入倒计时——大运河沿线的北京、河南等8个省35个城市的大运河遗产将整体申报世界遗产, 并争取在2014年列入世界遗产名录。2012年6月, 完成申报遗产点段的"四有"基础工作, 确定大运河首批申遗范围和申报文本的核心内容。2012年9月, 申报文本初稿报送联合国教科文组织世界遗产中心预审。2013年1月, 中国文化遗产研究院完成大运河最终申报文本。国家文物局正式确定了首批申遗点段。2013年9月26日, 联合国教科文组织世界遗产中心的国际专家正式完成对中国大运河全线132个遗产点和43段河道的现场评估。2014年6月22日, 第38届世界遗产大会宣布, 中国大运河项目成功入选《世界文化遗产名录》, 成为中国第46个世界遗产项目。

中国大运河是一个大跨度的整体联线型文化遗产项目, 包括京杭大运河、浙东大运河和隋唐大运河三条河流, 地跨北京、天津、河北、河南、山东、江苏、安徽、浙江8个省市27个城市的27段河道和58处遗址点, 河道总长1011公里。其中, 大运河江苏段申遗点段35个, 数量居全国第一。扬州段立即列入遗产点10个、河道6段, 后续列入遗产点5个、河道2段。苏州共有4条运河故道和7个点段列入申遗名录, 因此, 苏州也成为运河沿线唯一以"古城概念"进行申遗的城市。

中国大运河申遗不仅是为了彰显我国古代先民的智慧, 呼吁全世界共同关注人类共有的文化遗产, 同时也表达了一种维护可持续发展的态度。更重要的是, 通过申遗和成为世界遗产, 达到宣传、保护、继承文化遗产的目的。这些遗产段和遗产点中包含着更多的物质与非物质文化遗产内容,这些内容则为大运河文化的影像化提供了极其丰富的素材。同时,也对大运河文化影像化提出了更高的要求,从宏观到微观的考量、取舍、兼顾,都让大运河文化的影像创作充满挑战。

二、社会化纪录片时期自然地理类影像表达

（一）中国纪录片的社会化时期

2000年以后,随着我国国力的日益强大,我国的政治、经济、文化得到了全面的发展,我国的纪录片也开始脱离所谓专题片的概念,开始进入"社会化纪录片"发展阶段。社会化纪录片时期的影片无论从数量还是质量上,较以往的作品都有了明显的提高。在经历了20世纪80年代末到2000年前的一段独立创作热潮后,创作的思路、主题视角的丰富性也得到了拓展。在全球影像化传播逐渐进入高速发展的阶段时,国家也开始意识到纪录片在塑造国家形象,展示国家软实力方面,有着积极的建构与传播作用,且符合媒体影像化发展的大趋势。于是在纪录片的创作上给予了足够的重视与支持,这也成为中国纪录片进入全面发展黄金时期的重要动因。2011年初,中央电视台纪录片频道开播,这也是我国首个国家级的纪录片频道,从频道"全球视野、世界眼光、中国价值、国家表达"的口号和定位不难看出,纪录片和纪录片频道与中国文化、中国形象的全球化传播紧密关联、方向明确。中央电视台和各地方电视台纪录片频道的开播,也确实为大运河文化影像化的国际化传播带来了契机。

这一时期的纪录片比《话说运河》所处的人文表达时期节奏要更紧凑,比独立创作时期的制作要更精良,表现的手段也更丰富。创作者并不仅仅用直接记录的方式呈现客观表象,而是在创作过程中加入主观意识,将身份和视角带入影像之中,这使得客观

再现和主观表现的融合更加合理,反而比隐晦的表达容易被观众所接受。这阶段的纪录片也开始大量运用更成熟的符号语言,让影像信息传达的效率和形式呈现更多样化的可能。当然,这种发展与观众观影的需求提升有着很大的关联,市场因素也就此发挥导向作用。

从题材上看,由于市场因素开始发挥作用,观众意愿成为纪录片选题的重要导向。就大运河之类的自然人文地理类影像来说,也逐渐开始更加丰富、多元和细化。观众们不但期待通过镜头饱览各种不同地区、类型的自然风光与人文风物,同时也更关注有观点、有视角,反映揭示问题、规律的创作类型。从跨文化传播的角度来说,这种影像同样不是简单的山川美景,而是塑造中国形象,表达和谐共生文化态度的好形式。比如,通过标志性的自然地理景观展现其中的文化内容。2006年,中央电视台推出了33集大型电视纪录片《再说长江》,相较于20多年前的《话说长江》,镜头不仅弥补了当时没有拍到长江源头的遗憾,攻破了"长江濒临枯竭"的谣言,更从生态、历史、人文、展望等各个角度,展现出了更全面立体的长江文化。作为《话说长江》的续集,《再说长江》显然融入了更多更为深刻的思考和审视。

除了以国家视角记录宏大的自然地理,一批向观众展示独具地方特色的纪录片也不断涌现。2010年的《大秦岭》《西湖》、2011年的《庐山》、2012年的《泰山》《火焰山》、2014年的《大黄山》等都从各自的区域特色出发,共同构成了当代中国的立体图景。比如,《西湖》就将各种传说、典故与历史渊源与风景结合在一起,让西湖之景致变得具有文化底蕴与厚重感。《大黄山》则在展示黄山风景、介绍黄山历史发展的基础上,将徽派建筑、笔墨纸砚、茶文化等主题放置其中,让文化的呈现和展示更具符号化特征,更易于实现传播效能。

环保主题是这一时期自然地理类纪录片的另一集中主题。其实早在《话说运河》中，就对环境保护问题进行过专题展示和讨论。这在当时以颂赞河山壮美为主的年代，成为一种突破和创新。但如今，环保主题已经成为受到重视和广泛关注的内容。党的十七大会议上首次提出"建设生态文明"后，党的十九大报告提出了建设生态文明是中华民族永续发展的千年大计，并将"绿水青山就是金山银山"[1]写入党章。因此，在对祖国大好河山进行影像化的过程中，融入绿色环保主题，是时代发展和国家形象建构的必然需要。2010年的《森林之歌》在为观众呈现我国仅存的原始森林神秘、原始之美的同时，也表达了对中国原始森林被侵蚀破坏现状的担忧，向观众提出了可持续发展的问题和呼吁。2011年的《大漠长河》则以实地考察的方式，直击我国的沙漠化问题，引发观众对"土地沙漠化"问题的关注。以水文化相关的纪录片为例，2008年的《水与中华》、2011年的《水问》、2012年的《水情》、2014年的《水脉》等，都毫无例外地将水文化与水资源的保护结合起来。

为了更好地通过自然景观塑造国家形象，纪录片开始在其中更多地安排人文主题，且视角丰富。这种设计的另一好处则是能够增强影片的叙事性，进而达到吸引观众的作用。首先，这其中常常以普通人的故事为聚焦的叙事对象。早期的纪录片往往以英雄人物为刻画的对象，即便如《话说运河》那样有关于普通人的访谈与对话，也并非叙事的主角。但是在进入社会化纪录片阶段后，很多纪录片的不同段落，都会安排普通人群作为故事的主角，用普通人的故事串联景物、故事、生活和文化。观众在观看影片的过程中，容易与普通人群的故事之间产生共鸣和认同感，让纪录片叙事更具代入感。而由普通群体故事讲述和表现的社会与文化生态，

[1] 参见人民网 http://cpc.people.com.cn/GB/67481/412700/

能够让影像构建的国家形象更加生动可信。另外,聚焦少数民族群体也是实现记录片国家形象建构叙事的较好方式。因为我国自古以来就是一个统一的多民族国家,自然地理类纪录片也常常会表现少数民族所在区域,那里的自然景观和丰富的少数民族文化都是不可或缺的拍摄素材。而且,真实地关注还原我国少数民族同胞的文化与生活故事,同样是塑造中国形象完整性和真实性必不可少的内容。还有,对于非遗的传承人、环境保护者等特定群体的故事化叙述也是这一阶段此类纪录片常用的手段。比如,在大运河文化的影像化过程中,关于船工群体、传统技艺工匠等的聚焦就属于此类表现。

（二）评价体系与叙事表达的"西风东渐"

中国纪录片的发展过程一直有国际交流、合作与学习的活动存在,而随着如日本放送协会(NHK)、英国广播公司(BBC)、美国国家地理等出品的纪录片越来越多地出现在我们的面前,为我国纪录片创作带来了从内容到形式的各种启发,国内的纪录片创作也开始受到西方优秀纪录片的影响,将画面组织、主题叙事等手段融入自己的创作中。这种"西风东渐"的内容包括理论批评与创作表现两个方面。

首先,从理论批评方面看。我国纪录片诞生初期就深受苏联"政治形象化"理论的影响。20世纪80年代,传播学鼻祖威尔伯·施拉姆(Wilbur Schramm)访华被视作中国传播学研究的"破冰之旅"和第一次浪潮。而纪录片大师尤里斯·伊文思(Joris Ivens)不仅来华创作了重要的作品,更是将纪录片批评的相关理论和方法介绍到中国,这些理论直到今天仍然有学者在引用。国内学界对于纪录片的批评话语也开始从文学理论转向运用西方理论话语与模式。田本相在批评《话说运河》时提到,加拿大著名的传播学家、《传播工具新论》的作者马歇尔·麦克卢汉(Marshall Mcluhan)有一个颇具想象力的看法,认为一切传播工具都是人体的延伸,他认为一种传播工具对个人与社会的影响，是由于新的尺度所造成的，这种新尺度系由我们身体的延伸，或由新的技艺引进到我们事务之中的。当他看到这延伸时，是感到了人和传播工具的关系，但未能揭示人的这种延伸的哲学的、美学的、文化学的内涵。即以摄像机的镜头来谈，它是人的眼睛的延伸，但却更是人类思维的延伸和拓展。因此，纪录片"应该给观众一个令其思索和回味的世界。我认为，这是电视文化追求的高境界……"[1]有学者认为，国内纪录片开始在叙事过程中安排主持人的现象，源于"面对面"交流方式的传播学意义。比如对于纪录片"真实性原则"的评判标准，电影再现派理论安德烈·巴赞（Andre Bazin）和齐格弗里德·克拉考尔（Siegfried Kracauer）的长镜头理论等，更是国内研究者都熟知的重要理论，并对国内纪录片和电影创作产生了深远的影响。

其次，从具体的创作实践和叙事表现上来看，《丝绸之路》《话说长江》和《望长城》就有过中日合作的经验，中英合拍的《美丽中国》《中国的宝藏》《孔子》等、中美合拍的《鸟瞰中国》《极致中国》《运行中国》等创作，都为观众呈现了精彩的作品，在此过程中西方纪录片创作方面的一些优秀镜头表现、叙事逻辑等经验，也成为国内创作者学习和转化的内容。除此之外，国外媒体还自主拍摄了如《中国新年：全球最大庆典》（*Chinese New Year*）、《中国故事》（*The Story of China*）、《上海之味》（*Rick stein's taste of shanghai*）等一大批中国题材的纪录片。日本 BSJAPAN 拍摄的《京杭大运河》（*Beijing Hangzhou Grand Canal*）与美国国家地理拍摄的《中国大运河：摄影师之旅》（*China's Grand Canal: A Photographer's Journey*）更是对中国大运河的专题创作。而这些西方经验、视角

---

[1] 田本相:《〈话说运河〉: 对文化的追求》,《新闻广播电视研究》, 1987年第2期。

和叙事方式,也对我国纪录片创作产生了多方面的影响。

仅以英国广播公司为例,比如其经常采用的第一人称参与观察式采访,易于从体验中获得直观感受和素材,并最终推导出观点。这种方式让主持人的作用被凸显的同时,能够形成关于影像内容的带入思考。英国广播公司纪录片往往惯于采用一种碎片化叙事的方式呈现内容,将原本完整的叙事场面打乱,再重新穿插排列后出现。这种叙事方式正是克里斯蒂安·麦茨(Christian Metz)提出的交替组合段落模式。它是以两个或多个叙事主题轮流交换为依据的,因此,画面分属两个或数个系列,其中每个系列如是连续表现出来的,则可能是个普通段落;而交替组合段恰恰拒绝这种连续性系列,而这种组合的连续性又始终是潜在的。[1]再者,英国广播公司在纪录片创作过程中对于文化符号的归纳与运用也非常系统。在拍摄中国题材的作品中,创作者会把与题材相关的经济、政治、文化、教育、艺术等拍摄范围进行关键词式的符号化对应。视觉符号对于信息表达的直观性、精准性和典型性而言,无疑是最有效的方式,而当这些符号汇聚起来,关于主题文化形象的建构就变得有系统且有血肉。这些叙事模式实际上还是渗透在影片的结构设计、解说词、节奏感等各个方面。简言之,这些策略其实就是创作者的问题与观点意识、对于理论的重视与实践,以及对于符号体系的建构,而这些创作经验和模式都值得我国纪录片创作学习,也确实在这一时期以及至今的我国纪录片实践过程中,看到了"西风东渐"的影响。

这是申遗语境下的命题创作需求,以及处于纪录片社会化阶段的中国纪录片发展现状,共同作用于申遗时期大运河文化的影像化结果。

---

[1] Christian Metz. Le cinema: langue ou langage [J]. Communications 1964 (04).

（三）相关影像积累

在大运河申遗之前，我国就有关于文化遗产影像化的专题纪录片创作经验。2008年，由中央电视台新影制作中心出品的38集电视系列纪录片《世界遗产在中国》开播。这部纪录片前后总共拍摄了七年时间，系统、集中地展现了从1987年到2008年间列入联合国教科文组织《世界遗产名录》的33处遗产。其中包括青城山与都江堰、黄山、大足石刻、新疆维吾尔木卡姆、九寨沟、武当山、周口店"北京人"遗址、龙门石窟、黄龙、昆曲、苏州园林、孔庙、孔林、孔府、古琴、长城、莫高窟、峨眉山和乐山大佛等自然遗产、文化遗产和人类口述和非物质遗产。影片在拍摄过程中邀请了各个相关领域的近300位专家学者参与，力求对所涉遗产给出最科学、权威和全面的介绍，充分展示各文化遗产的魅力。在拍摄手段上采用了航拍、水下摄影以及当时世界上最先进的高清制作技术，行程10万公里，拍摄素材约5万分钟，可谓完成了一部中国世界遗产的百科全书。虽然当时大运河还未入列世界遗产，但《世界遗产在中国》的拍摄从某种意义上也为大运河文化的影像化创作提供了同类型的参考和范式积累。

2009年，中国华艺广播公司电视中心与中国台湾庚云国际联合拍摄了18集纪录片《京杭运河·两岸行》。这也是自《话说运河》后，比较大型的大运河专题系列纪录片。片名起得颇为巧妙，"京杭大运河"点明主题，而"两岸行"兼有随运河领略沿岸风貌和海峡两岸携手畅游、纪录运河行的意味。影片摄制组形成3万多公里，在运河沿线20座城市，1160多个县乡镇村，采访逾1300人。《京杭运河·两岸行》镜头由杭州出发沿运河北上至北京，18集被划分为6个篇章，分别为浙江篇、江苏篇、山东篇、河北篇、天津篇和北京篇，其中每一集的名称都围绕拍摄地的特点进行了诗化处理，比如第一集在杭州拍摄，取名为《俯下身来是人间》。而看到其他各集如《梦里水乡古船行》《最忆江南丝竹情》《天堂新游园惊梦》《门泊东吴万里船》《教我如何不想她》等这样的片名,很容易就能猜到该集拍摄的地区或城市。创作团队希望站在两岸电视节目理念的高点、前沿,尝试做出比中国台湾同类节目更知性、更理性,比大陆同类节目更生动、更生活化的纪录片,也就是在寻找运河名片、把握运河精髓、张扬运河魅力、宣扬运河文明的基础上,讲述运河历史文化,重点是传承;讲述运河城市的故事、人的故事,重点是生存状态,以两岸主持人的亲历、体验和感悟,讲述今天中国内地的发展变化。[1]

全片由来自两岸的男女主持人共同引导镜头与话题,贯穿整个运河行程。两位主持人就像两位相约的友人和文化旅行者,以各自的视角和感悟,为两岸的观众分享自己在京杭大运河上的见闻与感想,主持人之间也会在交流的过程中加深对大运河文化的理解与感悟。大运河悠久的历史、物质与非物质文化遗存,以及运河沿岸当代居民们的生活状态,都是影片关注的重点。那些大运河沿岸地区曾经的文化经典与名片,是否还完好如初,又或者又以怎样的形式发生了新的改变,都让过去与现在于文化的传承和追寻中彼此连接。来自两岸的同胞也在此过程中,共同寻找中华民族的国脉、商脉、人脉、情脉、文脉。该片于 2010 年 10 月在香港卫视、新浪网、搜狐网、优酷网、第一视频网等电视媒体及大型网站向全球首播,先后有 70 多家媒体进行了跟踪报道,取得了一定的社会反响。

2009 年,中央电视台综合频道推出了上下两集的大运河专题纪录片《千年运河》。影片因为时长较短,体量有限,并没有像《话

---

[1] 何志华:《从〈京杭运河·两岸行〉拍摄看两岸电视媒体的合作》,《东南传播》,2011 年第 2 期。

说运河》或《京杭运河·两岸行》那样对大运河进行整个航道的拍摄，而是聚焦在大运河的修建之上。整部影片的主题明确，剧本、解说词、画面都相当考究，节奏非常紧凑。影片一开始从公元前219年，秦始皇命太尉屠睢率50万大军兵分五路平定岭南的历史事件开始。画面用三维动画的方式展示出大军集结出征和战场的景象，并结合演员实拍演绎与动态地图分析的综合手段，讲述了秦军因为战线过长，粮仓运送难以为继的原因和结果。分析了原因，秦始皇便下令在长江和珠江水系间修建一条人工河道，缩短粮仓与战场之间的运送距离，而这条人工河道便是大运河的早期河道——灵渠。影片不仅巧妙地利用历史事件配合动画，故事化演绎、引出主题，还善于用提问的方式层层推进影片内容。比如，秦始皇决定要修建这条运河，但却遇到了非常多的困难。于是影片便适时地抛出问题，这条河要怎么建？然后公布答案，原来不是简单的连接，而是通过修建拦河水坝的方式。接着影片继续递出问题，灵渠大坝为什么要放弃两条河流间距最短的兴安县越城峤，反而选在南陡村？原来，越城峤虽然是湘江和始安水之间最近的距离，但是在此位置始安水水位比湘江水高6米，要让水位更低的湘江水流入始安水，要修建一座高6米的地上河，这在当时的技术条件下是无法完成的。而在南陡村，两水的水位差仅有2米，只需要修建高2米的拦河水坝即可。而此时影片再次提出问题，在当时的技术水平之下，秦人是怎么测量出各处不同水位差的呢？于是影片再次使用三维动画，尝试还原当时秦人如何测量水位高度。影片随后还提出了如"秦人如何在砂卵石地面上建造牢固大坝，并使用了2000多年直至今日的呢？"这样的一系列问题，这些问题环环相扣，牢牢地吸引着观众，带来很好的观影体验。

《世界遗产名录》在大运河成功申遗之后，也拍摄了大运河的专题。当年的《世界遗产名录》是从遗产影像化的方面，已经形成了成熟的叙事路径与模式。《京杭运河·两岸行》在时隔20多年后，重新将大运河作为专题进行较为系统的展示，且以两岸合作的方式进行创作，具有一定的独特性与现实意义。而《千年运河》从特定主题入手，尝试分析运河文化中的一个点，且从建构设计和画面经营上体现出成熟多样的创作能力。无论是《世界遗产名录》，还是《京杭运河·两岸行》和《千年运河》，都从不同的角度为后来的《中国大运河》与《大运河》这两部与大运河申遗紧密关联的命题创作提供了参考，积累了经验，也让大运河有机会再次来到观众面前。

第二节 《中国大运河》的影像构建与叙事策略

影像是信息时代文化传播、表现和建构的重要媒介与形式，作为配合申请世界文化遗产项目而创作的大型电视纪录片《中国大运河》，正是以影像的方式完成了对于中国大运河文化的全面展示、形象构建与视觉传播。本节尝试通过对该片对于中国大运河文化的影像构建与叙事策略的研究，找到大运河主题影像创作与运河文化建构的有效路径，为今后的相关纪录片创作带来有益的思考。

中国大运河是人与自然的完美杰作，是历代中国劳动人民的智慧结晶，具有极为重要的经济、政治和文化价值。随着时代的变迁，漕运虽然已经不再是今天最重要的运输方式，但大运河却早已融入人们的生活之中，成为中华民族乃至世界文化遗产的重要组成部分。总书记曾明确指出，"要古为今用，深入挖掘以大运河为核心的历史文化资源。"党的十九大报告也强调，要"讲好中国故事，展现真实、立体、全面的中国，提高国家文化软实力"。而大型电视纪录片《中国大运河》(*The Grand Canal of China*)正是对深入挖掘大运河文化资源,展示国家文化软实力的积极回应与创作实践。

一、纪录片《中国大运河》内容构成

《中国大运河》是由江苏省委宣传部、江苏广电总台摄制,并于2014年在中央电视台首播的大型专题电视纪录片。该片拍摄历时16个月,是一部配合大运河项目申请成为世界文化遗产而创作的优秀作品。全篇共由《大地史诗》《运河上的帝国》《巧夺天工》《千年漕运》《南来北往》《城市脐带》《世界的大运河》《未完的工程》共8个篇章组成,通过时间、空间、历史、传承、思考和展望等不同角度,充分展示了大运河的古今风貌,全面解读了大运河的政治、经济与文化价值,完成了对于中国大运河文化影像的构建。

《大地史诗》先从在扬州发现隋炀帝墓葬开始,引发关于隋炀帝"旱地行船"为到扬州看琼花而修建大运河的故事,这个版本的故事也是最广为流传的说法。而影片通过回顾历史的方式,说明一个创建科举考试制度和修建大运河的帝王,又怎会是一个无能的昏君。也借由隋炀帝的故事,导出了影片的主角——大运河。镜头随即对准京杭大运河山东段的济宁森达美港,祖辈跑船的刘园松的正准备起航,对他而言是一张庞大的水网,可以从山东济宁到达浙江宁波数百个城市乡村的任何一个港口。镜头转到江苏扬州邵伯船闸,展示在今天的运河上,像刘园松这样的跑船人还有很多,运河几乎就是他们生活的全部。然后镜头从微观上升到宏观,用京杭大运河江苏苏州段忙碌的航运画面,说明着即便像苏州这样现代化的城市,仍然有一半的货运量,是通过运河水网完成的。镜头接着又进入微观视角,通过对航道工程师李宏辉的采访,了解当年运河修建的不易与伟大。影片随即抛出问题,即如此长距离的运河工程,隋炀帝如何在四年内完成的呢?影片便由此开始进入关于大运河在各个历史时期修建历程的讲述环节,并最终回到大运河的核心价值"沟通"之上。这中间运用了三维动画、演员演绎还原等手段。沟通带来了运河沿线城市的繁荣，镜头转而对准扬州城的五亭桥、盐商后裔陶艺、园林、美食、茶馆、澡堂等，用这些符号追忆过去展示今天。浙江宁波镇海港的跑船人陈良韦，用船将观众引入浙东运河。影片将浙东运河与隋唐大运河、京杭运河进行对比，引出海上丝绸之路的起点宁波。也由此把中国大运河与荷兰阿姆斯特丹运河、德国基尔运河、苏伊士运河、巴拿马运河进行比较，说明大运河不仅与国家发展、历史进程密切相关，甚至深刻浸润并影响着中国人的精神世界。影片通过古琴演奏《流水》、中医针灸通脉络、太极拳的刚柔并济，来说明都是中国人在水的流动中所获得的智慧。影片随即也发出对于随着城镇化进程，这些影响我们生活与文化的物质与非物质文化财富正在逐渐消失。影片最后将运河东西南北端人民生活的画面一起呈现出来，再次说明大运河对于政治、经济、文化和生活的巨大影响，而我们要做的就是续写这首镌刻在苍茫大地上的史诗。

《运河上的帝国》与《话说运河》里《水上漂来的北京城》类似，主要从运河的作用入手，但却更加聚焦和深入。影片一开始就对准了大运河最为核心的漕运功能进行呈现。镜头一开始便是大年初一北京天坛的祭天仪式，通过仪式说明作为有着数千年历史的农业大国，风调雨顺、粮食丰收对于帝国统治和国计民生有着多么重要的意义。而在整个国家的粮食战略体系中，产粮只是第一步，粮食存储和粮食运输也至关重要。大运河则正在这两个方面发挥关键性作用，成为帝国的命脉。影片先来到河南洛阳的隋唐大运河博物馆，这里有1000多年前已经碳化了的谷子，来自被誉为隋唐时期"天下第一仓"的含嘉仓。洛阳文物专家方孝廉讲述了发现这些谷物的经过，也解释了这些粮食竟来自于苏州、邢州、德州、沧州等不同区域。影片还用距离含嘉仓不远的回洛仓遗址，来展示这些粮仓到底有多么巨大,且数量众多。运河发挥的效能,显然超出了设计者最初的设想。唐帝国的粮仓里,各地州县运来的粮食,开始堆积如山,而这条帝国的动脉一经打通,澎湃的血液将流至帝国的全身。讲完漕运功能,影片便开始讲述大运河对于商品贸易的贡献。影片用新疆出土的1300多年前的浙江布匹、浙江金华织布技艺传承人收藏的船行织梭、唐玄宗李隆基漕船运布、张择端的《清明上河图》和上海世博会中国国家馆的《清明上河图》动态版、满载大批瓷器的运河沉船等画面,共同展示了大运河对于国内和海外商贸活动开展的重要作用。这条帝国大动脉的畅通与停滞,足以决定唐宋帝国的兴衰。唐宋帝国的辉煌虽然已经渐行渐远,隋唐大运河的风采也不复往日,但它都曾永久地改变了一个国家,深刻地影响了亿万人的生活,并最终嵌入我们波澜壮阔的历史册页中。

《巧夺天工》主要讲了大运河修建过程中,古代先民展现出来的卓越工程技术能力。影片没有直入主题,而是先围绕运河水源展开讲述。镜头首先对准了爱喝花茶的北京老人王师傅,从他六十年的饮茶习惯,讲到了北京城一直以来的供水难题,引出了水源运送的问题。北京市昌平区境内的京密引水渠,因为修建地铁正在进行截流改造。这段延伸至昆明湖的引水渠道,在实地勘查与精密仪器测绘下,确定了一条如月牙状的弧形施工线。然而,当工程人员着手设计引水路线时,却意外发现,早在七百年前,此地就曾经有一条引水渠,为北京城提供了水源。而且和京密引水渠路线几乎是重合的,这让所有参加施工的工程师们惊叹不已。然后影片开始从元朝时郭守敬寻水白浮泉,到水利工程师蔡蕃解读郭守敬为何舍近求远,巧妙利用高差引水入京,说明了当时国人的聪慧和伟大。因为郭守敬所运用的原理,早于西方海拔理论的提出五百年。但是这种引水方式,在忽必烈要求开通会通河时却并不奏效,需要新的解决方案。于是郭守敬又找到了大汶河和最合适的海拔落差处,将汶河水引入济宁运河,实现了会通河的贯通。其后,明代永乐九年,著名农民水利家白英缔造了运河上最杰出的水利工程——南旺水利枢纽,利用水坝拦截与开凿自流引水渠的方式,真正解决了会通河的问题。无论水位如何变化,始终保证了进入运河的合适水量。供水和排水的有效统一,仅仅通过调节坝体高度和宽度,就可以完成。这种设计,在没有精密测绘仪器的年代,是十分惊人的。而为了加固堤坝使用的模型结构、三合混凝土等,也都是非常巧妙和有效的发明。这样的运河工程除了会通河段还有很多,影片中还介绍了堰埭、单闸、上槽下洞、天妃坝、水则碑等大运河水利设施,通过这些历史典故与设施遗存,准确地表达了《巧夺天工》的立意。

在《运河上的帝国》一集中已经提到漕运这一大运河的核心功能,而《千年漕运》则从漕运制度入手,详细地分析解构古代大运河粮食运输的体系。镜头首先来到江苏昆山,种粮大户张炳道准备收水稻,而江南地区大面积种植水稻的历史,最早可追溯到隋唐时期。由此,画面转回唐代,开始讲述漕粮的故事。在此过程中,镜头还通过江苏淮安中国漕运博物馆的完纳漕粮执照和浙江杭州塘栖镇的浙江杭州乾隆御碑,来帮助佐证所述史实。然后镜头再次回到今天,张炳道的这些粮食,就要沿着这运河水路,踏上运往四方的航程,历史与现实也在这一刻完成传承和呼应。镜头从粮食生产者又移到了今天运粮船员身上。通过陈红粉和她的丈夫李祥飞,这对已经在河上漂了21个年头的运粮夫妇,让观众了解到过闸、堵船、装货、卸货、等待、航行等大运河运输粮食的过程。影片随后开始讲述漕运官员的故事,镜头首先来到江苏高邮陈总兵庄,这里是明代第一任漕运总兵官陈瑄的故里。陈瑄的后代仍然生活在这里,通过他们观众更进一步地了解了当时从中央到地方复杂而庞大的漕运管理体系。而淮安作为漕运总督府的所在地，成了中央政府的漕运指挥中心、漕船制造中心和漕粮储备中心。然后影片便借运河小船厂新船下水，讲述了古代漕船、淮安钞关、漕运税收与财政支出等历史信息。

《南来北往》主要从运河与各地区商贸来往着眼，讲述大运河对于社会经济发展的重要作用。首先，影片在开篇就提出问题，1400多年前地广人稀的江南，是如何成为富足的"天下粮仓"的。带着这个问题，影片首先通过水网分析得出江南地区"溇港圩田"的系统，而这个系统的核心，就是大运河。利用这套系统，原本满目荒夷的水乡泽国，渐渐成为万亩良田。而这套水利系统，直到今天，仍旧是湖州地区农业生产的基础。农业的发展让江南地区迅速富足，成为帝国经济中心。镜头来到山东省济宁市竹竿巷，这条大运河边的胡同，依然保留着七百年前的名字，依然居住着以制作竹器为生的老匠人，依然经营着各种竹器买卖。北方不产竹子，竹材料和工艺都是由大运河从南方传来的。镜头中也出现了济宁、杭州、天津和开封的竹竿巷。运河贯通了钱塘江、长江、淮河、黄河、海河这五大水系，也让这些水系间的商品贸易变得繁荣。影片通过杭州大运河博物馆里的一幅巨型壁画，展现了12世纪杭州城的繁华。12世纪的运河沿岸，开封、扬州、杭州这三个当时世界上最大的城市，共同构成运河城市群的骨架，宋时开封来自工商业的税收第一次超过农业，这都是源于大运河的贡献。而后，影片还将12世纪的中国与18世纪工业革命前的欧洲作比较，再一次说明大运河是一条传播财富的河流。影片最后通过对苏州乐桥的考古发现、浙东运河边南浔的桑蚕养殖、近代丝织棉纺产业的兴起、扬州的消费生活形态、昆曲和徽剧的进京、北京旧天桥到杭州拱宸桥下的民间艺术等影像拼图，构建了丰富而厚重的大运河文化。

《城市脐带》讲了运河与城市发展之间的关联。影片从北京开始，由一位三轮车夫之口，让观众们知道什刹海是当年南方物资的集散地，鼓楼和银锭桥是码头旁的商贸繁华之地，胡同一词正是来自蒙古语水井的发音等。开篇就以轻松的方式抓住了观众，也道出了北京与水的紧密关联。然后影片开始讲述京杭运河的筹建，也是元世祖忽必烈决定定都北京的重要因素。而南宋在临安也依托江南运河与浙东运河，开创了繁荣的局面。影片随即开始讲述这段历史，大运河开通后隋、唐、宋、元、明、清的都城就再也没有离开过运河。影片以故宫里的临清青砖为例，仅紫禁城皇宫一亿块的青砖用量，除了贡砖，临清还是华北最大的粮食、棉布和绸缎贸易中心，如果没有运河，这些物资是很难从四百公里外的山东临清送达北京的。影片也由此开始，分别介绍了沧州、常州、无锡、扬州、西安、开封、杭州、济宁、台儿庄、淮安、苏州等运河城市，如何在曾经的岁月里因为运河而繁盛，以及今天与运河之间的种种紧密关联。正如本集的标题那样，运河成为了城市的脐带，孕育运河城市的成长，为城市提供着养分。

从《世界的大运河》这样的标题，便不难感受到创作对标申遗的着重强调与主动设计。影片一开始就是在欧洲著名运河城市威尼斯的圣马可广场教区博物馆，在这里举办的第五十五届威尼斯年展的平行展上，正在展出来自中国团队关于运河主题的创作。章燕紫的《炁》、石青的《1794公里：与京杭大运河有关地能源地理》、徐冰的《大运河》、邱志杰的《漕运》等作品，用各自的方式表达着自己对于大运河文化的当代思考与显化。镜头再转回国内，山东德州北营村有一座苏禄国东王墓，王陵的碑文记录着600年前一场中国人远洋的事件——郑和下西洋。影片接着详细讲述了郑和下西洋，以及苏禄国王访华的历史故事。带着运河在世界认识中国过程中究竟有何种作用与影响，镜头对准了北京大学历史系的李孝聪教授。通过地图学的研究，李教授向观众介绍了马可·波罗、利玛窦、普哈、麦卡托等各个时期的地图上都早已清晰地描绘过大运河，世界对于大运河的认知和了解早已开始。影片中还介绍了加拿大蒙特利尔的一条300多年前的"中国运河"，这条运河正是当时为了通向蒙特利尔港，然后有机会驶向太平洋，前往中国。荷兰的《荷使初访中国记》中，也详尽描述了17世纪中叶的中国运河。1793年，英国人马戛尔尼使团也来到中国，并留下了关于运河的大量日记和绘画。影片继续通过如英国人林杰、法国人柯蓉、卫德骥等人对于中国大运河的文字与图像记载，说明大运河在中国形象跨文化传播中的重要作用。

《未完的工程》直接进入申遗话题，影片中展现了"运河三老"提出申遗的内容，以及在这一过程中许多人为申遗工作努力的画面。影片最后重新回到运河各处生活着的人们身上，以此表明当我们努力为运河申遗时，最重要的，或许不是复原昔日运河曾经的风景，而是探寻如何为它注入更多的生命活力。

表5 电视纪录片《中国大运河》信息概要

集序	名 称	首 播	内 容 要 点
第一集	《大地史诗》	CCTV-10 2014.07.08	1. "全流域"概念说明； 2. 追溯源流。
第二集	《运河上的帝国》	CCTV-10 2014.07.09	1. 考古资料的消失与寻踪； 2. 运河于文明的统一作用。
第三集	《巧夺天工》	CCTV-10 2014.07.10	1. 运河上的水利工程技术； 2. 水的来源。
第四集	《千年漕运》	CCTV-10 2014.07.12	1. 漕运制度； 2. 运输制度的古今对比。
第五集	《南来北往》	CCTV-10 2014.07.13	1. 运河与经济文化； 2. "活态"运河。

集序	名　称	首　播	内　容　要　点
第六集	《城市脐带》	CCTV-10 2014.07.14	1. 运河与运河城市； 2. 古今运河城市故事。
第七集	《世界的大运河》	CCTV-10 2014.07.15	1. 运河的国际视野； 2. 运河的国际影响。
第八集	《未完的工程》	CCTV-10 2014.07.16	1. 未解的问题； 2. 未来的发展。

　　20世纪80年代，纪录片《话说运河》的出现引起了举国对于大运河的广泛关注，也造就了电视纪录片历史上的一次高潮。而30年后，同样作为电视纪录片的《中国大运河》在播出后也获得观众的高度认可。从创作思路到叙事策略，都有了许多新的改变。首先，如果说《话说运河》是通过逐个地点介绍、解读式的文化展示，那么《中国大运河》则是不断通过时空跳转，尝试解答运河文化何以连接中国的过去、现在和未来的问题。正如保罗·基奥奇曾指出的那样："为那些已经消失或正在消失的文化留下可以看得见的证据，并不是要刺激人们回归到以往的时代，而是应当把这些证据视为一种可以促进对人类本身的认识的信息资源。"[1] 而《中国大运河》的执行总编导高巍在说起本片创作时同样谈道："我们的目标是通过这部片子，能让古老的运河与今天的时代、今天的人们对话。在现时态的探寻与记录中，自然而然地展现大运河的历史厚重感。通俗地说，我们的最终目的是要说今，而不是讲古。讲古，也是为了说今。"[2] 两者对于纪录片创作

————————

[1]　［法］保罗·基奥奇：《民族志影片的功能和战略》，梦兰译，《民族译丛》，1994年第2期。

[2]　高巍：《用影像节选一场永恒对话——〈中国大运河〉创作有感》，《中国电视》，2014年。

及其价值判断的观点可谓不谋而合。而正是这种创作思路,决定了该片的叙事结构,其对于大运河文化的影像构建也形成了新的面貌。

二、符号化的运河文化影像构建

符号化是纪录片利用影像手段,将宏观意义上的"大运河文化"变得可视化的重要方式,而大运河文化影像构建的实现,则会使其变得易传播、易接受。另一方面,对于文化符号的挖掘和凝练,同样能够形成对于大运河文化的重构和丰富。比尔·尼科尔斯认为,"纪录片通过再现现实世界从而与世界建立联系……通过视觉和听觉的手段为我们提供真实世界某部分的表面现象或者再现形式。"[1]在纪录片《中国大运河》中,创作者则通过对于"过去与现在""政治与经济""文化与生活"的符号化提炼,将内容的能指与所指关联起来,最终形成了关于大运河文化的影像构建。

(一)过去与现在

《中国大运河》首先非常善于利用时间符号,将大运河的过去、现在和未来连接起来。在第一集的开篇中,扬州一个建筑工地无意间发现了两处墓葬。其中一处包括墓室、耳室和甬道。虽然在考古专家眼中只能算是中小规模的古代墓室,但同时出土的墓志石碑,却证实这正是中国大运河的最初缔造者——隋炀帝杨广。影片从一个今天的考古发现,引出了关于运河起源的传说。隋炀帝为去扬州看琼花而开挖大运河,是说书人常用的开场段,也是在民间流传了上千年,人们耳熟能详的版本。而史实显然并非如此,隋炀帝开创了科举制度,开挖了史上最大规模的人工水道工程,这两大举措对于后来中国的人才选拔制度与政治、经济、军事发展,

---

[1] [美]比尔·尼科尔斯:《纪录片导论》,陈犀禾,刘宇清译,北京:中国电影出版社,2016年,第12—13页。

产生了巨大的影响与推动作用。拥有这样魄力与眼界的帝王，可能并非民间故事中流传的那样。只是随着时间的流逝与传说的演绎，而让运河的发源故事显得越发神秘。影片也借此千古之谜，将时间带回到遥远的古代。片中的"隋炀帝"也由此成为将古往今来的大运河、起源、传说、史实等关键词连接在一起的符号。

在将观众带回古代，引发对于运河起源故事的思索之后，镜头马上又回到今天。通过航道工程师李宏辉之口，了解到在今天的技术支持下，仅疏通27公里，就需要三年多的时间，而在1500年前，古人建造它的时间，施工周期不过四年，古今技术的对比显然并不如我们想象的那样有着巨大的差异。影片再次回到过去，公元584年，从大兴城东到潼关开广通渠；公元587年，沿用春秋吴国开凿的邗沟，开山阳渎，公元605年，又开邗沟；同年，利用战国的鸿沟、汉代的汴渠，开通济渠；公元608年，利用曹操开凿的白沟，开永济渠；公元610年，沿用吴国在江南开凿的五条运河，继开江南运河。加上沿途利用的自然河道，至此，全长2700多公里的隋唐大运河竣工。而事实上，早在隋唐运河全线贯通前一千多年的春秋时代，吴国的邗沟已经开凿。不同时期完成的运河段，成为大运河文化的不同时间符号，也从另一个角度说明了中国大运河并非仅指隋唐运河，而是包含京杭、浙东在内的整合概念。

除了整体宏观上的时间运用调度，影片中还有许多非常具体的时间符号案例。比如，在第四集《千年漕运》中，通过江苏高邮陈总兵庄在"陈瑄治水纪念馆"进行的清明节大祭，拉开了一段运河家族史。公元1415年，明成祖朱棣任命陈瑄为第一代漕运总兵官，致力于治理运河，督运漕粮，建立漕运管理制度。陈瑄任上，明帝国每年的漕粮运量，达到了500万石，相当于今天的4.5亿公斤。影片通过今天陈总兵庄的陈家后人，重新回忆了当年祖先与运河的故事,而更重要的是,陈总兵庄陈氏族人与运河的故事直至今天仍在继续。

在影片的最后一集《未完的工程》中,镜头重新对准了今天运河的现状与问题。京杭大运河江苏骆马湖,王兆山夫妇靠采砂、运送砂石、捕鱼为生,但环境的日益破坏,让政府不得不执行限采与限渔的措施,而这又带来了像王兆山这样"靠水吃水"的运河人新的生活困惑,这种困惑的原因不是人与运河的和谐相处,而是不断升级的索取和博弈。当然,在中国曾经最繁荣的商业城市苏州,新世纪的运河规划也在同时进行着。苏州2005年开始投资35亿元,对15公里的护城河沿岸进行整治,阊门北码头是整个环古城风貌保护工程的后期项目。而类似苏州阊门北码头的修缮工程,几乎每个城市都有,人们在保护过去的记忆,也在更新记忆中的过去。

正如影片的独白中所述:时间,并没有让运河成为冰冷的遗迹,也没有阻断人与运河的关联,毫无疑问,它是中国人心中敬畏的历史,也是激励我们想象和关注的民族情怀。

(二)政治与经济

大运河的开凿,首先是基于国家漕运发展的需要。比如北起涿郡,南至余杭的隋唐大运河,就有效地将黄河与长江这两大经济圈连接起来,对后来中国经济发展产生了巨大的推动作用。而隋朝首都洛阳则正处于运河的中心位置,这对于国家管理调配军队、资源同样具有重要的政治意义。因此,在纪录片《中国大运河》的创作中,出现了大量关于大运河政治与经济效能和符号的解读与建构。

物产的运输与交流是《中国大运河》首先尝试对大运河经济效能进行的解读。在《大地史诗》中,创作者提出了关于挖掘运河动机的问题。历史上历朝历代帝王挖掘运河,都是希望通过运河把他们想要的物资送到他们身边。江南的稻米也是历代帝王最看重的东西,影片用箬叶包裹着的散发着清香的米肉、热气腾腾的米糕、发酵中的美酒等画面,形象生动地说明了稻米的作用和吸引力。在古代,粮食的储备直接决定着一个国家的生死存亡,而江南是水稻的发源地,有着超过六千年的水稻种植历史,如何让江南的水稻实现对北方的大量供给,成为运河开凿的重要动因之一。在本纪录片中,稻米也起到大运河经济符号的能指作用。

而对于民间来说,运河带来的流通带来了商业贸易的大发展。通过运河商船的运输,南方出产的丝绸、茶叶、竹、木、漆、陶瓷等物资,源源不断地流入北方;北方的松木、皮货、煤炭等,亦纷纷运往南方,南北贸易盛极一时。物资的流动带来了财富的积累,沿河的一座座城市开始富庶起来。扬州就是其中的主要代表,纪录片也寻找到了表现大运河经济的另一能指符号——盐。创作者把镜头对准了盐商后裔,通过他们的叙述道出了盐商的财富之路。盐商把盐运出去,带回瓷器、木头等压舱货物,资源的流动带了巨大的利益。

运河除了带动了内陆各处资源的流动,带动了沿河经济的发展。更重要的是,浙东运河连接着海上丝绸之路的起点宁波,使得海上丝路与陆上丝路终于圆满对接,一个更加宏伟壮阔的运输网络得以形成。镜头跟随浙东大运河跑船人陈良韦,完成了从内陆航道到海港码头间的航行过程。

在今天这样一个现代化交通手段丰富的时代,很难想象像苏州这样现代化的城市,仍然有一半的货运量,是通过运河水网完成的。每天有超过六千艘船只,从苏州城边的大运河通过。这个古老的工程,仍然维系着现代都市的运转,而且不可或缺。纪录片中明确提出,大运河为中国南方带来了世界上最早的资本主义萌芽,今天的中国,大运河的沿岸是外向型经济,和工业化程度最高的地区。片中还以《醒世恒言》中提到的盛泽为例,今天的盛泽已经是中国最大的纺织工业基地,8000多家民营工厂,200多家亿元级企业,5家百亿级企业,共同延续着"东方绸都"的传奇。这些画面再次证明运河的政治、经济作用在今天仍然可见一斑。

15世纪以来,大运河不断拓宽延展,元明清以来运河更是将政治中心和经济中心各为端点,中国的政治经济结构也由此基本固定。此外,漕运漕粮也成为国家关键性的后勤保障能力,唐"安史之乱"后北方对于运河的依赖更加明确,运河成为当时中国最重要的南北交通线,在上千年的时间里,始终关乎国家经略,被形容为"国之命脉"。影片中通过各种符号,反复强调了大运河的政治、经济价值。

（三）文化与生活

运河是人与自然共同完成的作品,纪录片基于运河展开的关于运河人文化与生活的关注和展示,不仅将长久以来运河文化的传承脉络符号化地呈现出来,更重要的是,这些画面再一次证明了大运河文化的"活态"属性。

大运河存在了几千年,对于临水而生的运河百姓来说,河与水已经成为他们生命中不可分割的组成部分。至今,仍有三亿人生活在大运河畔,无论是上文中提到的陈总兵庄的陈氏子孙,还是扬州的盐商后裔,大运河在影响国家经济的同时,改变着历代运河人的命运,形成了相应的运河文化与习俗。中原文化、江南文化、齐鲁文化、楚汉文化、岭南文化,甚至巴蜀文化在大运河的作用下相互交融,让整个华夏文化呈现丰富而多元的宏大格局。在《中国大运河》中,提到了丝绸文化、陶瓷文化、茶文化、四大名著、天津杨柳青年画、沧州铁狮子、吴桥杂技、淮扬菜,扬州八怪、枫桥夜泊等与大运河有着紧密关联的文化符号。

影片通过2014年甲午马年正月,京杭运河的最北端北京什刹海、京杭运河最南端浙江杭州香积寺、浙东运河最东端的宁波港、隋唐运河最西端河南洛阳周王城广场上的画面,展示了大运河四个端点上的人们在同一时刻与运河共生共存的日常故事。整部作品中类似的镜头非常多,例如浙江嘉兴阳澄湖畔的渔民于清明节举行的河神刘王祭拜仪式,江苏窑湾至邳州的运河段渔夫带着鱼鹰捕鱼,山东济宁运河边竹竿巷里编竹器的老人等,都是昔日运河文化在今天的传承与投射。影片还以扬州为例,详细解读了大运河对于扬州人生活状态和文化形态的决定性作用。连接南北的运河滋养了扬州城的富足豪奢,扬州人也从这流动的运河上,开始了梦想照进现实的追求:扬州人喜欢清新雅致,于是就在靠近运河的地方,建起玲珑剔透的园林;扬州人喜欢灯红酒绿,于是就有了云集南腔北调、轻歌曼舞的大小戏院;扬州人喜欢山珍海味,于是融合各地食材口味的淮扬菜应运而生;扬州人喜欢休闲享受,于是运河边的街市,就出现了一家家挤满人头的茶馆和澡堂。《中国大运河》中的所有这些影像,都成为大运河文化影响运河人生活状态的有力证明。

三、运河文化的影像叙事策略

与传统纪录片相比,纪录片《中国大运河》不再采用宏观、线性、解说式的表达方式,而是使用多视角、开放式、故事化的叙事策略,让观众获得了更好的观影体验,也为后来的同类纪录片叙事表达带来了许多启示。

(一)多视角叙事

法国学者茨维坦·托多罗夫曾将叙事视角分为三类,分别为全知视角、内视角和外视角。我国以往的同类型纪录片往往多采用全知视角,形成一种有说教形式的"宏大叙事"感。而《中国大运河》却将宏观的全知视角与微观的内、外视角融为一体,采用了多视角的叙事方式。

全知视角也被称作零视角,是一种宏观且几乎没有范围约束的叙事方式。在《中国大运河》的八集专题的每一集开头,都运用全知视角对本集涉及的主题、相关概念和大的背景环境进行叙述。而外视角则是叙述者本身与所述内容无关的客观叙事角度,在本片中常常以提出问题的方式进行运用。比如,镜头在介绍含嘉仓窖遗址时,就会提出大运河又是怎么将这个古老巨大的超级粮仓填满的呢;当镜头在介绍英国考古学家斯坦因在高昌王国的阿斯塔那古墓群发现了一些来自浙江的粗布时,则又会提出为什么它会出现在吐鲁番,又是如何运往吐鲁番的等问题。这些问题使叙事者与观众共同作为旁观者,去思考和探究缘由,影片的吸引力也由此大大增加。而内视角则是以片中人物视角,看待和体验叙事进程的形式。在影片中,随着内容的变化镜头中会不断出现各种不同的人物,如博物馆的文物专家、运河上的跑船人、水利工程师、传统手工艺人等,而画面并不是访谈式的,而是通过他们的工作和生活,以他们的视角来审视、感受他们与运河之间的关联和故事。这种视角对于观众来说更有代入感,更容易让叙事显得鲜活而生动。以这种宏观视角与微观视角结合的方式叙事,不仅仅只是带来更丰富的视觉体验,更重要的是摆脱了固化的、有距离感的说教,让观众在一种客观展示与主观发现共同作用的过程中感受影片的魅力。

(二)开放式叙事

传统的纪录片一般采用封闭线性式叙事,画面按照固定的时间、空间或逻辑轨迹进行表达。比如《话说长江》就是按照运河沿线的城市,一集一地地进行介绍和展示。这种方式的优势非常明显,就是方向明确,线条清晰。而由于是单向不可逆的,因此缺少变化,容易产生预期降低和审美疲惫。而《中国大运河》则一改按部就班的线性叙事,改用更为灵活的开放式叙事。

开放式叙事是非线性的,有多个方向构成的网络状的立体结构。时间、次序和方向的多元组合，让叙事有更多的可能性，也更利于画面蒙太奇的设计施展。例如在《千年漕运》章节中，为了说明运河漕粮运输对于国家的重要意义。影片先从1842年英军攻占镇江说起，而并不是回到漕运开始的起点。然后，镜头马上又拉回到今天江苏昆山的水稻种植大户张炳道收稻的画面；紧接着镜头又讲述"安史之乱"对北方经济的打击让国家进一步明确南方漕粮的重要性，而后又切回到江苏淮安的中国漕运博物馆，用对"完纳漕粮执照"等文物的讲解，再次回顾和强调漕粮对于当时政府的重要作用。由此可见，如果采用封闭的线性方式表现这一段历史和主题，虽然可以线索清晰地说明漕粮与漕运的历史发展脉络，但无疑是固化且耗时的。但是，以非线性的开放式表达，却能够让时间和空间在跳跃转换间完成主题的叙述，每次场景的切换都是关键词的提供，观众能够更有效率地理解叙事内容，同时大大加强了影片本身的吸引力和可看性。

（三）故事化叙事

由于纪录片对于真实性的基本属性要求，纪录片的故事化叙事绝不是内容上的夸张、想象或是演绎，而是一种基于事实的显现性创作，以及运用故事悬念等技巧，提升影片观赏体验的创作手段。

首先，纪录片中的许多历史事实不可能都有影像留存，要想让观众更好地了解和体会当时的历史面貌，必须有相应的画面支撑事实情境。因此，越来越多的纪录片开始采用"真实再现"的方式，模拟历史人物、事件等内容。比如，在讲到隋炀帝开创科举制度和开挖大运河时，就采用了三维动画技术，还原了当时科举考场、都城街道以及运河开凿的工程现场。在讲到天坛祭祀大典时，一些身穿古代装束的演员则扮演、模拟当年的宏大场面。而当影片在表现"安史之乱"时，则采用了演员扮演和三维动画特效相结合的方式，用演员表演战争场面，用三维动画特效还原宫殿被熊熊大火围烧的场面。这些"真实再现"不但填补了画面内容的空缺，也让影片节奏和表现产生了变化和时空跨度。

其次，在叙述过程中制造悬念，也是使纪录片《中国大运河》更加生动和吸引观众的有效策略。比如，影片在介绍宋朝时运河助力城市经济发展时，就首先从张择端的《清明上河图》中，展开一幅活色生香的北宋都城开封图景，并由此提出"北宋开封城的活力来自哪里""画中的运河与虹桥今在何处"等问题，让观众带着兴趣与好奇心关注叙事的发展。再如影片讲到运河如何给北京供水的问题时，镜头先从一名普通北京老人每日烧水泡花茶开始，引出"水从何来""线路为何不走直线"等问题，为后面的叙事埋下伏笔。把问题和悬念作为铺垫，促使观众产生期待心理，这种叙事方式显然比平铺直叙更能有效地传达创作者的信息与意图。

大运河文化的影像构建不仅是大运河文化重要的宣传手段，也成为当代大运河文化形象塑造的视觉化过程。纪录片《中国大运河》的符号化影像构建方式与多视角、开放式、故事化叙事策略，为大运河主题纪录片的创作带来了新的视角与启示。总体上，宏观与微观视角融合，摆脱单一全知视角的说教，将运河文化与非遗传承和人居生活紧密结合起来，应成为运河主题影像创作的重要方向。

第三节　《大运河》的影像建构与叙事策略

2013年底，央视大型申遗纪录片《大运河》开拍，该片由中央电视台、中华人民共和国联合国教科文组织全国委员会等单位联合投拍。与《中国大运河》一样，全片也分为8个篇章，分别为《千年水道》《华夏粮仓》《码头风云》《会馆和它的主人们》《腔与调》《流淌的美味》《古桥的前世今生》和《老街深处》,文化与乡情是《大运河》创作的着眼处。

一、纪录片《大运河》影像建构

《大运河》的第一章《千年水道》并没有像《中国大运河》的《大地史诗》那样从隋代开始讲起。虽然隋炀帝是大运河开凿的关键性人物,但中国大运河的历史却更加悠久。因此,《千年水道》先从河南嵩山脚下一处汉代石阙讲起,上面的汉画石记载了大禹治水的故事,影片也由此引出古代先民利用水资源、修建人工运河进行运输和灌溉的历史。影片看似要按照时间线索从古至今一路推进,但却是分别单独介绍了构成整个中国大运河概念的浙东大运河、隋唐大运河和京杭大运河,而从时间上来看,三者也确实有这样的先后关系。但由于运河的修与建在每个年代都有同步阶段,所以以往的纪录片中往往习惯按照时间线或空间线来讲述,这种兼顾段落组成与时间顺序的设计,比较有特色。

首先关于浙东大运河的溯源,影片首先谈到了吴王夫差为了跨越长江、淮河北上攻打齐国,利用天然湖泊开通了邗沟,成为中国大运河修建的最早段落。而与吴国争霸的越国越王勾践也开凿了以山阴故水道为主的运河,也为后来的浙东运河打下了基础。正是夫差和勾践因争霸和发展而修建的人工运河,奠定了江南地区后来蓬勃发展的基础。在对隋唐大运河进行描述时,影片先分析了与夫差开凿邗沟不同的历史原因,那就是经济贸易发展的需要。其实隋炀帝并不是隋唐大运河修建的第一人,隋朝的第一任皇帝隋文帝杨广于公元584年便命宇文恺从大兴城引渭水至潼关入黄河,修建了广通渠,并已经计划修建通济渠和永济渠。这是在之前的纪录片中未曾提到过的。公元605年,隋炀帝杨坚征发百万民工,开始修建通济渠,贯通了黄河、淮河与长江。通济渠让洛阳、郑州、开封、商丘等城市迅速发展起来,影片也用《清明上河图》辅以描述。在这之后,隋炀帝继续修建了永济渠和江南运河,影片也描述了后来各个时期对于隋唐运河的使用与修缮。接着,影片开始进入京杭大运河的历史呈现。元世祖忽必烈定都于大都,因为粮草运输的问题,决定开凿直通南北的河道。影片对开凿的过程展开描述,并在其发展过程中表达大运河与海运的关联,以证明中原王朝并非一直闭关锁国,也非常重视内外的联通与探索。

在介绍完大运河的三个重要组成部分后,本集并没有就此结束,而是展开了另两个相关话题。首先是"大运河中的智慧",从邗沟利用湖泊减少工程量到京杭大运河的"水上立交桥"设计,再到白英先引汶水如南旺顶,再设闸分水的"借水行舟",通过大运河的修建历程,可以充分反映出中国人民高超的水利技术和聪明才智。其次是"运河古镇",大运河的出现催生了如北京、天津、扬州、杭州、苏州等许多重要城市,也孕育不少如瑶湾镇、台儿庄这样的千年古镇。影片也以这些城和镇为例,再次说明了千年水道的价值与意义。

漕运是大运河曾经最重要的功能之一,而《华夏粮仓》通过对运河边粮仓遗迹的介绍,为观众展现出一幅幅生动的运河漕运史。影片首先介绍的北京南新仓曾是明清两朝的皇家储粮官仓,现在依然藏身于城市的高楼之间。而位于河南省北部的古城浚县,2012年发现了面积有7万多平方米的黎阳仓,影片还播放了当时发掘现场的画面。古时候的黎阳城就位于浚县东北方,所以这些粮仓也因此得名。考古队在几十座大型仓窖发现了大量带有"官"字的板瓦,可确定这里是当时的官仓。而根据面积测算,黎阳仓总存储量约3000多万斤,足够8万人吃一整年。在对浚县文物旅游局局长裴顺昌的采访中,观众了解了黎阳仓与古黄河和永济渠的漕运故事,在存储漕粮的同时也见证了漕运制度的兴起。影片在讲述黎阳仓发展历史的最后,提到了距离运河上云溪桥西南方不到300公里，便是隋朝的第二个都城，由此引出了洛阳的回洛仓。镜头从洛阳古城遗址最南端的定鼎门开始，再由沙盘模型还原展示古洛阳全貌。影片通过洛阳市文物考古研究院的王炬，介绍了关于隋代回洛仓的考古发现过程。回洛仓是在隋唐运河开凿的第二年起建的，总面积达到了40多万平方米，储量总量可达惊人的3.55亿斤。而即便如此，回洛仓的规模在当时还只能屈居第二。影片由此引出了距离洛阳市不到100公里的巩义兴洛仓，这座号称天下第一的粮仓坐落于洛河岸边的康店镇。兴洛仓又名洛口仓，洛口又历来都是兵家必争的航运要地，所以《旧唐书》里就曾记载，"仓城周围二十余里、穿三千窖，每窖容八千石，置监官并镇兵千人守卫。"而影片也举了瓦岗军夺取黎阳仓和回洛仓后短短一年，隋朝便灭亡了的例子，证明粮仓对于当时政权的作用。唐代开始粮食不再送往洛阳城周边的粮仓，而是存放在东都皇城旁，这座粮仓就是著名的含嘉仓。镜头透过洛阳市文物考古研究院的方孝廉，为观众讲述了当年发现、发掘含嘉仓的故事。古人存放粮食的方法十分科学，影片也对这些方法进行了分析和讲解。通过对发掘出的文物的研究可知，从唐代开始漕运已经形成了十分规整的管理制度，成为了封建王朝的生命线。镜头转而来到江苏淮安，这里不仅有曾经掌管全国漕运事务的唯一机构——漕运总督府，而且有着著名官仓丰济仓。粮仓大多都在运河沿线的重要城市，作为京杭运河南北端点的杭州和北京自然也不例外。杭州富义仓是明清时期最重要的天下粮仓之一，虽仍然还在，但如今状况十分不堪。影片通过对遗产保护专家张书恒的采访，深切地意识到对于富义仓保护的迫在眉睫。而影片在最后介绍了北京的皇家粮仓群，其中的南新仓与富义仓有着"北有南新，南有富义"的美称。正是透过这些粮仓，《华夏粮仓》理清了大运河漕运制度的发展历程。

码头就像是大运河的牙齿，是大运河上最重要的节点类型，也是一幕幕运河故事上演的舞台。《码头风云》就是通过对运河沿线码头的聚焦，展现几千年来多少政要商贾、文人墨客留下的离愁别绪、家国抱负、儿女情长与迎来送往，撰文抒志，写就大运河上熠熠生辉的今古传奇。镜头首先对准了宁波三江口码头上的跑船人杨森，杨森有10年的跑船经历，他知道这十年来宁波发生了巨大的变化，但对于大运河的历史却知之甚少，影片也由此展开对于大运河宁波段历史的探寻。宁波博物馆里收藏着从永丰库遗址出土的大量瓷器，这些瓷器来自包括福建的建窑、德化窑、广西景德镇窑、浙江越窑、龙泉窑、河北的定窑、瓷窑等。永丰库的发现充分证明了京杭大运河漕运对古宁波发展的巨大作用。这里影片也开始提到了申遗的话题，宁波与杭州、北京等35座城市一起，被纳入大运河申遗城市，也于宁波在大运河航运过程中的重要节点地位不无关联。影片接着从对出土的南宋货船的分析，了解当时宁波的造船技术已经非常成熟，且在海、河环境中都能航行。两宋时期的三江口也成为对外文化商贸交流的重要码头。镜头接着又对准了现代天津的重要地标"天津之眼"，而这里也正是天津城的发祥地——三岔河口。700年前的这里，海河两岸码头众多，大小货船停靠，热闹非凡。影片也把相声茶楼艺人、天津方言的形成、天津地名的含义等内容，与天津的发展历程关联起来。镜头转而向南，来到了扬州的邵伯船闸。运河扬州段的南北货船已然川流不息，从今天船闸的繁忙景象也能够想象几百年前的模样。但是原本的运河航道不是今天的这条，而是与之平行的另一条略显落寞的小河道。镜头通过这里的一块文化遗产标示碑，揭示了这里曾是京杭大运河著名的邵伯大码头。影片通过邵伯文化站老站长潘明祥收藏的民国报纸，以及扬州博物馆内所藏清代王素的《运河揽胜图》，追忆了邵伯码头曾经帆樯如林的繁华景象。在距扬州十分钟航程的镇

右第四章　申遗语境下的大运河文化影像叙事

江,镇江的轮渡码头让两个城市紧紧地联系在了一起。而西津渡码头才是影片描述的重点,李白《赠汪伦》的故事便发生在这里。借大运河到过此处的文人不止李白,唐朝张祜的"金陵津渡小山楼,一宿行人自可愁"的诗句同样出自这里。影片一方面用西津渡古街上咖啡店主张向东的视角描述今天的西津渡,一方面用清代《镇江二十四景》中的《海门泛月》和《西津晓渡》,来追忆当年西津渡的别样风情。最后,镜头还对准了安徽省淮北市的柳孜村运河码头遗址。在柳孜村运河码头遗址未被发现之前,关于隋唐大运河通济渠一段的走向,国内考古界一直存在争议,而柳孜村古运河的发现,确定了通济渠经宁陵、宋城、虞城、谷熟、永城、临涣、甬桥、虹县至泗州的真正走向。延续了数千年的大运河造就了太多的码头,它们成为一处处舞台和窗口,由它们便可见曾经的繁华、岁月的沧桑和文化的流变。

　　大运河让南北方资源相互流通,也是四方商旅、商帮竞争逐利的重要商路。而商会则是他们议事、商谈和休息的地方,大运河沿线各个重要节点城市都有各种商会,《会馆和它们的主人》专门把这些商会作为大运河的关键词,讲述其与大运河的故事。镜头首先来到北京西城区的湖广会馆,这里正在上演经典剧目《霸王别姬》,时光也仿佛回到了200多年前的大清王朝。湖广会馆是北京保存较好的一处会馆,如今还有如绍兴会馆、安徽会馆和湖南会馆这样的几处所在。但从汪启淑的《水曹清暇录》中不难得见,清乾隆年间各省甚至大一些的县都在北京设有会馆,这还导致了当时外城房屋基地价格昂贵。会馆的兴起与明成祖朱棣当年率众从南京沿运河进入北京有关,来自南方官员因为思乡情切开展节庆聚会促成了会馆的出现。中国文物学会会馆分会副会长霍建庆以湖广会馆为例,详述了会馆汇集官宦、欢饮唱酬、接待考生等功能。而在京杭运河南端的会馆却呈现另一种不同的面貌,镜头随即对准了苏州的山塘街会馆。清乾隆年间,浙江巡抚纳兰长安曾惊叹于苏州会馆的规模气势毫不逊色于京城的各大会馆,这些会馆并非来自官员而是商贾出资,足可见商人们的经济实力。明清时期的会馆不仅仅是一处建筑,而是一种全新社会组织形式,并在很长一段时期成为能够左右国家经济的一股力量。运河,则是商贸发展最为重要的原因。镜头跳转至山东聊城,这里曾是运河九大商埠之一,被誉为"江北一都会",这里的山陕会馆是占地面积达到3311平方米的庞大建筑群,可见当时山陕商人的雄厚实力。作为与京杭大运河同龄的城市,扬州自然也不会缺少会馆的存在。扬州当年曾是盐商商帮的聚集之地,因此会馆众多,尤以山陕商人与两淮徽商最为活跃,他们对于建筑、饮食、戏曲娱乐的追求,同样深深影响了当地的文化。镜头由扬州继续向南来到了宁波,这里也曾是晋商和徽商云集的繁华之地,位于三江口东岸的安庆会馆就是重要的见证之一。落成于清咸丰三年的安庆会馆与其他商帮会馆不同,是由做北方航运贸易的舶商共同出资修建的行业性会馆。共同的商业谋划和资源调动,让安庆会馆的舶商短时间内成为了漕粮北运的重要力量。会馆不仅见证了运河经济的发展变迁,它们的兴衰,同样给今天的人们带来了启示。

《腔与调》的开篇先从北京什刹海附近的一个小胡同剧场开始,这里的一群年轻人正在演出他们的昆曲折子戏。而800多年前,同样在这里上演着"元曲四大家"之首的关汉卿的戏剧作品。京杭运河开通之后,很多北方人开始沿运河南下,关汉卿也是其中一员,他也把他的作品带到了南方的戏曲中心杭州。元杂剧的南移,是中国戏曲发展史上的重要事件,这与大运河交通便利带来了南方经济上的繁荣富足密切相关。扬州、南京、苏州、杭州等南方城市,都是戏曲繁荣发展的地方,京腔、棒子腔、柳子腔、昆山腔等的南北融合,甚至也开始催生出新的种类。在这些戏曲种类中,昆曲无疑具有十分重要的影响力。镜头首先来到了苏州山塘街昆山腔戏剧演出的现场,昆山腔是"明初四大声腔"之一,起源于苏州,后沿运河向各个地区拓展至全国,得到了迅速的传播和认可。"四方歌者,独宗吴门"也正是昆曲繁荣景象的写照。明中期到清中期戏曲中影响最大的声腔就是昆曲,很多剧种实际上都是在昆曲上发展出来的。因此,昆曲也有着"中国戏曲之母"的雅称。影片也以青年演员周好璐为代表,展现了昆曲在今天的发展与传承状况。从元杂剧到昆曲的发展,几百年过去了,又一个新的剧种在大运河附近的里下河地区兴起。江苏北部的"里下河"泛指扬州、大运河以东的一部分低洼地区。这里的戏曲演出以徽班为主,巡回于长江和运河中下游的城镇码头。扬州作为盐商汇聚之地,也自然成为当时中国的戏曲中心之一,乾隆时期一些民优在进京之前,都要在扬州获得认可。乾隆为了给母亲祝寿,还在扬州瘦西湖畔建造了专门的戏楼,扬州戏曲也得到了空前的发展。在这一历史背景下,艺人高朗亭率领三庆班从扬州沿运河北上为乾隆八十诞辰演出,拉开了京剧的序幕。镜头回到今天的山东临清街头,京剧戏迷们正在自娱自乐地演唱,这是临清人生活的日常,也是当年徽班进京在沿运河城市播撒下的京剧种子。随着京剧的成熟和发展,一些地方剧种开始主动学习京剧的表演精华,形成自身的提高和变化。影片把镜头对准了绍兴小百花越剧团正在排练的越剧《宇宙锋》,该剧是中国戏曲的经典剧目,梅兰芳、陈素珍和陈伯华分别代表了京剧、豫剧和汉剧在此剧上的最高水平,而越剧版本同样深受今天观众们的喜爱。影片还展开介绍了越剧从绍兴文戏学习吸收京剧形制转变而成的历史。而影片也以京剧学习、改编豫剧经典《穆桂英挂帅》的案例,证明实际上戏剧间的交流影响也是相互的。在苏北、鲁南、皖北地区戏曲种类丰富,渔鼓、太平歌、山东大书、猎户腔、琴书等都深受当地人的喜爱。而柳琴戏则是苏北地区戏种的代表。柳琴与当地人的生活密切关联，成为一种地域文化的载体。影片最后还介绍了天津的评剧，并从国家一级编剧李汉云的视角，回顾评剧对自己和家乡的文化意义。这些戏剧通过古老的大运河传播、交融、衍生，大运河文化也因为这些戏剧而更加丰富生动。

　　大运河流淌千年，沿河两岸伴水而生了太多老街，更形成了深厚的老街文化。《老街深处》就是带着观众，去了解这些运河老街与老街文化的一集。影片首先从运河的最南端讲起。浙江绍兴多水多桥，而以桥名命名的八字桥历史街区已经存在了上千年。绍兴八字桥历史街区是浙东运河繁盛历史的最好证据，街因河生，桥因河建。八字桥始建于南宋嘉泰年间，因状如八字而得名。它跨三河，通四街，巧妙地解决了水路交通问题。影片通过近90岁高龄的吴柏坤老人的讲述，回忆这里曾经商行林立、熙来攘往的热闹景象。而随着水路功能的褪去，老街失去了往日的繁华，却仍然有人选择留下来，让八字桥历史街区保留着最原本的模样。影片又通过另一位老人，将镜头转向了湖州南浔南西老街。在南浔南西街的辑里湖丝馆里，传承人顾明琪老人正在为观众们讲解辑里湖丝的制作工艺，他的儿媳徐永艳则从旁演示。南西街与西晋时期开凿的頔塘故道相连，而頔塘故道是大运河的一条重要支线。南西街上高堂广厦的建筑与江南水乡的小桥流水不同，颇有浓浓的西风。这全是因为桑蚕丝织产业的发达，带来的经济发达与文化交融的结果，也让这里曾为近代中国最早走向世界的城镇之一。镜头随即又来到了苏州的山塘街。山塘街历史悠久且声名远播，《红楼梦》《白蛇传》《三笑》等许多的经典民间传说和文艺作品中都曾出现过山塘街。影片透过山塘街文史专家徐文高的介绍，让观众们了解到仅其本人收集从当代到民国关于山塘街的古诗就有300多首。而白居易到任苏州刺史，开凿了连接阊门与虎丘的运河，真正开启了山塘街的繁华之路，这条小河滨也成为了大运河水网的重要组成部分。虽然历经战乱山塘街很多遗迹已经消失,但山塘街文化却通过运河永远地保存了下来。乾隆命宫廷画家徐扬绘制的《盛世滋生图》里,就记录着当年山塘街的繁华。而沿运河向北,山东的临清老街同样是大运河沿线上最著名的老街之一。在《中国大运河》里,也讲到过老街里以竹竿巷为代表的行业老巷,这些巷子足可证明大运河带来的便利商贸交流,为临清老街带来了怎样的蓬勃发展。最后,镜头来到了北京。影片没有直接讲述北京老街的历史,而是通过在北京胡同里开店的英国人江森海,一方面展现北京老街的新活力,另一方面也点出南锣鼓巷的特殊地位,这里曾是明清时期京城最繁盛之处。而以南锣鼓巷为代表的胡同文化是北京老街文化的重要形式,这些老街胡同的意义与运河一样,其核心都是沟通,没有大运河也许没有如此精彩的北京城,也不会有如此精彩的老街与城市文化。

大运河从南到北贯穿不同自然地理条件和人文风俗的地区,它的出现也让千百年来的各地美食发生着改变,《流淌的美味》就是从运河的视角来看这些丰富的美食文化。影片首先来到山东台儿庄,镜头对准了运河石头大饼店的孙茂印师傅,他也是这家店的第六代船人。孙师傅的运河石头大饼店位于台儿庄古城,大运河穿城而过,孙师傅祖祖辈辈都在这河边售卖石头大饼。因为在运河旁,还吃米饭的南方跑船人,也开始接受并喜欢上了运河石头大饼。运河大饼也开始随着大运河传到了南方。大运河的出现,加速了食物的迁徙速度,也不断形成各种演化。江苏北部和山东都爱吃煎饼,在各处却又各有不同,包上油条就变成了天津的煎饼果子,包上菜料就成了枣庄的菜煎饼。而粽子在不同的地区也有着不同的讲究。在嘉兴桐乡的石门镇,当地人习惯在清明节吃粽子。这一习俗源于春秋时期为了纪念晋国介子推形成的"寒食节"习俗,这其实比端午节吃粽子的习俗早了近千年。影片透过住在运河路街口的修鞋匠韩德才家,讲述了这里关于粽子的习俗与文化。大运河带来的不仅是食材的流通,更是南北不同制作方法和烹饪技术的融会。有水就有鱼,大运河沿岸各处关于鱼的制作和讲究又各有不同。镜头先从微山湖上渔民捕鱼的场景开始,渔民袁新英夫妇一家靠打鱼为生,还支持孩子成为了清华大学的博士后。河与水已经成为他们生命的一部分,改变着每一个人的命运。微山湖水产丰富,其中四鼻孔鲤鱼是其中最有名的一种。糖醋四鼻孔鲤鱼相传还受到乾隆皇帝的赞许,并从大运河上贡到京城。除了鲤鱼,微山湖还有特殊的荷花宴,享受荷花宴的时间仅有一个月。而在京杭大运河与骆马湖的交汇处,还有一种流传了几百年的习俗。窑湾渔民会趁夜把刚刚捕捞的鱼虾送到集市来,也在集市上换好粮食和蔬菜。窑湾船菜是这里的特色菜,讲究"名、型、乐"兼具,席间配上特色小曲,别有一番趣味,乾隆当年至窑湾时也曾对窑湾船菜赞不绝口。淮扬菜是"中国四大菜系"之一,镜头通过淮扬菜特级厨师吴明千,展现出淮扬菜的"原味"之美,也通过吴明千的讲述,了解到大运河与淮安饮食文化之间的紧密关联。镜头继续向北,来到山东的德州。德州扒鸡,是德州重要的美食代表,甚至是很多人对于德州的第一印象。影片也由此入手,讲述了德州扒鸡与京杭大运河的深厚渊源。《德县志》中曾有记载,康熙南巡品尝过德州扒鸡后,赞许道:"真乃神州一奇也。"酒也是中华饮食文化中必不可少的组成部分,影片在最后也通过绍兴黄酒的介绍,让观众了解到绍兴黄酒的历史,及其与当地文化、大运河文化的相互作用。大运河促进了食材、技巧、饮食产品的交融,伴随着大运河的流淌,人们对美食和幸福生活的追寻也从未停止。

《终点·起点》是全片的最后一部分。影片所描述的终点和起点,并不仅是物理空间上运河的起点与终点,而是把时间、空间概念置于一处,把内水航运与对外交流结合起来,进行的由此及彼的关联审视。镜头首先来到了扬州城北的一座建筑,这里有一块中韩建交十五周年纪念碑。其实早在唐代,科举考试就曾对外国学生开放,在众多海外学生中,来自新罗的崔致远就是其中之一。扬州文化研究专家韦铭铧面对镜头,讲述了崔致远获得科举名分,在扬州为官的历史。崔致远完成的汉字诗集《桂苑笔耕集》在当时的新罗也产生了重要的影响。自唐开始,来自海外的学子通过大运河来到唐王朝的政治经济中心,而早在崔致远来华的100多年前,出家于扬州大明寺的鉴真和尚就已东渡日本,将中华文化传递至海外。元代以后,大运河上的如济宁、临清、德州等重镇都成为与海外商旅友好往来的窗口。影片以德州为例,特别举了苏禄王访华的例子。明朝永乐年间,郑和七次下西洋的过程中曾多次来到菲律宾的苏禄群岛一带。苏禄王在1417年率超300人的使团访华,受到了明成祖朱棣的盛情接待。德州的北营村,正是苏禄国王经运河回国路程中不幸病逝的地方,而他的后裔却留了下来,一直生活至今。他们的存在本身就是对这段友谊佳话的延续。镜头随即转到了台儿庄,透过中国台湾作家郁馥馨的回忆,讲述了自己家族与大运河的深厚渊源,展现了两岸同根同源的真挚情感。影片还将镜头对准了山东枣庄跑船人张慧英、河北沧州吴桥杂技团的杂技艺人高福州,他们都是运河边的普通人,也是见证今天运河旁生产、生活与国际交流的见证人。影片最后来到了浙江杭州,镜头中的拱宸桥是大运河起点的标志性地标。马可·波罗曾经在自己的游记中表现了杭州人的生活状态,以及自己对这座城市的喜爱。而影片则把镜头对准了造船厂退休工人陈寿泉,通过这个运河边长大的普通杭州人,讲述着今天的杭州与大运河。影片在最后抛出了关于“京杭大运河究竟是什么”的问题,引发观众的思考,也与《终点·起点》的标题相呼应,人与运河的相互依赖还在继续。

纪录片《大运河》的内容并没有按照传统的运河流经地区的顺序安排,而是提取水道、码头、粮仓、美食、街巷、会馆、曲艺等关键词,并通过这些关键词将大运河不同地区围绕相同的主题被关联起来。大运河文化中的不同关键词,共同组合构建出大运河的文化形象。

表6　纪录片《大运河》内容框架

集　序	名　　称	首播时间	内容关键词
第一集	《千年水道》	2016.03.19	运河发展史、段落结构
第二集	《码头风云》	2016.03.20	运河码头、造船、码头与历史人物
第三集	《华夏粮仓》	2016.03.21	漕运、皇家储粮仓、漕运制度
第四集	《流淌的美味》	2016.03.22	食物迁徙、技艺传承、节庆食俗
第五集	《老街深处》	2016.03.23	八字桥、山塘街、临清老街、南锣鼓巷
第六集	《会馆和它的主人们》	2016.03.24	经贸活动、商帮会馆、会馆建筑群
第七集	《南腔北调》	2016.03.25	昆曲、杂剧南移、徽班进京、京剧
第八集	《终点·起点》	2016.03.26	中外文化交流、未来思考与展望

二、纪录片《大运河》的叙事策略

《大运河》与《中国大运河》在叙事的形式结构上非常相似,都是由8集构成,采用“7+1”的模式,前面分主题展开叙述,用最后一集进行总结与展望。在叙事手法上,两者虽然都为申遗命题的叙事语境之下,但却又各自形成了自己的特色。关键词化、多主体化、平民化、故事化、多视角化等,成为纪录片《大运河》在创作中使用的叙事策略。

首先,纪录片《大运河》巧妙地采用了故事化的叙事方式,让全片非常有亲和力与代入感。仅在《码头风云》一集中,创作者就借着跑船人杨森夫妇的故事来反映大运河宁波段的变化;用相声演员尹笑声的故事,介绍了天津谦祥益茶楼的过往和天津人的幽默感由来;用唐人张祜月夜游西津渡的故事,证明了西津渡文化的由来已久等。而在全片的其他各集中,这种故事化叙事策略的运用同样比比皆是。《电影百科全书》把"故事"定义为被叙述出来的事件,是伴随着一定的观念和情感而产生的。[1]在《电影叙事学:理论和实例》中"故事"概念为在一个特定"环境"中,"叙述"出来的具有时空演变过程和因果关系的事件。[2]而在纪录片中所谓的故事化,则是在拍摄和制作时突出故事性,借鉴故事片的手法,注重选取包含矛盾冲突和丰富情节的事件,在故事中刻画人物、展示事件、传播思想、揭示情感,使得纪录片在叙述的过程中更具吸引力。[3]

其次,纪录片《大运河》对于关键词叙事的使用,让影片的条理变得特别清楚,重点和关键信息的传达也因此变得更加顺畅。相较于《话说运河》以航行线路为叙事顺序的方式来说,《大运河》将历史、粮仓、码头、会馆、戏剧、老街、美食、起点、终点等这些关键词,从大运河文化这个笼统的概念中被提炼出来。这一点与纪录片《中国大运河》相比,同样更具有章节内容辨识的直观度。而在每一集的内容里,影片还是对内容进行了关键词的细分。比如,在第一集《千年水道》中,影片就没有像其他同类纪录片那样,按

[1] [美]詹姆斯·莫纳科:《电影术语汇编》,转引自李显杰:《电影叙事学:理论和实例》,北京:中国电影出版社,2000年,第28页。

[2] 李显杰:《电影叙事学:理论和实例》,北京:中国电影出版社,2000年,第27页。

[3] 孙景丽:《浅析电视纪录片叙述手法故事化倾向与表达》,《电影评介》,2012年第4期。

照年代或航道顺序对大运河进行总体的线性介绍,而是把大运河按照发展历程与组成部分结合的方式,分成浙东大运河、隋唐大运河、京杭大运河、大运河的智慧和运河古镇。这些关键词看起来并不对仗,但实际分别包含了大运河的三大组成部分、技术运用以及用古镇作为节点,在本集结尾重新将运河的三大组成部分串接到了一起。

再者,纪录片《大运河》采用了多元叙事视角的混合叙事手法。叙述视角是指对叙述内容进行观察和描述的特定角度,从不同的角度去看待、剖析同样的内容,会让影像呈现出不同的面貌。通常,叙事视角可以分为四个对比维度,分别是全知视角和限知视角、外视角和内视角、单一视角和多元视角、主视角和客观视角。多元叙事视角即"复调叙事视角",在纪录片的创作中,融合了全知全能视角和内视角的手法,或者严守单一视角,或者由多归一,或者由一趋多。复调叙事视角往往同时采用几个不同的视角,从宏观立体的高度把握对象,进行综合的艺术描写,从而形成复合交错式的叙事视角。不同的叙述视角决定了作品不同的构成方式,同时也决定了接受者不同的感受方式。《大运河》有时采用全知视角,通过解说词介绍影片内容,让观众轻松地随着被叙述所引领;有时则采用第一人称视角,让观众有一种共情的真实参与感。比如,在描述大运河历史和总览大运河或者局部区域段落时,影片则采用叙述性的全知视角,而当影片到了以人物为代表,用微观视角关注具体采样时,第三人称视角和内容肌理都被很好地显化出来。《大运河》的创作手法已经从单纯依赖纪实手法,转向在"真实"理念追求下的多种创作手法并举。可以说,叙事视角的多元化已经成为新世纪纪录片的主要特点。

第五章
大运河影像建构的跨界融合与全媒体传播

申遗目标完成之后，大运河文化的影像建构开始出现两种非常显著的趋势。首先，创作者对于大运河作为遗产廊道的意识逐渐加强，关于大运河影像的主题开始进入更多领域和视角的细分，而并不再像申遗阶段的《大运河》与《中国大运河》那样宏观和完整。其次，后申遗时代，媒体融合发展速度加快，大运河的影像化建构和传播开始出现更多的形式和路径。西方媒体也越来越多地开始关注大运河文化，同时以"他视角"的方式完成了相关作品，促成了大运河文化的跨文化建构与融合传播。在今天这样一个全媒体时代，大运河文化的最终影像化传播，尤其是国际化传播，离不开品牌化的思维。

第一节　后申遗时代大运河文化纪录片的主题细分

1986年《话说运河》的出现，与当时纪录片人文化时期以及水文化、水问题的凸显直接相关。而《大运河》《中国大运河》的拍摄是申遗语境和要求下的命题创作。这两个时期的大运河文化影像成果，都有着非常具体明确的使命和指向，且都是对大运河相对比较整体系统的表现。而随着大运河申遗的成功，关于大运河文化影像化的主题开始变得丰富，也并不再一味追求系统和完整。这一方面是申遗成功后命题创作的环境和需求不再具体，另一方面也有创作者对于大运河文化作为"文化线路"意识的增强，以及对大运河文化遗产点研究的不断深入。

一、主题细分构成

（一）运河饮食文化主题

2015年，中央电视台科教频道的系列电视纪录片《寻找运河味道》，就是以美食文化为线索对运河文化进行的主题细分。其实无论是《话说运河》《中国大运河》还是《大运河》，其中都有关于美食文化的专门章节或介绍,但以美食为专题的创作,更能引起观众的观影热情和兴趣。而且从某种意义上来说,美食文化正是大运河文化"活态"的证明和展示。整部纪录片共分7集,每集都形成一个独立专辑。在《运河小镇》中选取窑湾和邵伯两处为代表,结合一路在运河小镇上的调查,讲述运河对两岸百姓口味、食材与烹饪方法的融合,最终形成了独特的运河小镇味道。《寻找鲁运河》以济宁、临清和聊城为范围,通过对酱园、托板豆腐、八大碗等美食的历史追溯,探寻大运河为山东两岸带来了哪些美食。《无锡》主要讲了作为运河沿岸的江南鱼米之乡的无锡,是如何把"甜"吃出了极致。在《淮扬菜》中,介绍了镇江、扬州和淮安的锅盖面、肴肉、香醋、千层油糕、翡翠烧卖、软兜长鱼等淮扬菜中的经典特色菜肴。《船菜》讲述了在运河移动的厨房中才能找到的独特味道——船菜,无锡、扬州、高邮、邵伯和北京都有船菜,但彼此之间又各有特色,扬州炒饭、高邮鸭蛋、邵伯菱角都是地区船菜中的代表,而主持人也带着观众体验了漕帮员工餐在北京的一些改变。烤鸭并非只有北京的最好,《烤鸭》一集中就介绍了北京、高邮、扬州、南京、济宁、曲阜等各地不同的烤鸭技艺与文化。而在最后一集《运河明星菜》中,镜头再次回顾了运河沿线各地的最经典美食,既是回顾又是补遗。运河文化始终是贯穿与美食之旅的重要内核,影片也因此更能让人有所共鸣。

(二)民族融合发展主题

2018年的《回望运河》是一部由中国伊斯兰教协会和北京伊蕾文化传媒有限公司联合出品,反映大运河伊斯兰文化的15集电视系列纪录片。该片将真实记录运河两岸回族穆斯林的经济生活、文化生活和宗教生活,传播回族穆斯林勤劳勇敢、宽容、热情、团结向上的正能量,歌颂回族穆斯林的爱国主义、民族团结的高尚情操。影片沿着京杭大运河一路由南向北,这其中有扬州的孙玉安为收藏回族经典艺术品,传承与保护回族传统文化精神,而四处奔走、寻访先人的足迹,探究回民与大运河渊源的故事;有浙江嘉兴韩海华老师传承中国式斗牛和穆斯林传统武术八极拳传承的坚持;也有宁夏年轻的回族人文学教授苏涛老师,甘愿做一杆为本民族书写而竖起的笔的精神。整部影片聚焦回民文化与大运河的关联,对于保护和宣传中国伊斯兰文化、少数民族文化,助力国家"一带一路"战略的实施,促进民族团结、社会和谐具有重要意义。

(三)沿岸居民主题

2018年中央电视台综合频道推出的《中华揭秘:运河人家》,就把镜头对准了运河城市淮安。淮安不但曾是全国漕运的管理机构所在地,也是盐商聚集的繁华都市,漕运文化悠久。影片先透过国家级非遗"十番锣鼓",介绍了严阿龙等非遗传承人;再通过河下古镇的文楼淮扬菜,介绍了淮扬菜大师陈飞,以及种植采集蒲菜的李师傅和捕捉野生鳝鱼的潘师傅等;并通过探访洪泽湖,介绍了船家刘兆军夫妇和他们的子女们;通过运河岸边滩涂龙虾养殖场的走访,讲述了龙虾养殖者黄志亮的故事。2018年中央电视台综合频道"我有传家宝"栏目推出的《运河上漂来的人》,通过《李氏族谱》讲述了李恩俊老人先祖自明嘉庆年间,由江南顺大运河北上迁徙至北京的历史。大运河与北京城也默默见证和陪伴着李氏家族600年来的发展历史。聚焦运河人的影像还有很多,诸如《文明密码:运河上的跑船人》《探索发现:运河支队》《乡土:运河岸边的平望》等都是此类主题的细分。

(四)具体地点主题

2016年中央电视台纪录片频道"时代"栏目推出的《一条河,一座城》共分4集,分别为《记忆的传承》《商人的选择》《威廉的寻访》和《巨变的时代》。《一条河,一座城》聚焦运河古城窑湾,通过不同的角度讲述了这里的历史文化、过去与现在。在《记忆的传承》中，影片通过陆振球和索增仓两位老人追寻、研究窑湾历史的故事，讲述了窑湾的过去，唤起了对于窑湾古镇过去的记忆。其中陆振球300年前家族的迁徙、索增仓58年前第一次来到繁华的"小上海"、苏镇扬会馆的界址碑、山西商人后裔范毅志的老照片与回忆、曾经诚实守信的窑湾钱庄等，都成为有温度的历史碎片，让窑湾的过去变得清晰起来。在《商人的选择》中，镜头通过今天的商人许立明沿运河选址，与当年山东大地震后康熙重新布局运河水利建设相呼应。1670年康熙登基十年，大赦天下，于是一批"政治犯"被释放并送往中运河修建了窑湾镇。"政治犯"大多有着很好的教育经历和素养，因此渐渐也从建设者成为商人，这里的商业传统也从那时开始。影片在时空的来回切换中，形成了窑湾商业历史的延续。《威廉的寻访》从法国留学生收到的一盏百年煤油灯开始，通过正在撰写自己关于近代中法商贸往来毕业论文的威廉，讲述了窑湾地区中外商业、文化交流，以及民族资本主义发展的黄金岁月。与英国、法国、美国、荷兰、比利时5国签订粮食换工业产品的协议、美孚亚细亚石油公司的入驻、晚清举人陆文椿维新抗税、异域文化的流行等，都让这段历史的描述变得鲜活而丰满。而在《巨变的时代》中，影片通过对船长闫成阳的运砂时代结束、百年老字号传承者陆璐面临传统甜油店的新旧抉择、渔民杨亚洲夫妇的船上生活和女儿想要走出窑湾的憧憬、藏家祥从深圳返乡采砂无果后的再出发、钱宗华从渔民、采砂者向窑湾文史研究者的转型等今天窑湾人在时代变革下面临的机遇与挑战，也提出了对于窑湾这个运河古镇未来发展的想象与展望。这部影片无论从立意到拍摄手段、最终效果，都是大运河文化影像化主题细分的优秀尝试。

聚焦运河某一区域的影像作品还有很多。比如2018年中央电视台农业频道"乡土"栏目推出的《藏在古运河里的神秘小镇》

便聚焦南阳镇，在这里，小岛、古镇、运河、大湖融为一体。生活在这里的人们千百年来依靠着水上交通简单地生活着，小镇上人们的生活方式和陆地上的人们存在着差异。这座古镇有着独特的魅力，让人们世世代代开心地生活。2018年中央电视台纪录片频道《一脉钱塘》中的《运河之都》则聚焦杭州。而2018年北京卫视的《这里是通州》则用《水脉相连》《漕运沧桑》《京师要冲》《文汇天下》《商通南北》《未来之城》6集系列的方式，全面介绍了运河重镇通州的人文地理与历史发展。此类选题因为聚焦，所以能够更深入地挖掘、展示出更丰富的地方运河文化内容。在《方志中国》《中国影像方志》《地理·中国》等大型系列纪录片中，同样也有关于具体地方运河文化，或者运河文化中一个组成部分的呈现。

（五）文化遗产主题

2015年中央电视台文艺频道"文化大百科"推出的《柳孜运河遗址》、2017年中央电视台科教频道出品的《柳孜运河遗址发掘记》、2019年中央电视台国际频道"国宝档案"中的《运河古阁光岳楼》、2018年中央电视台综合频道"我有传家宝"栏目中的《通州运河船工号子》都是聚焦大运河物质文化或非物质文化主题的影像作品。以《柳孜运河遗址发掘记》为例，影片通过3集详细描述了柳孜运河遗址发现、发掘的过程，以及随着发掘发现引出的相关运河历史的分析展开。1998年深秋，在淮北市濉溪县的柳孜村发现了一些石构建筑，安徽省文物考古研究所的联合考古队很快来到柳孜考察。考古队认为这个石构建筑可能是一个码头，并相信他们就此找到了隋唐大运河的遗迹。经过第一次考古发掘，出土了8艘唐代沉船，石质的码头遗址和部分河床。此次考古发掘，成为当年"全国十大考古新发现"之一；2001年被公布为第五批全国重点文物保护单位；2006年春天，考古队在宿州也发现了一处石构建筑，专家们认为它和柳孜出土的石构建筑一样，也很可能是一个码头。经过专家们的论证,在柳孜等处大运河遗址出土的石构建筑被确认为虹桥桥墩。2012年,经过第二次考古发掘,发掘出河道、河堤及陶、瓷器7000余件,弄清了通济渠柳孜段运河的结构、走向及河道演变过程等。此类对于大运河文化遗产的影像化作品,无论是物质遗产还是非物质遗产,都让运河文化的展示更具有可观性和可证性。

二、主题细分的再统合

如果说上述大运河纪录片是关于大运河影像化的类型化细分,那么2020年10月中央电视台国际频道推出的《远方的家:大运河》系列电视纪录片,则是各种主题类型细分的组合,也是继《话说运河》《大运河》和《中国大运河》后,体量最大,或可说是最完整的大运河文化主题细分创作。

《远方的家:大运河》系列电视纪录片共有73集,按照大运河由南至北流经地区被分为浙江段、江苏段、山东段、河北段、天津段和北京段。该片可以说是有史以来大运河专题纪录片中,体量最大,主题细分最多的一部。浙江段由宁波、余姚、慈溪、绍兴、杭州、嘉兴、桐乡、湖州、吉安和长兴几个地点构成,《从宁波启航》《航行在浙东运河上》《运河上的古城》《运河边的生活》《运河往事 古镇酱香》《山光水色 美在绍兴》《古今辉映看杭州》《运河边 品杭州》《六十里水路到塘栖》《以水鉴史 于水观城》《指挥城市 依水而生》《嘉兴的运河故事》《运河水乡——光阴的故事》《运河畔的山水家园》《太湖之滨 古韵湖州》《走进丝绸之源——潞村》《水运南浔》《青山长久运河流》成为杭州段各地区的主题细分。宁波市的宁波三江口、水则碑、高桥老街、大西坝村、黄古林草席编织技艺、小西坝旧址、庆安会馆、安澜会馆、天一阁、慈城古建筑群、通济桥、舜江楼、斗门村、丈亭老街、上林湖越窑遗址等;绍兴市的古纤道、绍兴运河园、绍兴水运资料、安昌古镇、绍兴酱油传统酿造技艺、八字桥历史文化街区、老坝底堰坝、禁山早期越窑遗址、上虞博物馆馆藏越窑青瓷；杭州市的拱宸桥、大兜路历史文化街区、小河直街历史文化街区、富义仓、桥西历史文化街区、张小泉剪刀锻制技艺、广济桥、塘栖古镇、塘栖乾隆御碑、余杭清水丝绵制作技艺、杭州西湖、仓前历史文化街区；嘉兴市的长虹桥；长安坝、长安古镇、漕运文化展示馆、马鸣古村、马鸣对台戏；湖州市的新市古镇、练市古镇、荃步古村、练市船拳、高杆船技、溇港、荻港古村、善琏古镇、湖笔制作技艺、潞村古村、钱山漾遗址、南浔古镇、南浔传统糕点制作技艺、辑里古村、辑里湖丝手工制作技艺、长兴百叶龙等，成为构成主题细分的丰富内容。

江苏段由苏州、吴江、姑苏、无锡、常州、镇江、丹阳、扬州、高邮、淮安、徐州、贾汪、铜山几个地市构成，而《航行在苏南运河》《从枫桥到阊门》《江南水乡 姑苏风情》《金鸡湖畔新苏州》《运河之城 太湖明珠》《家在运河之滨无锡城》《吴地文化在无锡》《古韵常州 运河诗情》《运河变迁 更美常州》《守护运河 筑梦常州》《运河两岸 水润丹阳》《江河交汇话镇江》《水岸叠翠草色青》《清丽水岸扬州城》《通江达淮 畅行水脉》《水廓帆樯运河事》《秦邮故地 运河人家》《里运河风情》《悠悠邗水 古韵荷香》《融南汇北 水韵淮安》《淮安人的运河情》《千载运河话古今》《伟人故里 人文淮安》《河湖交汇处 黄河故道边》和《运河之滨 潘安湖畔》等主题详细展示了江苏段各处的大运河文化风貌。苏州市的九里石塘、安民桥、平望古镇、安德桥、白龙桥、宋锦织造技艺、枫桥、阊门、《姑苏繁华图》、西中市、山塘街、盘门、拙政园、沧浪亭、昆曲《浮生六记》、苏州工业园区、无锡市的龙光塔、黄埠墩、西水墩、茂新面粉厂旧址、无锡中国民族工商业博物馆、清名桥、大公桥、伯渎桥、大窑路窑群遗址、京杭运河泥塑展示馆、惠山泥人、剑舍、龙泉宝剑锻制技艺、小娄巷历史文化街区、泰伯庙、梅村二胡、《二泉映月》、西漳船；常州市的东坡洗砚池、广济桥、西瀛门城墙、文亨桥、《康熙南巡图》、青果巷历史文化街区、常州梳篦、乱针绣、钟楼区运河五号创意街区；镇江市的万善塔、丹阳南朝陵墓石刻、梁文帝萧顺之建陵石刻、京口闸遗址、镇江锅盖面制作技艺、虎踞桥、镇江恒顺香醋酿制技艺、斩龙桥；扬州市的御马头、南河下历史文化街区、盐宗庙、卢氏盐商住宅、何园、扬州玉雕、瘦西湖、挹江门、钞关西后街10号民居、镇国寺塔、盂城驿、清代邮传文物、运粮巷、东大街；淮安市的清江闸、高沟捆蹄制作技艺、涟水鸡糕制作技艺、金湖草编、淮海戏、洪泽湖传统木船制造技艺、总督漕运部院遗址、河下古镇、王兴懋酱园酿造工艺、淮安茶馓制作技艺、洪泽湖大堤、驸马巷；徐州市的骆马湖、邳州运河船工号子、徐州汉画像石艺术馆、徐州博物馆馆藏汉画像石、徐州香包等，全面构成了从物质文化到非物质文化的江苏段文化遗产内容。

山东段由枣庄、滕州、峄城、济宁、聊城、临清、德州几个沿运河重要城市构成。其中的《古运河畔的"天下第一庄"》《大运河畔文化兴》《运河水脊 中枢之地》《商贸中心 文汇之地》《铁水互连运河新篇》《运河都会 水城古韵》和《九达天衢话德州》将大运河山东段的运河文化，从商贸、人文、政治、经济、城市建设等各方面进行了展现。枣庄市的台儿庄大战旧址、龙泉塔、鲁班纪念馆、墨子纪念馆；济宁市的总督河院署遗址、运河相关地名、南旺分水枢纽、分水龙王庙建筑群、声远楼、济宁东大寺、济宁市博物馆馆藏胶片；聊城市的光岳楼、东昌葫芦雕刻、聊城山陕会馆、聊城铁公鸡制作技艺；临清市的舍利宝塔、鳌头矶、临清贡砖烧制技艺；德州市的夏津黄河故道古桑树群、德州扒鸡制作技艺等，全面展现了齐鲁大地的大运河文化魅力。

河北段以《运河之城 沧海之州》《运河之畔 文武沧州》《运河

明珠 筑梦沧州》《平原千里 水路四通》和《大运河 大名府 大名人》几集，主要聚焦表现了沧州和邯郸这两个大运河重镇的历史变迁、人文风貌和现代发展。沧州市的谢家坝、八极拳、查滑拳、镖师文化、大六合门武医、登桌子、中幡、空竹；邯郸市的武灵丛台、徐万仓村考古发掘现场、大名郭八火烧制作技艺、大名府故城遗址考古发掘现场、小磨香油制作技艺、大名县石刻博物馆、五礼记碑、《重修金滩镇浮桥碑记》等，从历史遗迹到传统武术、杂耍，从非遗美食到古代建筑，全面展现了燕赵大地的大运河文化。

天津段通过《津卫门户 运河古韵》《运河古镇 寻味独流》《南运河畔的美丽家园》《运河载来的天津》和《运河边的津味儿生活》从大运河对于天津的出现、天津的城市发展、饮食文化、生活习俗等进行了叙述，这些影像来自与运河关联密切的静海、独流镇、西青、杨柳青镇、辛口镇、红桥等地。静海区的九宣闸、独流通背拳、独流镇"永兴德"绿豆潮糕制作技艺、陈官屯冬菜制作技艺、独流木桥、独流老醋酿造技艺、独流给水所、独流焖鱼制作技艺；西青区的杨柳青年木版年画、沙窝萝卜种植与窖藏技艺；红桥区与南开区的北洋大学堂旧址、相声、大福来锅巴菜制作技艺、天津天后宫、回族重刀武术、翟记药糖制作技艺及民间吆喝、津门蔡氏贡掸制作技艺、益德成闻药制作技艺等，共同描绘出厚重而鲜活的天津大运河文化图景。

北京段是整部影片的重点，镜头对准了通州、朝阳、东城、西城、什刹海街道、房山、丰台、大兴、石景山等北京各处与运河文化有着紧密关联的人、事、物，通过《潜力运河到通州》《运河与通州：起舞副中心》《北京跨越600年》《北京中心的这片海》《什刹海：运河寻踪》《北京：古城的复兴》《正阳门下是北京》《三里河畔 书画风韵》《天桥曲艺 国粹京韵》《永定门前 古都新颜》《梦想在母亲河畔起航》《长河穿京城 古都水色新》12集内容，讲述了大运河与北京的故事。通州的榆林庄、通运桥、毛猴、五河交汇处、西海子公园、燃灯佛舍利塔、运河商务区、大运河森林公园、国家大剧院台湖舞美艺术中心、城市绿心森林公园；朝阳区的八里桥；明城墙遗址公园、中国国家博物馆；东西城区的午门、中山公园、社稷坛、北海公园、琼华岛、永安寺、北海白塔、静心斋、阅古楼、万宁桥、鼓楼、澄清中闸、东不压桥、南锣鼓巷、雨儿胡同、菊儿胡同、北京坊；什刹海街道的万宁桥、澄清上闸、银锭桥、大金丝胡同、西海湿地公园、郭守敬纪念馆；恭王府博物馆的银安殿、锡晋斋、恭王府花园、大戏楼、鹤庆银器锻制技艺精品展；前门大街街区的正阳门城楼、正阳门箭楼、鲜鱼口街—天兴居、前门大街—源升号、大栅栏街—瑞蚨祥；东西城区到房山区的三里河公园、琉璃厂街、一得阁、荣宝斋、杨梅竹斜街、采瓷坊、北京济安斋书店、天桥、印象天桥博物馆、梅花大鼓、北京杂技团、北京风雷京剧团、国粹苑、燕墩、永定门城楼、北京南站、北京动车段、德胜门箭楼、潭西胜境、四季民福、高粱桥、北京动物园、清农事试验场旧址；石景山区的莲石湖、石景山、首钢园、空中步道、3号高炉、滑雪大跳台、国家冬季运动训练中心等，有古代历史遗存，有现代城市地标，有非遗传承，有时代风貌，在以往的大运河主题纪录片中，即便是北京专题都不曾有这么详细的主题细分。

　　大运河申遗成功后的一段时期，关于大运河文化的影像化创作不再追求系统完整，而是结合区域与栏目自身特点的需要，展开了更为具体的主题细分。以上只是大运河文化影像化主题细分的一些类型，并非全部。这些细分虽然丰富了大运河文化影像化的选题，但在当下这样一个融媒体语境下，这种情况同样也带来了后申遗时代的创作与传播失焦的问题。大运河文化在后申遗时代和融媒体语境的共同影响下，它的影像化建构与传播需要给出创新的解决方案。

第二节　融媒体语境下的大运河文化传播特点与原则

随着互联网技术不断发展和互联网生活的日益普及,各种媒体之间相互融合的速度与程度,都在以前所未有的规模提升、扩展。"融媒体"并非是一个独立的具体化的媒体,而是把音频、广播、电视和互联网等各种传播形式整合在一起,使传播价值全方位提升的一种运作模式。[1]"融媒体"首先是个理念,这个理念的根本目的是发展,其手段是使传统媒体与新生媒体协同工作,做到优势互补,提高传播效率,从而使媒体的竞争力大大提高。

早在2014年8月18日,中央全面深化改革领导小组第四次会议审议通过了《关于推动传统媒体和新兴媒体融合发展的指导意见》,"媒体融合"就已经正式上升为国家战略。[2]而截至2020年12月,根据中国互联网络信息中心(CNNIC)发布的第47次《中国互联网络发展状况统计报告》显示,我国网民规模达9.89亿,较2020年3月增长8540万,互联网普及率达70.4%。融媒体时代,一场传播范围更广、形式更多样、互动更活跃的变革已经拉开序幕,媒介格局、舆论环境、话语主体、传播方式等都在发生变化,报刊、广播、电视等传统媒体与微博、微信、App、网站等新兴媒体相互融合,掀起一场信息革命风暴,使媒介资源的功能、技术、方式、价值得到全面提升。[3]在这种融媒体语境之下,大运河文化的传播需求和路径都在发生新的变化,其中有困境也有契机。

---

[1] [美]亨利·詹金斯:《文本盗猎者:电视粉丝与参与式文化》,郑熙青译,北京:北京大学出版社,2016年,第6—23页。

[2] http://media.people.com.cn/GB/22114/387950/

[3] https://baijiahao.baidu.com/s?id=1663571364155938371&wfr=spider&for=pc

一、大运河文化影像的融媒体传播现状

从古至今,大运河文化源远流长,内容形式也在不断丰富。宏观地来看,大运河文化的传播经历了从被动的、单向的直接传播,慢慢开始进入主动的、多向的、间接传播形态,传播的范围、速度和规模都不可同日而语。尤其是融媒体时代的到来,对大运河文化的影像传播带来了机会,也提出了许多急需解决的问题。

对于大运河文化影像的融媒体传播应用,已经普遍出现在今天如电影电视、在线视频播放平台、各类门户专题户网站、微博、公共与私人社交媒体账号等媒介渠道。除了对各类传统电视系列纪录片的跨平台播放,许多传统非视频类媒体也开始创作推出大运河文化主题影像。比如,2019年,扬子晚报就与江苏省文旅厅合作推出了融媒体微纪录片《非遗之旅》,从扬州的淮扬菜、修脚、搓背、剪纸、理发、谢馥春香粉、扬州漆器、玉雕等,到惠山泥人、无锡精微绣、无锡留青竹刻等,再到常州梳篦、乱针绣、留青竹刻、天宁寺梵呗等,影片聚焦大运河沿线各个城市的代表性非遗项目。传统媒体与新媒体的融合与尝试,在原有成熟媒体资源和优势的基础上,为大运河文化的传播注入了新的形式和内容活力,同时也让传统媒体对于事件化的营销能力,在融媒体环境中得以施展,官方的支持和线上线下的大型专题活动开展,同样增加了话题的影响力。

直播是影像化的特殊形式,在今天互联网技术和融媒体语境的加持之下,直播更是将其及时性与互动性得到充分的发挥,成为当下最受欢迎的影像形式之一。为贯彻十九大报告中关于"推动中华优秀传统文化创造性转化、创新性发展"的重要精神,进一步展现我国非物质文化遗产的精髓,挖掘非遗背后的文化底蕴,从2018年起,由中央网信办移动网络管理局指导,光明网、斗鱼直播、咪咕视频等联合主办的大型系列直播活动"致·非遗 敬·匠心",

就是利用直播手段传播非遗文化的融媒体创新。其中,祭孔大典、孔府菜烹饪技艺、曲阜楷木雕刻、北京的便宜坊闷炉烤鸭技艺、北京面人彭、北京鬃人、杨家埠木刻年画、天津杨柳青年画、苏州御窑金砖制作技艺等,都是大运河沿岸运河重要城市的非物质文化遗产项目。通过整合光明网和咪咕文化在文化资源、媒体技术和传播渠道等方面的优势,综合利用移动直播、视频短片、纪录片等媒体手段,全方位、立体式地呈现非遗项目蕴含的文化内涵与精神价值,仅仅第一季就有效传播覆盖用户量达9000余万。

融媒体的突出特性和优势不仅是媒介类型的融合,而且是资源和力量的整合。2019年,大运河沿线城市媒体共同开展"爱上大运河"大型跨省融媒体行动,将大运河文化融媒体传播力量握指成拳,真正不断提升融合可能。京杭大运河南北两端两大融媒,北京广播电视台与杭州文广集团体联袂筹划,并邀请大运河沿线京、津、冀、鲁、豫、皖、苏、浙八省市媒体共同展开的"爱上大运河"大型跨省融媒体行动,前后历时40天,行程近2000公里。8省市12家融媒体中心以一场跨越时空的"大运河联播",共同为新中国成立70周年献上贺礼。这次形动既是跨地域、跨省市的融合,也是不同媒体、不同平台的融合。"爱上大运河"成为行动的共同口号,运河沿线的12家融媒体中心、电视、广播、App客户端和其他新媒体矩阵等,围绕"大运河"主题深入挖掘,同频共振,呈现出显著的全媒体形态。影像创作在整个过程中发挥了重要作用,活动组织者和参与者通过大量了解搜集线索,在复杂的头绪中提炼出符合大运河特点、切合新时代要求、具有融媒体特质、能够以大运河为统领、呈现多城市特色的采访主题,即以每个城市所体现的最突出的新时代精神为切入点,策划组织系列报道,每集都围绕创新、协调、绿色、开放、共享发展理念形成一个报道关键词。在杭州,讲述古代水网与现今互联网的古今相遇和交相辉映,体现新时代的创新精神;在湖州,讲述世界上最古老的生态循环系统与今天运河畔从采砂船到集装箱船的"船变",展现对"绿水青山就是金山银山"发展理念的践行;在天津,讲述三岔口到天津港古今通江达海的内涵,展现中国开放的姿态;在北京,从文脉传承、生态建设中感受古都风韵,展望绿色未来。在电视端,除持续的动态报道之外,推出了"从'水网'到互联网的时代之变""大运河之畔的绿色振兴""运河奔流不息 经济开放不止""担起'龙头'之责 擦亮国家文化名片""运河水又绿两岸 新理念点'靓'首都""千年运河上打造新时代千年之城"等12集新闻专题报道和7集系列专题片,每一部作品都堪称精品,受到广泛好评,电视系列报道平均收视率居省级卫视35城收视率同时段第一。在电视上、广播中精品力作迭出的同时,新媒体作品也是异彩纷呈。针对同类选题,北京广播电视台融媒体中心新媒体记者以"送你一张船票,你会不会和我一样,爱上这条绵延千里的河?"为题,制作出手绘风H5产品,让用户模拟游览大运河,虚拟体验两岸秀美风光;系列短视频报道《爱上大运河之遇见城市的美》联动电视专题播发,10集短视频报道语态轻松,从另一种视角展现大运河沿线城市之美,播放量累计高达1119万。各省市融媒体中心在微博共同推出"爱上大运河"话题和新媒体报道,截至9月18日,微博话题累计阅读量达1657万,相关视频累计播放量近4000万,形成了显著的融媒体规模效应。[1] 相关影像作品在电视端和新媒体端分别推出,规模宏大、产品丰富、平台开放,展现出融媒体生产传播的强大优势,是大运河文化融媒体创作的一次成功的尝试。

由此可见,我国在大运河文化的融媒体传播探索已经开始,融媒体语境也在今天的大运河文化,乃至所有文化遗产传播的过程

---

[1] https://baijiahao.baidu.com/s?id=1645557159025085844

中成为必须研究的课题和尽快运用的力量。首先,融媒体的传播模式对传统的传播理念提出了挑战。在互联网普及化的时代,多通道信息交互拓展了大运河文化传播受众之间的交流空间,文化的传播不再只是以展示为主,而是在展示的过程中完成信息反馈和交互,这对于大运河文化形象的建立有着颠覆性的影响。

在融媒体的传播语境下,受众从"被动接受"转而拥有"主动获取"的权利。因此,一方面融媒体带来了主被动关系的改变,但另一方面如何赢得受众的主动关注,则对于以影像为代表的文化传播形式和内容提出了更高的要求。其次,媒体的融合作用为大运河文化的传播提供了更多的方式和途径。以影像为例,即便是所谓电视系列纪录片,受众观看时也不再需要守在电视机旁,等待某一特定时刻的节目播放。甚至可以说,今天的人们获得绝大多数的影像内容来自互联网和移动端平台。各种传播媒介的相互协作,同一内容的多平台发布等,让受众可以主动地选择观看时间、观看次序以及观看方式,同时也解决了形式单一、单向的问题,大大提升了传播效率。再者,媒体融合让大运河传播的范围变得更广,更容易促成跨文化传播。以互联网为核心的新媒体世界中,文化与文化间的碰撞和交流越来越频繁。在文化共识越来越容易的今天,文化趋同和个性渐失也成为一种现象。因此,对于像大运河文化这样的本民族传统经典历史文化遗产的挖掘和继承,提高全社会对于文化遗产的保护意识,展示文化遗产的魅力,成为融媒体时代我们需要发出的声音。而发出声音和获取反馈最好的方式,就是充分利用融媒体手段,建立更合理有效的融媒体传播机制。

二、大运河文化影像的融媒体传播特点与原则

(一)大运河文化的融媒体传播特点

在融媒体传播语境之下,大运河文化影像的建构与传播不但要考虑大运河文化的特点,同样必须符合融媒体传播的特点和需

求,并遵循其原则和规律,才能有效地将大运河文化影像与融媒体传播结合起来,形成新的大运河文化形象的建构与传播可能。一方面,大运河文化遗产本身就是一种线性的、廊道式的遗产类型,是由各个不同区域遗产点在同一文化主题语境下的集群。另一方面,大运河流经的区域非常广泛,总共涉及6省21地市,文化遗产数量、类型丰富,遗产特色也各不相同。在进行影像化创作和传播的过程中,必须将遗产特色与区域特色相结合,突出文化个性。此外,大运河诞生之初的核心价值就是连接和沟通,沿运河不同区域之间除了文化个性,还应该关注、把握它们彼此之间的文化遗产的关联性,沿运河不同地区的大运河文化遗产之间的这些关联、交流与渗透,同样在媒体融合传播的过程中发挥作用,其彼此渊源和协同性、独特性、多样性以及代表性之间,也会对融媒体传播带来范围,同时也会提供灵感,影响大运河文化影像在融媒体传播过程中的内容和形式。

1. 及时直观

融媒体环境具有新媒体技术、渠道整合、跨平台等诸多优势,这使得大运河文化的影像化和传播变得及时、可信和直观。当受众可以通过最快速而真实的方式获得关于大运河文化的相关信息时,会对这些信息产生信任感,而且容易出现主动了解和参与的愿望。上文提到的大型运河文化直播活动"致·非遗 敬·匠心",以及光明网后续推出的"青春遇见戏"等,都是通过最直观的方式,将视频影像记录下来,并及时地传递出去。这些影像的创作团队深入沿运河各地,走访各类运河非遗传承人,通过网络直播的形式把这些宝贵的中华文化遗产呈现在观众面前。与此同时,创作团队还利用公共平台与观众互动,让影像和事件在其他媒体平台不断发酵。在《远方的家:大运河》专题系列的拍摄过程中,摄制组同样在所在地进行视频直播互动,这也使影片不断吸引受众的关注与参与。

2. 精准聚合

融媒体环境下大数据开始参与信息传递方式方法的决策,通过对传播过程中收集的数据反馈,媒体可以利用人工智能技术精准地将信息传递给特定的群体,而且可以避免传递过程中产生误解与误读。这些数据则来自媒体与媒体间的资源聚合,不同渠道和平台的受众,会对大运河文化影像内容产生不同的兴趣点和观影反馈。传播效率不高则会带来资源和时间的浪费,也会降低观影者的满意度和自主选择的意愿。比如,今天的中央电视台除了传统频道播放,还会有官方网站的页面、App、微博社交平台、微信公众号,甚至抖音号等各种媒介渠道,可以进行大运河文化影像的播放,这便完成了一个影像内容的融媒体传播。在此过程中,观众的反馈数据,则会让传递变得更加精准和有效。

3. 形式丰富

融媒体本来就是各种形式的传播资源、渠道的集合,所以利用融媒体进行大运河影像的传播必须利用其丰富的形式。形式的丰富多样,自然也会带来参与方式和接受体验的多元化。这种形式不仅指表现形式,创作主题的参与形式也变得更加丰富。比如,江苏、河北、浙江、山东等省都建立了大运河文化带的融媒体中心,前文中提到的8省市12家融媒体跨省创作"爱上大运河"的过程中,正是由于多地多媒体共同挖掘,才形成了非常丰富的作品形式和内容。而随着融媒体传播的不断发展,这种融媒中心已经发展至县级。2020年,江苏省广播电视总台就组织开展了"共享·联合·提升"行动,形成全省县级融媒体中心联合策划、联合采编、联合制作、联合播出的举措,让节目制作力量在全省范围内聚合、流动,激发一线创作活力。而在此联合机制推动下,也迅速地打造出了一批有网感、有新意的,紧扣大运河沿线历史人文建设、生态环境保护成就,综合运用新媒体传播主流形态的全媒体立体化传播作品。

（二）大运河文化影像的融媒体传播原则

媒体融合的技术与趋势对大运河文化影像的传播带来了新的形式和要求，在此过程中合理地结合二者的特点，遵循其中的规律和原则，才能真正形成大运河文化影像与融媒体传播手段的合力。具体来看，大运河文化的影像化成果在融媒体语境下的传播应坚持以下几项原则。

1. 完整性原则

大运河文化不是大运河本身，而是以大运河为核心的长久以来形成的物质与非物质文化遗产，以及整体廊道和文化场域，物理与记忆空间、运河人的长久惯习和各种资本力量的互动，共同构成这个鲜活的文化场域。因此，我们在进行大运河文化影像化的过程中，必须始终清醒地认识和肯定文化场域的存在，尊重并表现这个场域。因为大运河文化影像本身的种种拼图都来自这个场域，也最终会聚集形成这个场域的样貌。尤其在融媒体语境之下，原本采用单一影像手段无法穷尽关于文化场域的呈现，却因为融媒体手段的多样性和综合性，获得了尽可能同时展示大运河文化形象更多角度的机会。首先，在创作过程中始终保有文化场域的整体概念，遵循文化场域原则，创作者就会主动从空间、惯习和资本这三大要素入手，这样也才能充分展现融媒体优势，有效地完成大运河文化影像建构与传播。其次，遵循文化场域原则就会关注内容的系统性。大运河文化的所有细分主题，无论物质文化还是非物质文化都有其历史发展脉络，与在地文化、历史事件、生活依存、生产功用等都会有着不同的关联，对于其背后系统的认知，比对于具体形式的解读要来得更有价值和意义。

2. 真实性原则

真实性（Authenticity）与完整性（Integrity）是《世界遗产公约

实施指南》对于世界遗产的基本要求和评判标准。大运河文化影像的融媒体传播过程中除了遵循完整性原则,同样需要遵循真实性原则。虽然这里的真实性和完整性与公约实施指南中的释义并不完全重叠,但却同样非常重要。大运河文化影像融媒体传播的真实性,首先要求创作内容是对大运河文化遗产的记录与还原,而非夸大、演绎甚至扭曲。早在1986年的纪录片《话说运河》中,就有对当时大运河的环境污染问题与水资源匮乏问题进行的直接呈现,而融媒体技术更是可以清晰地、更多角度地记录和反映出最及时的真实运河。大运河流域文化遗产的融媒体传播还应该追求文化遗产的原生状态,从地理环境到文化、社会、群体等诸多方面,都有必要在影像中还原其原生状态。因为融媒体传播的速度快和广度大,一旦存在内容的不真实,将会对大运河的文化形象带来严重的打击。而且,由真实原则出发获得的大运河文化影像,必然会更有生命力,更能够获得受众的喜爱与认同感,也更经得起时间的考验。

3. 开放性原则

融媒体不仅是各种媒介资源和力量的共同行为,更是同时形成更多的传播渠道和可能性,这也是融媒体传播的优势所在。因此,在大运河文化影像的创作和融媒体传播过程中,要关注从内容到形式再到传播方式的开放性。从文化遗产的角度来看,无论是物质还是非物质文化遗产,如果我们在展示和影像化的过程中只把它们视作对于过去的记录和证明,那么就会失去文化遗产原本的可继承性,让文化失去其应有的活力。创作者应当充分利用文化的包容性,灵活地调整、设计内容,根据社会发展和时代需求形成与时俱进的影像化结果。从另一个方面来看,世界遗产是属于全世界的物质和精神财富,当影像化手段可以和更多媒体融合技术相结合,就能最全面地向全世界人民展示文化遗产,更能起到宣传、保护的作用。对于某些非物质文化遗产，以开放的心态和手段去展示其魅力，甚至技艺的完整过程，不会失去对这种非物质文化遗产的拥有，反而会让它更有活力地被保护、继承和发扬下去。

4. 交互性原则

大运河文化影像利用传统媒体传播和通过融媒体手段传播的其中一种重要区别，就是融媒体提供了能够实现影片与观众之间及时交互的可能，而且可能是多种路径的提供。首先，融媒体传播中的互联网通路，让影像可以第一时间传递到观众面前，与影像创作者一起体会大运河文化魅力的同时，一起完成对于影像的创作。融媒体技术甚至提供利用"直播"和 VR 技术相结合的方式，让观众能够自主选择对于大运河物质或非物质文化体验的视角。无论是由直播主持人带领，还是观众自主控制，都是传统媒体播放无法提供的方式和体验。更重要的是，观众自己也会成为单独的传播个体，让影像在融媒体环境下的及时性和交互性得到充分的发挥。今天的媒体环境早已不是传统的单向传播，互联网在提供及时性的同时，更把及时性与交互性结合起来，每个人都可以围绕影像内容表达自己的观点和看法，甚至成为影像的创作者和话题的发起者。因此，在融媒体语境中，交互性不仅是大运河文化影像建构和传播的原则，更是需要充分利用的优势。

5. 兼容性原则

媒体融合本来就是多种媒体共同完成内容传播的形式，所以在大运河文化影像的融媒体传播过程中，同样需要遵循兼容性原则。兼容性原则包含几个层面的意思。首先，融媒体传播是对个性化的兼容。互联网技术带来了互联网生活，而互联网生活让传统意义上的"受众"发生了很多变化。受众有了更多选择的权利，对于传统单向传播的形式和内容关注度开始下降，开始对自己感兴趣的内容和渠道有具体的关注。甚至自己成为影像内容的创作者和发布者,成为传播的来源。因此,个性化是大运河文化影像化的融媒体传播的必要气质。其次,融媒体传播是对多元视角的兼容。一方面,大运河文化本身是非常丰富和庞大的,需要我们不断地进行研究和挖掘。前文中提到的后申遗时代对于大运河纪录片的主题细分,就是来自对大运河文化的深挖,以及对这种多元性需求的回应。另一方面,融媒体让关于大运河文化的影像不再只是一个个单独的作品,而是共同构成了同一主题之间相互关联的影像数据库,在影像建构和传播的过程中要充分了解这种趋势,充分利用、遵循这种兼容性原则。

完整性原则、真实性原则、开放性原则、交互性原则、兼容性原则是融媒体传播与大运河文化影像化共同的特点和需求所决定的,这其中涉及文化遗产的保护与判定标准,对新媒介艺术的充分利用,对受众与时代发展的尊重。

（三）大运河文化影像的数字化传播路径

今天的大运河文化采用融媒体技术和手段进行传播,已经成为不可逆转的趋势。影像作为大运河文化可视化的最主要形式,因其媒介灵活性能够很好地与各种媒介相结合,完成大运河文化的媒体融合传播。而大运河文化影像的融媒体传播,离不开数字化手段和路径,且大致有以下几种类型。

1. 互联网跨终端传播

互联网技术和环境能够支撑各种不同终端的在线传播,大运河文化影像也因此能够实现基于互联网的跨终端传播。首先,大运河文化相关影像可以通过各类新闻综合门户网站、文化遗产甚至大运河遗产类专题网站、视频播放网站等进行发布和管理,同时可以通过网站获得受众观影的数据和信息反馈。这种网站类播放对于观众来说更加自由,交互性也更高。对于创作者来说,网站不仅是影像的播放平台,更是一套系统的资料库。自己发布的大运河影像最终会形成体系被保留下来,而且不断存储更新与之相关的观影数据。由于网站是以服务器为载体的,受众的数据获取与反馈会形成数据链相互交叉形成的关系网络,网站根据这些数据可以把与影像相关的文字、图片、声音等信息连接起来,让大运河文化影像的传播不再只是影像本身,而是不断生成与之相关的更复杂多元的信息体验。以手机为代表的移动终端,则是影像传播的另一主要通路。移动设备的优势就是获取信息的时间和地点限制极小,传播效率和广度却极大。今天,对大部分人来说手机的使用率要远远高于传统电脑的使用率。大运河文化影像在移动端传播的过程中,自身的形态和叙事特点也同样会因为媒介的改变而产生新的变化。这与移动端设备自身的发展有关,微信、微博、抖音、腾讯、优酷、爱奇艺等移动端应用,同时允许官方和个人创作、发布、获取大运河文化相关的影像内容。并且与影像相关联的账号,也有可能形成关于此类创作的品牌化效应,进一步促进大运河文化的传播。此时,影像同样不再仅仅是孤立的可视化内容,而是构成传播矩阵的组成部分。

2. 线下数字交互体验

线下的大运河文化影像的数字化传播,可以结合虚拟现实技术、增强现实技术、人工智能技术等展示、交互与算法手段,形成观看、沉浸和交互等综合体验。比如,由凤凰卫视集团旗下的凤凰数字科技、凤凰领客和故宫博物院的故宫出版社等部门联合推出的巨幅互动长卷《清明上河图3.0》,国家博物馆数字展厅推出的《乾隆南巡图(第一卷)》的数字影像长卷,人教数字出版有限公司和北京红色地标文化传播有限公司根据《潞河督运图》联合出品的VR影像《运河画卷》,中国出版集团在德国法兰克福书展上推出的《穿越时空的中国》数字影像展等,就都是关于大运河文化的影像与数字化手段结合的创新尝试。还有一类是将大运河文化有关的物品进行数字化影像的还原,通过博物馆等展示空间中的虚拟现实设备呈现出来。可以在大运河文化相关实体文物旁安装现实与输入设备,根据观众设定可以调取与该文物相关的信息模块,让观众可以通过虚拟现实影像了解文物的各种信息、结构等,并获得交互体验。比如,2019年北京世界园艺博览会本草印象馆中,观众就可以通过佩戴VR眼镜,完成寻找、辨识和采摘药草的任务。类似这样的VR虚拟现实体验、交互动态影像展示在杭州京杭大运河博物馆、扬州的中国大运河博物馆、苏州的大运河遗产博物馆、聊城的中国运河文化博物馆、通州博物馆等大运河主题博物馆中,都还没有较为大型和设计精巧的线下数字交互设计,这也是大运河影像数字化传播未来需要努力的方向。

3. 数据反馈综合优化

融媒体传播改变了影像曾经传统的单向传播,而多向度的意义并不仅仅是发散,更是往复。在融媒体环境下,受众不再是单纯的信息接受者,而是能够根据观影感受提供相应的信息反馈。由于融媒体传播不但能够让一种大运河文化影像通过不同的媒介终端进行传播,而且能够集合各种创作来源,提供更丰富的影像内容。面对这些大量的影像内容,受众可以根据自己的喜好进行选择,这些选择的过程和结果会被系统记录下来。系统通过从用户那里获得的数据反馈,也能够为观众进行影像类型和来源的筛选,让大运河文化的传播更为精准。而且,这种反馈还能够反应一定受众群体的观影喜好和兴趣点,这也为创作者在大运河文化影像化的过程中选择主题,提供了依据。从网站及各种平台终端来说,观众都可能是大运河文化影像的创作个体,在形成相互交流的同时,也为大运河文化影像的多样化传播带来可能。

媒体融合将在今后很长一段时间里成为常态,了解融媒体语境的特点、原则和要求,充分利用融媒体资源整合与跨界融合的优势,能够让大运河文化的影像化呈现更丰富的可能性,对于大运河文化影像的国际化传播更是具有极其重要的意义,同时也是不能回避的现实课题。而在这其中,物联网技术、数字影像技术、大运河文化遗产内容的再挖掘与再细分,以及公众的参与建构和主动传播,都是非常关键的环节与要素。如何形成一种各元素间的有效协作与联动,是未来大运河文化影像建构与传播的核心所在。

第三节 大运河文化影像的融媒体叙事与数字化创新

随着申遗的成功,关于大运河文化的影像建构进入了主题细分的阶段,虽然叙事的视角变得丰富,但却也似乎出现了同质化、浅层化的失焦现象。"影像化"是文化遗产保护、传承和传播的当代策略和重要手段。融媒体时代,媒体资源的多元融合、影像传播场景的跨领域植入以及内容视角的主动转变与拆解,成为大运河文化影像建构与传播转向中不可回避的重要途径。其中,如何有效运用融媒体与数字化力量,及其与大运河文化建构与传播需求的结合,显得至关重要。

一、大运河文化的影像化传播困境

文化的传播与社会维持着各种复杂的特质,文化遗产的传播某种意义上代表所处社会文化的展示方向和接受水平。[1]大运河文化在经历了申遗阶段的集中影像化创作后,逐渐开始面临创作模式陈旧、类型同质化、传播目标失焦等问题。

（一）后申遗时代的传播失焦

对比大运河文化影像创作的前两次高峰,申遗成功后的影像

---

[1] ［法］贝尔纳·米耶热:《传播思想》,陈蕴敏译.南京:江苏人民出版社,2008年,第106页。

化则出现了传播"失焦"的问题。1986年的纪录片《话说运河》是大运河文化影像化的第一次重要成果。该作品由冯骥才、刘绍棠、李存葆、汪曾祺等撰稿，又有费孝通、林一山、钱正英、侯仁之等学者参与创作，在增加作品权威性的同时，也让影像本身具有了一定程度的文献、史料价值。《话说运河》不但引起了全社会对于大运河的谈论与关注，其创作方式的种种创新之举，甚至对后来的纪录片拍摄产生了重要的影响。而2014年大运河申遗阶段的中央电视台《大运河》《中国大运河》等一系列相关纪录片的出现，在助力申遗的同时，再一次推动了大运河文化的可视化推广。不管是《话说运河》阶段对水文化以及民族自信的关注，还是《大运河》对申遗的推动，文化遗产的影像化都有自己明确的传播目标。雷蒙·威廉斯认为，文化不仅指"物质的生产"，也是"表意的"或者"象征的"的体系。[1]而后申遗时代，一方面全社会对于大运河文化遗产挖掘继承的期望很高，另一方面影像化成果却没有找到更清晰明确的聚焦点。首先，近来作品少有在前作的基础上形成继承性创新，而多为既有范式的重复。其次，正如前文所述，大运河文化遗产是一个包含物质与非物质文化的聚合体，需要影像化创作者在内容和方向上做更深入的细致挖掘。再者，在影像化的过程中建构文化形象和文化品牌的意识不足。

（二）跨文化传播效能有待提高

作为我国优秀的传统文化代表，大运河文化遗产的跨文化传播，能够有效地完成地区与地区、文化与文化间的对话交流。而事实上，就大运河文化遗产的影像化传播而言，其跨文化传播效能仍有待提高。首先，大运河贯穿全国8个省和直辖市的18个城市，不

---

[1] ［英］雷蒙·威廉斯：《关键词：文化与社会的词汇》，刘建基译，北京：生活·读书·新知三联书店，2016年，第147—155页。

同省份地区的经济发展水平不同，城市知名度、被关注度和文化宣传投入力度不尽相同，因此在跨文化传播效能的实现上必然存在较大差距。比如，杭州在古代就被西方国家称为"天城"，马可波罗对杭州"万桥"之城的描述更是将大运河与杭州紧紧关联在一起，而甘博兄弟（Gamble & Brother）于20世纪初拍摄的杭州大运河更是成为大运河文化影像传播的起点。这种传播效能达成的不平衡，对大运河文化遗产完整立体的文化形象建构必然产生影响。另一方面，即便是如杭州、扬州、苏州等高知名度的运河名城，在申遗成功之后也没有形成更多对于运河文化遗产更为深入的影像化成果。这充分说明对文化遗产挖掘和影像化程度不深，传播内容输出不足的问题。反而是许多国外游客以他视角拍摄的大运河自媒体影像，在国内外社交媒体平台上获得了广泛关注，这一现象同样值得思考。

（三）传播资源的利用不充分

文化遗产的传播方式大致可分为口述传播、视像传播、事件传播三种类型，而影像化是能够将三者融于一体的当代形式。目前，我国大运河文化遗产的影像形式仍以专题纪录片为主，对传播平台和资源的利用并不充分。从技术层面看，首先文化遗产影像化的方式已经发生了很大改变，传统的新闻报道或视频记录已经不再是影像化形式的全部。AR增强现实、VR虚拟现实、MA混合现实等技术已经开始把影像与交互结合起来，国外如M2、PATRIMONI、FACTUMarts等诸多机构都在文化遗产的影像化上取得了创新成果。我国也有类似的创作实践，但运用在大运河文化遗产影像化方面的典型案例不多。其次，互联网和移动终端技术的发展为影像的传播提供了更多平台，截至2019年4月，1372项国家级非遗代表项目中，有1214项在抖音平台上有相关内容的传播，覆盖率超过88%，共产生了超过2400万条视频和超过1065

亿次播放。[1]但在如优酷、爱奇艺、哔哩哔哩等国内主流视频播放平台上,大运河文化影像仍以电视纪录片为主,点击量与更新频率都不高。以"大运河"为关键词的公众号数量多,但普遍存在关注少、活跃度低的问题,且鲜见原创影像作品。此外,截至2020年8月,中国社会组织公共服务平台数据显示大运河相关社会组织达444个,运河沿线城市大多建有如中国大运河博物馆、京杭大运河博物馆等主题展馆,而各地政府、高校还各级各类的"大运河研究院"智库平台,但这些团体机构是否有相关影像成果,以何种方式传播,不得而知。

二、融媒体语境下大运河文化的影像化传播策略

融媒体是各媒体资源、内容、利益汇流融合的新型媒体。就融媒体时代大运河文化遗产的影像化传播而言,积极整合媒体资源、明确传播目标、深挖文化内容,完成从传统传播方式到融合传播方式的转向,才能在当代语境下让影像充分发挥保护、传承、活化文化遗产的效能。

(一)媒体资源的多元融合

对于媒体资源的多元融合主要分两个层面,一是影像化资源,二是传播平台资源。首先,当下影像的类型和形制日新月异,如3D Mapping这样的表现形式已经让影像跳出屏幕,进入开放空间。以交互投影方式让传统的、静态的文化遗产焕发新活力的尝试也越来越多。AR增强现实和VR虚拟现实技术的介入,更是让影像从记录内容走向参与创作和制造事件的方向。在今天的文化遗产影像化过程中,不应回避这些新的形式和可能。

《清明上河图》是关于大运河文化数字化影像创作的最早尝

---

[1] 汪兰:《传统文化成抖音主流内容1065亿次播放国家级非遗》,《成都日报》,2019年5月30日。

试，2010年上海世博会中国馆里，长128米，高6.5米的巨幅动态影像《清明上河图》，便吸引了来自世界各国的参观者前往体验。观众在被巨大影像形成半包裹的情况下，获得了震撼的现场感受。而2019年，由凤凰卫视集团旗下的凤凰数字科技、凤凰领客和故宫博物院的故宫出版社等部门，联合推出了巨幅互动长卷《清明上河图3.0》。位于故宫博物院箭亭广场的《清明上河图3.0》展馆，占地1625平方米，共有巨幅互动长卷、孙羊店沉浸剧场、虹桥球幕影院等三个展厅和一个宋人文体验空间，从各种维度最大化地营造观展的沉浸感和互动性。故宫此次推出的之所以叫"3.0"，是因为之前已有搜狐网络的网络版尝试，以及上海世博会中国馆中的作品。《清明上河图3.0》是长36米，高4.8米的巨幅数字长卷，这幅长卷将张择端的原画放大了约有20倍，其中的814个角色、83头牲畜、29艘大小客货船只、13辆路上交通工具以及180多棵植物都进行了动态化设计，使得画面鲜活起来。流淌的汴河水上，船员们在卖力地划船，岸上人头攒动，街市喧闹，一派宋风繁华景致。这些影像化的过程来之不易，创作团队通过数万张手工画稿，将原本静态的元素通过逐帧绘制的方式形成连贯动作，并最终形成数字化动态效果。因为涉及各种不同类型的大量元素，所以动作的连贯性和彼此的关联性都给创作带来了难度。为了获得更好的观影体验，这幅互动长卷采用了双8K的高清投影技术和4D动感影像技术，在提供人画互动的同时，保证其分辨率达到普通家用电视的约140倍。这种数字化影像交互的方式，不仅能够让观众以更有参与感的方式欣赏《清明上河图》，更带领观众走进了生动的北宋都城汴京的历史风貌与众生百态，为大运河文化的影像化传播带来新的可能。

其实2014年，国家博物馆数字展厅也曾推出过《乾隆南巡图（第一卷）》的数字影像长卷，通过动态影像的形式展出了乾隆南巡出京时，皇家仪仗的威严气势和"康乾盛世"的繁华情景。而前文中提到过清朝乾隆年间的《潞河督运图》与张择端的《清明上河图》形制相似，艺术表现和感染力也堪称精品，展现了当年北运河及两岸的热闹繁盛景象。而由人教数字出版有限公司和北京红色地标文化传播有限公司联合出品的VR影像《运河画卷》，正是以《潞河督运图》为依据创作而成的。该片参加了2018年威尼斯电影节的展映环节，并引起了各国观众的广泛关注。观众通过佩戴VR设备，可以感受在漕运河道上航行的体验。大运河上桅樯林立、漕船穿梭，运河两岸桃红柳绿，田园、农舍、店铺、寺庙错落有致，随处可见的商贾、官吏、船工，构成一幅繁忙景象。影片中还原官船、商船、货船、渔船等各类船只64条，各种人物820人，河岸上还有建有码头、衙署、店铺、银号、戏台、酒肆、民宅、粮仓等特色建筑，可谓琳琅满目，尽显清朝北运河边的风土人情和生活百态。在3D动画和VR技术的重构之下，距今已有200多年的《潞河督运图》呈现出新的样貌，让观众获得交互乐趣和沉浸体验的同时，再一次被运河文化所震撼。

其次，影像资料的公开和共享是教科文组织对世界文化遗产保护、传播的要求和初衷，而并非成为各地区自己独享的秘密。因此，许多国家都采用影像资料库上网的方式，展示、共享自己的文化遗产。德国、匈牙利、巴塞罗那、维也纳等欧洲国家和城市都建有自己的在线民族志博物馆(Hungarian Ethnology Museum)，让全球的公众能够通过一个双向交流的平台访问文化遗产影像。国际博物馆理事会(ICOM)下属的国际博物馆理事会(AVICOM)还负责向全球收集相关影像资料并进行数字化规整的工作。我国的中国大运河文化博物馆，就以3D动画的方式，模拟还原了大运河穿越黄河的场面，对如何逐级修建水闸，使得漕船可以逐步抬升至接近黄河的水位，如何为减小河道落差而弯曲前行，如何筑坝拦水阻沙,以及船只如何过坝等技术原理和实现过程。正是这种开放的互联网思维让文化遗产影像的传播更加顺畅,同时也吸引更多的人关注和共同研究这些影像。2017年,由南京艺术学院、南京大学和美国代顿大学联合举办的"影像大运河:世界遗产与观看之道"展览在美国代顿大学RoeschLibrary开幕。此次展览从"活态遗产"和"虚拟再现"两个方面出发,围绕"大运河与水利""大运河与漕运""大运河与生活方式""大运河与城市变迁"四个主题,通过新媒体数据库、影像、照片、文献、非物质文化遗产手工艺产品等向美国观众呈现了大运河历史、当代大运河面貌、运河沿岸的居民的日常生活及城市变化。展览同时还推出了包含10个城市5305幅照片、343条视频、24个访谈及59文本资料的中国大运河虚拟展示平台网站。这种国内外高校之间以大运河文化为主题,以影像为主要形式的研究、交流与展示活动,无论是影像化的资源还是活动本身,都对大运河文化影像化建构与国际化传播有着积极而重要的探索意义。

另一方面,数字化也加速了文化遗产传播的多资源融合,有利于中国优秀文化资源的保护、传承和普及,实现优秀传统文化在世界范围内的传播、普及和推广。[1]2018年,北京市政协委员、北京师范大学文学院教授杨利慧建言京津冀大运河保护,呼吁创设"京津冀大运河口述史影像数据库",运用现代影像技术让大运河文化得到广泛持久的传播与传承。2019年,淮安市率先开展了《大运河口述史》影像数据库项目的建设。该项目突破了以往大运河保护主要聚焦于对地图、河道、闸口等实物进行搜集和整理的做法,更多地关注大运河的建设者、享用者和文化传承者主体,运用现代

---

[1] 闵祥鹏:《文化遗产数字化及其产业价值分析——基于新媒介载体下出版模式的思考》,《中国出版》,2015年第11期,第30—33页。

影像技术记录那些蕴含着人的智慧、情感和生命体验的有温度的故事。第一季就拍摄了《消失的堂子巷》《百年澡堂德泉浴室》等16部纪录片,并在微信公众号、腾讯视频等多渠道推出,获得了各大媒体的报道和社会各方面的关注。2020年第二季继续拍摄了《元青花之谜》《淮安茶徽》《瓷片记事》等一批影像作品。淮安《大运河口述史》影像数据库项目的建设,是对大运河文化保护、传承的积极探索,项目突破了以往大运河保护的实物搜集和整理的做法,更多地关注大运河的建设者、享用者和文化传承者主体,以影像化的方式记录、展示那个有温度的"大运河"故事。

数字化是今天的大运河文化影像化建构与传播的重要途径,也是不可回避的课题。对于许多非物质文化遗产来说,随着传承人的老龄化,习俗环境的改变,影像资料的数据库化则显得尤为迫切。最重要的是,这种开放式的共享,能够激活自媒体参与讨论,当公众与文化遗产形成对话之时,真正意义上的传播和传承才可能实现。

(二)影像传播场景的跨领域植入

除了作为独立作品的主题化呈现,大运河文化影像还应当通过主动跨界的方式,寻找在不同场景中的传播机会。2019年,杭州市园文局的直属单位杭州市京杭运河杭州段综合保护中心与浙江大学一起,开展了运河古桥拱宸桥的三维数字复原性展示项目。通过对文化遗产的数字化展示,为大运河国家文化公元数字化建设提供探索经验。拱宸桥位于杭州市拱墅区桥弄街,东、西向横跨大运河,为纵联分节并列法砌筑的三孔薄拱薄墩联拱桥,被列为浙江省重点文物保护单位,全国重点文物保护单位。研究团队通过无人机、相机等多种设备,花了近半年时间采集了一万多张照片,然后用软件处理,才完成360°全景图像数据采集。项目最终能够为系统管理、文物保护、公众教育、展陈展示等提供真实可靠的三维模型与正射影像图数据,这也成为大运河文化影像建构与传播的另一种思路。

这种从研究出发采用科研手段和方法获得的大运河数字化影像,近年来也越来越多。2020年,中国科学院空天信息创新研究院与北京市测绘设计研究院联合开展了中国大运河北京段的遥感监测与数字化保护相关研究工作。该课题围绕大运河北京段文化带数字化保护的现实需求,从"史鉴""数说""遥看""文创"四个维度,从"史鉴"维度,通过搜集整理古地图资料与历史影像数据,课题组制作了元、明、清、20—40年代、50—60年代、70—80年代、90—00年代、2007—2017年的系列大运河廊道历史数据集,呈现出大时间跨度下运河廊道三维景观以及河道的变迁过程。从"遥看"维度,课题组利用中/高分辨率的光学和雷达卫星数据,开展了水环境要素、景观生态、地表微形变和地表覆盖类型四个方面的遥感监测研究。[1]

文化遗产的具体要素是宏富的,从遗迹到技艺再到习俗都是文化遗产的具体形式。仅就范围和接受度而言,如果在影视剧的创作中融入这些文化要素,往往能取得比纪录片更好的传播效果。而以活动的方式完成"事件化"的传播,是大运河遗产影像跨界植入的另一种思路。

比如,2018年,扬州举办了首届运河主题国际为电影节。扬州市政府希望电影节成为"保护好、传承好、利用好"大运河历史文化资源进程中"中国行动、江苏实践、扬州案例"的积极探索,同时,通过镜头用艺术的思考与表达,讲述运河故事、发现运河之美。影展组委会共收到来自世界各地的参展影片1837部,其中来自英、法、美等海外国家和地区的参展影片157部,光明日报、中央电

---

[1] http://www.unesco-hist.org/index.php?r=article/info&id=2136

视台、中国国际广播电台、中央人民广播电台、中国纪录频道、新华网、新浪网、新华日报、交汇点、江苏卫视等百十家国内主流媒体，以及海外媒体都进行了相关报道，通过影像之外的事件化效应，进一步实现了大运河文化的建构与传播。除了主题影像，与主题相关活动的影像化，同样能够成为促成不错的传播行为。大运河主题歌舞剧《遇见大运河》在全球巡回演出，艺术家们在街头以"快闪"的方式与法国米迪运河、德国基尔运河、埃及苏伊士运河以及希腊科林斯运河"相遇"，这些有趣的快闪视频影像，成为运河文化对话和传播的有趣形式。有时这种介入需要更为主动，在2019年的德国法兰克福书展上，中国出版集团推出了《穿越时空的中国》数字影像展，展览以大运河为创作背景，在巨型屏幕上用三维动画结合二维场景的方式，演绎了2500多年的大运河文化变迁故事。跨界植入不但能丰富影像传播的场景，更容易触发运河文化影像传播的更多可能。

2020年，无锡市举办《大运河影像艺术展》，展览通过展示新中国成立70多年以来，京杭大运河全线，特别是江南段大运河沿线优美的自然人文景观、丰厚的历史文化遗产和人民幸福生活的美好场景，重新唤起当下人们对宏伟运河的古老记忆，引发人们对运河的再关注与再思考，充分展现作为世界文化遗产的大运河的珍贵价值与独特魅力。

2020年11月，中国国家博物馆策划推出了为期4个月的"舟楫千里——大运河文化展"。整个展览展出了170件/套实物展品的同时，利用数字互动影像技术，系统地展示了大运河的开凿历史、通航功能、漕运管理、工程技术和非物质文化遗产。其中有如《乾隆南巡图》《高明治水图》这样的传统物理图像，也有"穿越时空的大运河"数字影像、"大运河文化"系列动漫短片、"中国大运河申遗宣传片"等数字影像展示，让大运河文化生动起来，给观众也提供了参与互动的机会,增加了观展的趣味,提升了观展体验。

（三）内容视角的主动转变与拆解

媒体融合资源和技术为受众带来了更多感受大运河文化的方式和角度,在大运河文化影像化的过程中,创作者们同样应当主动地进行内容视角的寻找和转变,并通过拆解的方式,对原有主题、内容进行再发掘和多元展示。这种转变和拆解并非没有目标的刻意行为,而是要充分利用融媒体语境和相关数字化手段,让大运河文化影像与今天人们的日常生活产生关联。"对于非物质文化遗产,我们不仅要保护和保存它们,还要通过新的方法与手段对它们加以重新阐释,赋予它们新的含义,这样才能使它们与我们现实的生活永远息息相关。"[1]无论是从静态影像到动态影像的改变,还是从传统动态影像向交互、虚拟、增强等各种影像变体的探索和尝试,都是为了能够让大运河文化遗产中的文化内涵,能够用更能够吸引受众的方式被呈现出来。让受众"体验到交互设计的快感和真实渲染感,感受到传统文化内涵的趣味性,唤醒深藏在民族共同心理基础上的文化认同感"。[2]

2017年,北京市教育学会还主办了"大运河文化带VR设计大赛",北京市共有133所学校、167支队伍参与到本次北京赛区的活动当中,青年人在运用虚拟现实技术的同时,也了解、展现和传承着中国大运河文化。[3]2018年,国家文化产业发展专项资金重大项目"千年长河——京杭大运河上的文化地标VR"启动,该项目将VR等新媒体手段融合,对接京杭大运河文化带,以更生动、

---

[1] 彭冬梅、潘鲁生、孙守迁:《数字化保护——非物质文化遗产保护的新手段》,《美术研究》,2006年第1期。

[2] 宋方昊、刘燕:《文化产业视野下的非物质文化遗产数字化保护与传承策略》,《山东社会科学》,2015年第2期。

[3] http://www.centv.cn/p/318223.html

更沉浸、更震撼的呈现方式,再现运河脉络、讲好运河故事、领略运河风采、传承中华文明。[1] 2018年,中国国际展览中心举行的第十三届北京国际文化创意产业博览会上,人教数字出版有限公司就采用了VR技术,围绕京杭大运河文化带形成的文化脉络,以区域划分为串联,将这些文化地标内容以点、线、面的形式勾画出来,展示大运河上的文化遗存、水利工程、建筑艺术、文化教育、工艺美术、文学艺术和特有的民族风情。在VR影像表达的过程中,创作团队还采用人工智能深度算法、三维环境感知技术和高性能3D渲染引擎、全景成像切片式展现等技术,以最熟悉的历史事件、代表性人物及标志性文化遗产等为主体,再现运河风采,领略运河文化,讲述大运河的前世今生和人文故事。受众佩戴VR设备后,能够置身于千年历史长河之中,感受到VR+文化带来的奇幻体验。[2] 2020年,第四届杭州市大运河世界文化遗产保护宣传周,通过"互联网+"模式,"守护运河"遗产点导览地图"云享运河"、"千年一脉运河情"互动游戏、"印象运河"影像展览的方式,用数字化影像讲好运河故事,以多平台多渠道展示运河文化,让运河文化"活起来",助力推进中华文物全媒体传播。位于苏州古胥门万年桥旁的苏州的大运河遗产展示馆,在600平米的展示面积里,通过结合现代化多媒体手段,将二维、三维动画以及实拍影像与物理展示空间的结合,实现了全新的展示方式,为观众带来了不一样的大运河文化体验。而无论是使用VR、AR的虚拟、增强现实技术,还是动画、实拍与物理空间的融合,都是一种建立在媒体融合技术下的"泛影像"尝试。

搞好大运河文化的对外传播,用影像力量讲好中国运河故事,

---

[1] http://www.xinhuanet.com/vr/2018-02/01/c_129803731.htm

[2] http://www.chinagrandcanal.com/view.php?id=6993

是关系到国家形象和文化自信心的重要工作。而在申遗成功后，我们的大运河文化遗产影像化一度出现了传播失焦的问题，跨文化传播效能和传播资源的利用也亟待提高。在当代融媒体语境下，媒体资源的多元融合、影像传播场景的跨领域植入、内容视角的主动转变与拆解，将成为大运河文化遗产影像化与传播改善、解决现有问题的有益探索。

第四节 "他视角"凝视下的大运河文化
西方释读与融合传播

大运河作为中华民族的重要文化遗产和代表性文化标识，近年来国内以大运河为主题的影像创作并不鲜见。而由美国国家地理频道拍摄的《中国大运河：摄影师之旅》和日本BS电视台拍摄的《京杭大运河》等纪录片，却为公众提供了大运河文化影像建构难得的"他者"视角。在推动中国大运河跨文化传播的同时，这些影像也与本土作品形成了从叙事视角到美学范式的对比和碰撞。"他者"视角在大运河文化影像建构中怎样体现，又如何能从"他者叙事"中找到"自述"的盲点与启示，都是颇具实际意义的探讨。

20世纪80年代，《话说运河》的出现引发了全社会对于大运河文化的关注与热议。2014年大运河申遗前后，《中国大运河》《大运河》等一批纪录片的出现，让大运河文化的影像化传播再度升温。2019年，中共中央办公厅、国务院办公厅印发了《大运河文化保护传承利用规划纲要》，其中明确提出了深入挖掘、展示、活化、弘扬大运河文化的战略部署。[1]作为世界文化遗产，大运河文化的

---

[1] 新华社：《中办国办印发大运河文化保护传承利用规划纲要》，《人民日报》，2019年5月9日。

影像化还肩负着跨文化传播的使命。而事实上,后申遗时代的相关创作出现了"盆景化"[1]和同质化的问题,鲜有超出前作的提高或挖深成果,跨文化传播效能并不高。

法国存在主义思想家让·保罗·萨特(Jean Paul Sartre)认为,"他者"是"自我"存在的前提和参照,只有意识到他者的关注,才会引发对于自我存在的感知和思考。[2]丹尼·卡瓦拉罗(Dani Cavallaro)也曾提出,"他者"是主体建构自我形象的要素。[3]通过研究外媒关于大运河文化主题的影像创作,寻找自身在大运河文化主题创作中的盲点和跨文化传播可能,不失为一种从"他者"视角审视自身叙事方式的有益探索。

1988年,大卫·霍克尼(David Hockney)与菲利普·哈斯(Philip Haas)合作拍摄了名为《与中国皇帝的大运河一日游,或曰表面即错觉而深度亦然》的纪录片。在影片中,霍克尼从王翚的《康熙南巡图》开始,借由画面回顾1689年康熙沿大运河南巡,途经无锡至苏州段的场面和故事。在此过程中,霍克尼将卷轴长卷与卡纳莱托(Canaletto)的油画作品进行对比,认为西方绘画的视角是窗式的,适合静立观看;而东方绘画的视角是运动的,且更为宏观。观看《康熙南巡图》的过程,似乎就像同康熙皇帝一起沿运河旅行一样,中途且停且走,可进可退,自由而流畅。在影片后段,霍克尼仍以大运河为题,分析了徐阳的《乾隆南巡图》,向观众讲述了另一段东方运河故事。

霍克尼对于大运河的认知和关注,是一种涵盖艺术、历史、人

---

[1] 陈一:《纪录片塑造国家形象:观念误区与应对之道》,《中国电视》,2019年第10期。

[2] [法]让·保罗·萨特:《存在与虚无》,陈宣良等译,合肥:安徽文艺出版社,1998年,第289页。

[3] [英]丹尼·卡瓦拉罗:《文化理论关键词》,南京:江苏人民出版社,2006年,第128页。

文、景观的杂糅,整部纪录片甚至是基于对绘画中的大运河的理解和感受而完成,是建立在对东方文化的整体想象之上的影像建构。这种想象并不来自霍克尼,而是对他者之形象的共同塑造,是一种"社会集体想象物"。[1]

一、他者视角对大运河文化的凝视

"凝视"(Gaze)理论由来已久,从萨特到拉康再到福柯,不同学者对于凝视的观点和研究视角各有侧重,但对于凝视并非单向行为,而是主体与他者的相互确认和塑造过程的认知并无二致。随着中国文化软实力的不断提升,尤其在大运河进入世界文化遗产名录之后,国外纪录片开始尝试深入了解大运河文化,以在场的方式凝视、建构他者视角下的大运河文化影像。

(一)陌生个体视角

以个体为代表的他者视角的影像叙事方式,往往更容易产生代入感,也是纪录片创作的常用手段。国家地理频道拍摄的《中国大运河:摄影师之旅》和日本BS电视台拍摄的《京杭大运河》就分别以摄影师杰夫·哈钦斯(Jeff Hutchens)和影视明星田边诚一作为"他者"个体视角的代表。只不过在《中国大运河:摄影师之旅》中哈钦斯选择沿运河由北向南,而《京杭大运河》中的田边诚一则是由南往北的路线。这种游客式的个体视角,使即将展开的旅程变得神秘而充满未知性,"陌生化"是其中最重要的设计手法。

在《京杭大运河》开篇,田边诚一站在作为大运河南端起点标志的拱宸桥上举目远眺,发出慨叹的同时也提出了自己的问题:中国为什么要开凿这样一条大运河,杭州又何以成为运河的起点?这些问题加深了对未知领域的陌生感,虽是田边诚一的疑问,却无疑调动了观众的好奇心,帮助影片展开叙事。而哈钦斯手中的照

[1] 曹顺庆:《比较文学学》,成都:四川大学出版社,2005年,第207页。

相机,有着类似的符号化作用。照相机不仅是摄影师身份的象征,同时也成为带领观众探索陌生未知的"眼睛"。维克托·什克洛夫斯基(Victor Shklovsky)认为,艺术手法就是让事物"陌生化",让感受的难度和过程变得更加复杂。[1]从陌生到熟悉一事物的过程,带来新鲜感的同时也留足了审视的距离。

陌生化还有一种奇妙的反作用力,那便是观者在感受看似陌生的他文化事物时,会引发对自身文化的关联思考,文化与文化间的共鸣也由此产生。田边诚一看到运河边繁华街道上到处都是汉字时感到既熟悉又陌生;在西湖边欣赏茶艺时,反而会想到繁华喧闹的东京;在苏州参观制砖、制扇时对中日工匠精神的赞赏;在大明寺对鉴真东渡日本和空海入唐学法的感动,无不是这种陌生与熟悉的相互触发。贝尔托·布莱希特(Bertolt Brecht)就曾指出,陌生化就是让众所周知的对象,表现为陌生的状态。[2]不同文化中实有诸多共性处以各自面貌呈现,这使原本熟悉的对象变得陌生起来,却能够让受众获得新的感受和审美体验。

(二)遗产廊道视角

遗产廊道(Heritage Corridors)是指拥有特殊文化资源集合的线性景观。[3]对于他者视角而言,遗产廊道自然会成为记录和关注的重点。无论由南往北亦或反之,运河本身只是航行水道,真正在影像创作中记录和关注的,还是廊道内的文化资源。无论是在纪录片《中国大运河:摄影师之旅》还是《京杭大运河》中,物质与非物质文化遗产成为充实和连接大运河之旅的一个个重要节点。

[1] [俄]维克托·什克洛夫斯基:《俄国形式主义文论选》,方珊译,北京:生活·读书·新知三联书店,1989年,第6页。

[2] [德]贝·布莱希特:《布莱希特论戏剧》,丁扬忠等译,北京:中国戏剧出版社,1990年,第276页。

[3] Searns R M. The evolution of greenway as an adaptive urban landscape form [M]. Landscape and Urban Planning, 1995:65.

在运河南端起点杭州，田边诚一在《京杭大运河》出现的拱宸桥桥西历史街区、广济桥、西湖、富义仓都是大运河作为世界文化遗产被联合国教科文组织认定的遗产点。而其后经过的苏州的山塘街，扬州的东关门和大明寺，聊城的土桥船闸和光岳楼，通州的文庙、燃灯佛舍利塔和万宁桥，直至北京故宫，都是大运河廊道上非常重要的物质文化遗产代表。从非物质文化遗产来看，御窑金砖制作技艺、苏扇制扇技艺、扬州清曲、聊城伞棒舞等也都极具民族特色。纪录片《京杭大运河》并没有尽可能多地在影片里穷举文化遗产项目，其中有许多我们自认声名远播的文化遗产甚至并未被提及。创作者是从他者视角选择了其中的很少部分，却让整部作品的叙事变得更加简单清晰。比如，影片选择苏州御窑金砖制作技艺为记录对象，正是源于他者视角的叙事安排。田边诚一在苏州时，通过御窑金砖制作技艺了解到中国的工匠精神。而当片尾处田边诚一再次于故宫金銮殿中，看到数百年前经大运河送来的铺地金砖时，激动之情溢于言表，大运河的价值和意义也在此巧妙地展示出来。

（三）日常生活视角

真实性是纪录片的基本属性，也是其最鲜活、最有力之处。人文类相关纪录片大多都具有明显的人类学视角，世界上首部纪录片《北方的纳努克》便是人类学与影像的融合之作。在他者视角下的纪录片影像创作中也会自然表现出一种视觉人类学的角度，其中聚焦日常生活则是最能体现记录结果真实"非虚构"的方式。

在纪录片《京杭大运河》中，田边诚一认为中国给他最直观的感受就是一种生活"气场"。西湖边晨练棍术的老人，扬州船队上的跑船者，苏州临水而居的洗衣居民，聊城运河边唱劳动号子的村民等，日常生活场景中的平常人，真实而鲜活地共同构建了这样一种生活"气场"。每到一处运河城市，品尝当地美食也是影片日常生活视角的展现。杭州"山外山"的龙井虾仁、东坡肉、叫花童鸡、八宝鱼头，得月楼的精致船点，扬州宴的扬州炒饭等，同样让影片充满"有滋味"的烟火气。同样，在哈钦斯的视角下，苏州的绣娘、淮扬菜厨师、唱船工号子的跑传人、运河水上邮差、老子山的养蟹人等，不仅丰满了运河畔的日常生活，更凸显了大运河养育人、孕育文化的母亲河形象。哈钦斯在拍下邳州船工赵其昌后说道，透过船舷窗户上反射的赵其昌身影，似乎看到了他在运河上的一生，也仿佛看到在他之前千百年来一代又一代的运河人。这充分说明了大运河文化与日常生活密不可分，而这种影响还将继续下去。

二、大运河文化他者视角影像建构的问题与启示

他者视角对大运河文化的影像化建构，是由他者对大运河的跨文化想象开始的，并在影像化过程中以探索者的姿态印证或颠覆这些想象。这些想象和判断会对影像记录的内容和叙事的方式产生引导作用，其中或存偏颇己见，或更理性客观，不管是问题或差异都能为影像"自述"带来启发。

（一）文化内涵的挖掘与叙事取舍

阿莱达·阿斯曼认为，文化遗产作为承载文化的"回忆空间"，是需要被解释的。[1]解释的内容和视角，就决定了遗产的文化形象结果。文化遗产的影像化创作者不应该把作品拍摄成广告，这些影像的目的不是宣传，而是对于遗产主题要素及其所处社会生态的可视化。这也是为什么西方文化遗产相关纪录片逐渐开始集中从视觉人类学视角展开的原因，而我国现有大运河文化遗产的影像化形式基本仍处于宣传片和风光片的层次阶段。人类在文化的

---

[1] ［德］阿莱达·阿斯曼：《回忆空间：文化记忆的形成和变迁》，潘璐译，北京：北京大学出版社，2016年，第356—357页。

传承中不断地改变着文化,形成新的文化观,而新需求带来文化遗产要素内容的主动拆解细分,可以帮助影像化的过程最终形成对文化遗产的整体阐释体系。[1]就大运河文化而言,其影像化过程需要有整体的线性廊道遗产的概念,以客观态度进行诸如空间、时间、风物、人文、习俗这样的内容分类。约翰·贝利(John Berry)的文化适应理论(Acculturation)提出了全球化语境下"保持传统文化和身份"与"跨文化群体交流"之间的平衡问题。在大运河文化遗产影像化和传播过程中,一方面既要深挖内容,寻求文化共鸣;另一方面还要保持、凸显文化特征,回归当代日常生活,回归对文化整体生态的关注和展现。

大运河是物质与非物质文化遗产的集合,时间上跨越2500余年,长度上绵延2700公里,贯穿北京、天津、河北、山东、河南、安徽、江苏、浙江等2个直辖市、6个省、25个地级市,相关遗产58处,运河城市相关大小文化遗产更是分布广泛。因此,无论从时空因素还是遗产体量上,大运河都有太多值得挖掘的文化内容。在他者视角纪录片创作过程中,常可见创作者通过陌生化的在场体验,呈现出许多本土纪录片在"自述"过程中不曾使用的视角与文化要素。即便是我们经常提及的各文化要素之间,他视角影像往往也会从中找到彼此间暗含的有趣关联。

在不断挖掘文化内涵的同时,纪录片在影像化创作过程中却无法逐一枚举所有文化要素。在境外媒体拍摄的大运河纪录片中,他者视角并不追求文化要素表现上的大而全,甚至挑选的文化要素并非我们认为最"重要"的组成部分。但是,这些文化元素却很好地支撑起影片的叙事诉求,并形成了与本土纪录片完全不同的叙事逻辑,为大运河文化的影像化带来新的视角。比如,在《京

---

[1] 周宪:《文化表征与文化研究》,上海:上海人民出版社,2015年,第5页。

杭大运河》中, 田边诚一在即将去往下一个运河城市前, 都会提出这座城市对于大运河的价值为何的问题, 这些问题也就成为影片选择、取舍要素相应文化内容的依据。每个运河城市在运河廊道上的功能和价值差别, 决定了其特点和文化坐标。而在《中国大运河: 摄影师之旅》中, 普通运河人的日常生活成为最主要着眼点, 这也决定了影片在选择文化要素时会为此视角服务。在如何对文化要素进行取舍上, 他视角影像给出了自己的解决方案。

（二）从民俗记录到文化形象凝结

由于对大运河文化的了解并不全面深入, 以及故有跨文化想象的影响, 大运河文化的他者影像表现, 往往会集中追逐比较具体的兴趣点, 或是对于自身想象的证据寻找之上。而在本土纪录片创作过程中, 应当在保证真实性的同时, 注意对影像主题的思考, 从简单的民俗记录提升到大运河文化形象凝结的层面。

首先, 在大运河文化影像创作过程中要有文化自信, 通过主题细分塑造多维立体的大运河形象。任何一种文化形象的形成, 都是"自我"和"他者"彼此审视和镜像下的结果。从他者视角完成的纪录片中, 我们能够看到他者眼中中国大运河文化的样态。这应当成为我们了解受众意识的来源, 而不应该是迎合喜好的范本, 从而在学习借鉴的同时, 避免"内部东方主义"的隐患。其次, 影像要为时代命题作注脚。大运河文化形象的影像化离不开时代主题的要求和回应, 要能够体现本民族自身文化的核心价值。与西方海洋文化具有扩张性和竞争性不同, 大运河文化更加内敛、和谐。漕运通道是其得以开通的最初使命, 自此由南向北将吴文化、越文化、两淮文化、齐鲁文化、燕赵文化等串联起来, 养育了沿河沿线世代运河人。大运河代表的"融合""生息"文化品质与西方海洋文化不尽相同, 在影像的记录表现中自然也应充分体现。而今, 尽管运河的交通价值已不复往日, 但长期积累的文化遗产价值仍具有特殊的现代意义。更重要的是,运河连接五大水系,是推进"一带一路"的重要切入点,这些运河文化价值的当代活化,及其运河文化形象的当代自新,是他视角影像创作无法实现的。

(三)影像建构的跨文化传播意识

习近平总书记指出,需要"把继承优秀传统文化又弘扬时代精神、立足本国又面向世界的当代中国文化创新成果传播出去"。"他者"视角纪录片创作本身就有跨文化传播逻辑的产物,而大运河文化的本土影像在创作过程中,就应体现足够的跨文化传播意识。

一方面,要在大运河文化影像化的过程中完成去"奇观化"。他者视角的纪录片往往会受到文化想象和既有认知的影响,在创作过程中对他文化进行"奇观化"的呈现。这虽然是吸引观众的有效手段,但同时也难免会存在西方中心主义的情结。如果我们自己在大运河影像创作过程中,仍采用"奇观化"的手法,不利于大运河真正在跨文化传播中输出中华传统文化之要义。另一方面,无论是"他者"视角或是"自我"视角下的大运河影像创作,最能打动观者的都是最易理解的普适化内容。因此,大运河文化影像要充分运用文化接近理论,找到各民族文化间的交叠处,注重对大运河文化中"同情共感"部分的挖掘与展现。一直以来,能够获得国内外认可的纪录片,都有着真实记录、反映现实问题,展现人类共同关注方向,尊重观众体验的共同品质。只有在观众看得懂、可接受、有共鸣的情况下,大运河影像和大运河文化才有可能完成有效的跨文化传播。

综上,中国大运河影像的他者视角影像建构,是他者对大运河跨文化想象与在场凝视共同作用的结果。他者的大运河文化想象,直接影响影像化过程中对视角和叙事方式的选择。而他视角对于大运河文化的凝视,常表现为"陌生个体视角""遗产廊道视角"和"日常生活视角"三个方向细分。这种凝视和他者建构,成为自我观察和"知省"的镜像。文化内涵的挖掘与叙事取舍、从民俗记录到文化形象凝结、影像建构的跨文化传播意识,能够帮助我们更好地完成大运河文化的影像自述,讲好自己的大运河文化故事。

三、从他者想象到自我建构的跨文化传播策略

国际化传播是一个跨文化交流的过程,影像作为文化传播的载体,以其直观性成为文化形象展示与被接受的重要力量。由于文化差异的存在,他者与自我对于本民族文化的建构同样会有所不同。从他者想象到自我建构是一个主客观融合的过程,也是本民族文化得以有效实现跨文化传播的必由之路,这其中同样包含各种不同的具体策略。

(一)关注他者文化适应

前文中曾提到的文化适应理论,是跨文化传播领域的重要研究方向。不同文化在交流的过程中,各自通过融合产生了相应的改变。这种过程是可以被参与设计的,也是大运河文化影像建构需要关注的方面。大运河影像的创作者可以通过主观能动性的发挥,强化本土文化与异文化的适应程度。将他者想象纳入自我建构的方式,实际上就是一种国际化视野的体现。创作中加入的他者想象和视角,会更接近异文化受众的认知逻辑与接受习惯,进而更有效地实现跨文化传播。比如,学习外媒关于大运河文化主题的影像创作视角,就能够了解他们如何看待大运河,更希望获得关于大运河文化的哪些信息,这自然也为大运河文化的自我建构带来一些新的着眼点与启发。这样一方面能够保持大运河文化的自身文化特色,又能够以更为国际化的表现方式进行文化适应上的调正,从而更便于引起异文化受众的兴趣和共鸣。

(二)适度的陌生化

作为来自文学和艺术领域的经典概念,"陌生化"也是文化形

成距离感、神秘感和吸引力的重要手段。在大运河文化的国际化传播过程中，由于不同国家和地区的文化背景和价值观念的不同，会造成各文化对于大运河文化的期待有所不同。而陌生化不仅会强化这种期待，而且更容易带来审美的新鲜感和内容的吸引力，同时也是在全球化程度如此之高的今天，继续保持文化差异性的方式。但是这种陌生化也需要把握尺度，完全从他者视觉出发容易失去自身文化特性，而距离感太强会造成文化差异人为拉大，异文化受众在接受的过程中会因为难以理解，而降低对于大运河文化的认知意愿。所以，适度的陌生化才是大运河文化影像建构需要思考的问题。从具体的陌生化手段来看，故事主题、叙述视角、历史维度、文化内涵等方面，都可以成为大运河文化影像陌生化的着眼点。

（三）共同体意识融入

全球化时代，大运河文化影像要有效地实现国际化传播，不仅要以国际化的视野，让大运河文化能够被更多的人看到和了解，更需要在影像建构过程中探索中西方文化之间的契合点与文化共识。我们应该通过大运河文化，传达中华民族文化的优秀品质和内涵，从而讲好中国故事，树立传播国家文化形象。从古至今，实际上不同的国家地区和文化，都有关于大运河的开凿历史，都是人类智慧与自然环境斗争融合的产物，都是人类思考自身生存发展问题的解决方案。因此，大运河文化影像建构过程中，应当充分融入这种文化共同体的意识，形成一种跨文化的共识与共鸣。更重要的是，文化共同体和全球共同体正在成为人们的共同愿景，大运河文化影像也应当具有更高的创作占位，通过影像的国际化传播，形成各文化间基于人与自然和谐相处，人与人共同命运的对话和思考。

总而言之，大运河文化的国际化传播不仅要照顾他者视角，满

226

足文化适应,实现有效的跨文化传播,还必须保持自身文化的独特性与差异性,实现自身文化形象的塑造。在这一过程中,适度的陌生化正是既保证自身文化个性,又能够通过陌生感和距离感产生文化吸引力,从而完成跨文化传播的关键策略。最重要的是,大运河文化作为中华民族文化的杰出代表,其影像建构需要融入共同体意识,并把中华民族文化中的这种"天人合一"的人类命运共同体愿望,一并完成跨文化的传递。

结 语
从记录到凝形: 大运河文化影像的中国精神传播与传承

文化兴国运兴，文化强民族强。总书记在江苏视察时，强调要挖掘丰厚的运河文化，保护好、传承好、弘扬好长江文化，延续历史文脉，坚定文化自信。大运河文化的影像化不仅是对大运河文化遗产的保护、挖掘和继承，更是对大运河文化及其背后强大和深厚的中华民族文化与中国精神的建构、展示与传播。而影像在此过程中，必须完成从记录到凝形的使命转变。

一、建立大运河影像中的文化场域意识

皮埃尔·布迪厄（Pierre Bourdieu）的文化场域理论认为，所有文化现象都是有其所处场域中的政治经济因素所触发和决定的，场域、惯习和资本是其中最重要的三大要素。大运河开凿的起点正是源于其政治、经济使命，在长达2500多年的延展和使用过程中，大运河也不断证明和强化着这些使命，而其线性文化价值和特色也形成于此之上。用布迪厄的文化场域理论观点解读运河主题纪录片的文化阐释问题，无疑是一种贴切和立体的全新视角，场所、惯习和资本这三大要素也成为本文分析运河文化影像建构的着眼所在。

（一）场域：空间符号与时间记忆

场域并非现实意义中的场所环境，而是某种文化生产背后的关系网络，即布尔迪厄提出的关于"现实的就是关系的"观点。[1] 文化场域中形成的关系网络是一个抽象的概念，并不可见，而作为基于图像和时间的纪录片影像，则充分利用了大运河文化中的"空间符号"和"时间记忆"因素，完成了大运河文化场域及其关联脉络的视觉化。

以《话说运河》和《中国大运河》两部纪录片为例，两者就分

---

[1] 布尔迪厄、华康德：《实践与反思：反思社会学导引》，李猛、李康译，北京：中央编译出版社，1998年，第133页。

别运用了不同的时空叙事方式来完成关于文化场域关联的视觉化。中央电视台于1986年出品的《话说运河》就倾向于利用空间叙事的视觉化策略和方式。整部纪录片共分32回,创作者以运河的走势为展开路径,将关于不同城市的影像记录形成沿运河廊道走向的线性串联。这种线性的空间设计并非从起点到终点的单向推移,而是分别从运河的两端,即由北京和杭州同时开始讲述,然后在从钱塘江左渡口溯河北上。在当时没有无人机等便捷拍摄设备的情况下,摄制组租用了两架直升机,一架由北京沿河南下,一架由杭州沿河北上,打破了线性叙事可能产生的固化和呆板,也同时从空间上点出了大运河文化场域中"南与北"之间互为目的地的重要关联。除此之外,在全片的第一回的《一撇一捺》中,编导更是从空间图形化的角度,创造性的将长城和运河分别视作中华大地辽阔版图上的撇和捺,长城为撇运河为捺,共同构建出一个"人"字。这不仅成为该片长久以来为人所津津乐道之处,更在影片的一开始就将运河文化与民族和国家的存亡、发展、强大等重要意指关联起来,"障碍"与"沟通"的不同使命,也让长城和运河拥有了不同的文化语境。从场域理论的角度来看,场域是一个由各种要素构成的相互作用的动态空间,运河与长城的关联,则形成了场域内因素与场域外因素互动的新视角。

媒介地理学中关于"空间"作为媒介的解读往往包含两个层面的信息,一方面是可以被标记、被观测、被解释的具体物质形式,另一方面又兼有关于社会、生活和文化等意义的精神层面的阐释,往往呈现出观念形态的特征。[1]而在大运河主题的纪录片中,除了运河本身的空间形态外,整个运河廊道沿线的各种相关建筑构

---

[1] 邵培仁、杨丽萍:《转向空间:媒介地理中的空间与景观研究》,《山东理工大学学报》,2010年第3期。

建也成为文化场域视觉化的有效空间符号。在《话说运河》中，从高亮桥、万寿寺、真觉寺、万宁桥、御河桥、西兴古渡、西津古渡、八字桥、太平桥、浙东运河堰埭、无锡南下塘路等与运河紧密关联的古桥、塘路、堰埭、渡口类建筑构建，到运河沿线如舜王庙、禹王陵、孔庙、九里山、北魏的石佛、天宇寺、王羲之鹅池、乾隆御碑亭等历代庙宇、塔楼、石窟等历史遗迹遗存，都是利用空间符号对于运河文化场域的视觉化构建。这些建筑类空间符号本身也正是物质形态和社会文化等观念形态的集合，与空间的媒介化要求相吻合。

与《话说运河》不同，央视在28年后拍摄的系列纪录片《中国大运河》，则在空间叙事的基础上，充分利用时间要素作为文化场域视觉化的主要策略。《中国大运河》共由8个篇章展开，分别为《大地史诗》《运河上的帝国》《巧夺天工》《千年漕运》《南来北往》《城市脐带》《世界的大运河》和《未完的工程》，仅从标题便可得知，本片已经不再像《话说运河》那样从逐个介绍沿河城市，而是围绕运河历史进行不同话题的阐释，最终形成关于中国大运河的影像解读。康德曾谈到，地理学所讲的是空间，历史学所讲的是时间。[1]因此，从历史角度讲运河的出发点，便决定了时间叙事的重要性。在第一集《大地史诗》中，开篇并没有先从运河的基本情况介绍开始，而是由2013年隋炀帝墓葬被发现，抛出关于大运河开凿起源的千古之谜，用"隋炀帝为去扬州看琼花开挖运河并不符实"的论断，将观众带回大运河跨越千年宏大工程的历史起点。而紧接着，镜头马上被拉回到京杭大运河山东段济宁森达美港，开始讲述当代运河跑船人刘园松的运河生活故事。然后，再经由古今

---

[1]［美］大卫·哈维：《地理学中的解释》，高泳源等译，北京：商务印书馆，1996年，第89页。

运河疏浚工作的周期对比,又一次把话题带回到公元六世纪末的隋朝。

由此可见,在影片的伊始创作者就充分展示了影像的时间叙事优势,用时间上的首尾跳转,缓缓拉开了关于大运河文化故事的帷幕,这与《话说运河》开篇在空间上的"首尾同现"有异曲同工之妙。而全片的最后一集《未完的工程》,则再一次把中国大运河的过去、现在和未来连接起来,完整的贯彻时间叙事手法,打通了运河文化场域的时间叙事通道。这充分说明纪录片对于时间和空间要素的运用,不仅仅只停留在叙事技巧层面,而能够成为一种对于文化场域的视觉化表达,又或是成为纪录片创作的一种文化场域构建视角。

(二)惯习:非遗传承与民生故事

惯习是由积淀在个人身体内的一系列历史关系所构成,其表现形式是知觉、判断和行动等各种身心图式。它是人们后天在实践中"不知不觉"获得的,同时,惯习一经生成,就反过来塑造、组织实践;新的实践又会巩固原有的惯习或培养出新的惯习用以指导之后的实践。[1]对于运河文化场域来说,惯习就是由于运河的存在和作用而形成的受众"文化无意识""生活习惯"和"审美共识和行为"。在运河主题相关的纪录片创作中,"非遗传承"和"民生故事"是其中最典型也最具说服力的两个方面。

今天,有超过三亿中国人生活在大运河两岸,纪录片也将镜头深入其中,探寻大运河几千年来对于生活的浸润影响与文化传承。在《中国大运河》中,创作者就尝试通过古琴曲演奏家、中医针灸大夫和太极拳馆长,把运河与琴艺、医术、武学关联起来,用"仁者

---

[1] [法]布尔迪厄、[美]华康德著:《实践与反思:反思社会学导引》,李猛、李康译,北京:中央编译出版社,1998年,第170页。

乐山，智者乐水"展开运河对中国人哲思启迪和对生活指引的叙述。在《大地史诗》中，影片通过大运河上东西南北四个端点的镜头连接，展示了运河与生活的和谐关联。在2014年正月的同一时间，京杭运河最北端的北京人正在快要解冻海冰面上玩耍；京杭运河最南端的杭州人在香积寺祈福；浙东运河最东端的宁波人繁忙地将集装箱货轮转往内河港；隋唐运河最西端，洛阳人徜徉在周王城广场的繁华街头。而影片接着引出的对于《清明上河图》的解读，则再次证明了运河从古至今对于城市和生活的重要作用。北京天坛的祭天仪式、嘉兴阳澄湖畔渔民祭拜刘王仪式、湖州运河边的昆曲起源、江苏窑湾至邳州运河段的渔夫训练鱼鹰捕鱼、通州的船工号子、湖州的辑里湖丝等画面，都成为运河文化影响下各地非遗传承和生活状态的真实写照。

美食作为与生活关联最紧密的题材，在大运河相关主题纪录片中频繁出现。《话说运河》中的无锡江南船菜、苏州糕团，《中国大运河》中的扬州大煮干丝、蟹黄汤包、千层油糕都是如此。2015年，中央电视台科教频道还专门拍摄了专题纪录片《寻找运河味道》。2016年央视纪录片频道拍摄的纪录片《大运河》中，也有名为《流淌的美味》专题。首先，这些美食并不只是运河沿岸各地的特产介绍，而是有条理、有目的地讲述了运河与食物之间的互动惯习。比如，在《大运河》中，介绍了山东台儿庄的"运河石头大饼"，这种大饼自清乾隆年间出现至今已是第六代传人。因为京杭运河穿过台儿庄古城，易存放、便携带的用石头加热的大饼迅速受到了纤夫和跑船人的青睐，也因为运河被更多的人所了解和喜爱。同样，影片接着提到的煎饼也是这种情况，而食物的迁徙也产生了形态和味道的变化，枣庄的煎饼夹菜馅，天津的则夹油条等。片中提到的淮扬菜也非常有代表性，由于历史上曾主管全国漕运的唯一机构"总督漕运部院"设在淮安，使得淮扬菜有机会集南北之特色于一身,成为唯一不是以省名作为菜系命名的我国四大菜系之一。美食无疑是让纪录片看起来亲切有趣的友好视角,而其真正的效能仍是将运河文化与人和生活连接起来。

运河文化场域中的惯习充分证明了大运河文化的"活态"属性,是始终与生活共生互动的活态文化遗产。[1]创作者们也越来越多地开始从运河人和生活的角度讲述"活着"的运河文化。2016年中央电视台拍摄的《运河岸边幸福家》,2018年中央电视台拍摄的《运河人家》《运河上漂来的人》和《藏在古运河里的神秘小镇》,都是这类聚焦日常生活状态的主题。这种视角容易引起观众的共鸣,也更便于理清非物质文化遗产在大运河文化场域中形成和演变的发展脉络。往往所谓非遗传承,正是通过生活产生和实现的,两者彼此交融、密不可分。影片中展示的各种与漕运有关的祭祀、庙会、河灯、船工号子等习俗、信仰,无不是让运河文化变得更加深厚和丰满的存在。

中国大运河本身就是世界非物质文化遗产,是人与自然共同完成的杰作。作为一种文化场域,其间形成的人的生活惯习与非遗形态同样不胜枚举,而这些长期形成的惯习与共识又同时影响着大运河文化场域的建构与样貌。

(三)资本:社会效能与形象再造

布迪厄把资本分为经济资本、文化资本和社会资本三大类。资本的构成和变化会左右文化场域的形成与定性,场域中形成的惯习也会因此形成相应的变化轨迹。就大运河文化而言,经济资本、文化资本和社会资本集中体现为能够引发大运河社会效能输入和输出的力量,从相关纪录片的创作结果来看,关于资本的解读

---

[1] 赵云、冯迁:《大运河申遗保护规划催生的遗产保护新概念》,《中国文化遗产》,2014年第4期。

实为社会效能关系的展示，以及运河文化形象再造的过程。

首先，大运河出现的根源便离不开经济与政治资本的诉求，几乎在所有的纪录片里都提到了"国家之大事在漕，漕运之务在河"的观点。在《中国大运河》中，影片介绍了运河经济在整个世界上的重要地位，镜头中的荷兰阿姆斯特丹运河造就了17世纪的世界金融、贸易和文化中心；德国基尔运河将七十四个河港与莱茵河联成一体，七千吨海轮由此可以直达北海。美国伊利运河使得五大湖的水运得以与纽约港连通，同时也开启了纽约的曼哈顿时代；扼守世界脉搏的苏伊士运河与巴拿马运河更是影响了人类历史的发展进程。而影片在开篇中便提到了中国大运河的体量是苏伊士运河的16倍，巴拿马运河的33倍，连接起了黄河与长江两大流域经济圈，在上千年里成为关乎社稷经略的"国之命脉"。在《话说运河》中同样多次反复强调了大运河对于经济、政治、军事等方面的重要意义。这些意义与社会效能使得经济、政治资本在运河文化场域内中占据着核心地位，纪录片创作也清晰地抓住了这一焦点。除了关于大运河整体效能和政治经济资本力量的叙述外，纪录片创作者还非常注重对于这些资本力量对于文化场域内形成的具体结果的论证。2017年，中央电视台中文国际频道拍摄的纪录片《大运河传奇》就分别用《大运河促进了人才的流动》《繁忙的物流中转站》《扬州来的救命粮》《一张税单看漕运》《天下粮仓为天下》等33个主题类，细致讲述了大运河相关社会效能的方方面面。

文化资本对于大运河文化场域的形成具有几个层面的意义。首先，大运河连接了南北，也让其文化场域与更多不同的文化类型相互融合。从纪录片创作来看，由中国伊斯兰教协会出品的《回望运河》，就是一部反映运河沿岸回族同胞生活生产和历史文化的作品。影片分为《飞来的仙鹤》《河畔的文学》《开斋的滋味》《老人的老事》几个章节，真实记录了运河两岸回族穆斯林的经济生活、文化生活和宗教生活,弘扬回族穆斯林的爱国主义精神,对于保护和宣传世界非物质文化遗产,助力国家"一带一路"战略的实施,以及增强回族对中华文化的认同,促进民族进步,有着承前启后的重要意义。[1]另一方面,文化资本对于运河文化的解读与重构,同样成为影响运河文化场域的力量。在《中国大运河》《国之大运》等纪录片中,分别描述了如1601年利玛窦的《坤舆万国全图》到1636年《布劳地图》对于中国大运河曲线的描绘演进;加拿大蒙特利尔300多年前将自己开凿的一条通向蒙特利尔港口的运河命名为"中国运河";《荷使初访中国记》如何详尽描述了17世纪中叶的中国运河;美国作家威勒德·普赖斯在1937年的《美国国家地理》上关于中国大运河的文章等事例,充分证明了运河文化场域外的文化资本对于运河文化场域及其形象构建的作用力。而事实上,专题纪录片的拍摄同样也能够成为这些力量的当代组成。

场域、惯习和资本既为三位一体,又相互作用,共同完成着文化场域的构建。而如上文所述,纪录片采用"空间符号与时间记忆""非遗传承与民生故事"和"社会效能与形象再造"完成了对于中国大运河文化场域中这三大要素互动的"视觉化",甚至有力地证明了中国大运河文化场域的"活态"属性。而与此同时,纪录片自身也成为文化资本力量的一部分,继续影响和重构着中国大运河文化场域。

二、大运河文化影像与国家形象的关联建构

国家形象在全球化进程如此快速的今天,成为每个国家都非常重视的问题,对于一个国家的政治、经济和外交等方面的发展都

---

[1] 中国日报网:《纪录片〈回望运河〉展现运河两岸回族穆斯林生活》,2016年4月。http://china.chinadaily.com.cn/2016-04/11/content_24428285.htm

有着非常重要的影响。从传播的角度来看，国家形象存在"自塑"与"他塑"两个层面的作用力，不同的政治体制、主流价值观、意识形态和文化传统的差异，都会让"自塑"与"他塑"之间出现区别，其中也不免存在有意或无意的误解与误读。因此，在"自塑"的过程中，需要我们主动挖掘本民族文化中的优秀成果，凝练本民族文化中的普适价值理念，运用自己的话语体系，客观、积极、全面地塑造展示国家形象。而大运河作为贯穿中国南北、见证、滋养中国数千年文化的遗产廊道，是国家形象塑造过程中的标志性元素和文化资源。而影像是帮助大运河文化形成视觉化结果，并完成媒介传播的优质形式和载体。胡智锋、何苏六、李智华等国内学者都曾谈到过影像与"中国形象塑造"之间的关联作用问题。在"中国形象"的塑造过程中，影像关注的已不再局限于美学与本体理论的内容，就大运河而言，更是由传统文化遗产出发的过去与现在、生产与生活、自然与人文呈现。

形象建构的成功是与形象被识别和接受紧密关联的，如果没有被接受或被认同的部分，形象建构则变得没有意义。大运河文化的影像化传播，也正是利用影像的媒介灵活性，将大运河文化的影像化结果传播出去，通过文化的被接受和被认同，从而达到塑造形象的目的。大运河文化在国家形象建构与传播的过程中，起到的就是符号的作用。符号是信息有效传递载体，从某种意义上来说文化传播的就是符号经过组织编码以后的信息传达。在大运河文化的影像化过程中，选用哪些符号建构自身形象，决定了文化传播的信息内容，这一逻辑同样适用于大运河文化与国家形象之间的建构关系。因此，我们在选择文化符号的时候，要注意其对国家、民族、地区文化内涵的代表度。文化内涵是否丰富、民族特征是否鲜明、文化共识是否充分，成为选择文化符号的重要依据。

国家形象对外传播的过程是在内外文化符号交流与碰撞中不断完成的,文化符号的选择与编码传达方式在凸显自身特色的同时,也应当在其中贯穿普适性的文化内容和建构模式,一方面达到自我宣传和展示的目的,另一方面表达人类命运共同体的价值观。不同国家、地区的语言、风俗习惯可能会不同,但当今的全球化国际语境下,人类面临着许多同样的问题,同时也具有跨越国界的关于真、善、美的共识和追求。比如,在大运河文化的影像化过程中,无论是对壮丽风光的展现,还是对水资源污染与匮乏问题的揭露,都是人类对自然探索和可持续发展的追问与反思,具有当代性和共识性。另外,与语言和习俗不同,视觉符号的直观特点在传播过程中就会具有较强的通约性。大运河上及沿岸的航船、古桥、古建、小镇、美食等,不仅是大运河文化的标志性符号,同时也是中华民族文化的符号和象征物。文化符号的积累,能够帮助视觉信息编码的形成和传播,以"通约性"来消除"异质性"是帮助大运河文化与中国形象实现跨文化传播的有效策略。

民族文化和形象始终是国家形象建构的主要内容,民族文化的特性和内涵的传达往往比力量的展示要更容易被认知和接受。而且,真正强大的国家一定都会有自己鲜明、独立且具有自身魅力的民族特性。在大运河文化的影像化过程中,对于国民的审美、价值观、思维方式、生活态度等方面的表现,都是很好展示本民族特性的聚焦点。在此过程中,既要有大运河和传统文化的挖掘、传承体现,又要有当代人生活与当代要素,传统与现代的碰撞交融,才能够让影像呈现出民族的生机与活力。在大运河文化影像化的过程中,必须按照总书记的嘱托保护好、传承好、弘扬好长江文化和大运河文化,把文化植根于社会发展之中,不断从深厚的文化根脉和独特的文化优势中,汲取坚守正道的定力、砥砺前行的动力、变革创新的活力, 坚定我们的文化自信。[1]

大运河作为中国历史上人与自然完美结合的重要水利工程, 滋养、见证了几千年来中华民族的发展, 是一种包含地理、历史、生命的流淌着的文化场域, 由大运河文化也可见中华民族传统文化精神中的重要内容。大运河文化通过影像化的方式完成一种对民族文化精神的隐喻。对隐喻的理解和阐释, 保罗·利科(Paul Ricoeur)从语言分析上升到了哲学高度, 也为后来研究隐喻提供了一种全新的视角, 使人类通过语言问题的研究重新认识自身与世界的关系。[2]大运河文化影像中的这种隐喻与保罗·利科(Paul Ricoeur)指出的包含修辞学和诗学复合含义的"隐喻", 有着异曲同工之妙。大运河文化的影像化结果不仅传达了文化信息, 更营造出一种文化的语境和氛围, 让文化形象的呈现更加厚重而感人。

大运河文化的影像化需要扎根文化、生动鲜活, 在传播中国优秀传统文化遗产的同时, 找到跨文化沟通的可能, 甚至建立国内外合作机制, 整合全球媒体资源, 以此实现以大运河文化为主题的中华民族文化形象乃至国家形象的自我建构。具体来看, 以下几个方面将成为大运河文化影像化的着眼点。首先, 要在创作过程中具备全球化的视野和传播理念, 谋划实施与之相对应的国际化传播策略, 加速大运河文化影像化成果的传播速度和效能。其次, 要充分挖掘大运河文化遗产, 在深度和广度上不断形成构成大运河文化的主题细分层次和内容架构体系。这样做不仅可以将大运河文化形象打造成代表中华民族文化的标志性符号, 而且会让这一符号和品牌有深度、有厚度, 具有中国特色的吸引力, 而品牌化意识在其中将发挥很大的作用。再者, 充分利用融媒体传播技术

[1] http://xh.xhby.net/pc/con/202011/23/content_853701.html

[2] 王瑜:《评述保罗·利科:〈活的隐喻〉视阈中的隐喻观》,《芒种》, 2012年第4期。

与环境优势,拓宽大运河文化影像的传播渠道,丰富传播手段和形式,在积极开展国际化媒体协作的基础上,建立全球化、全媒体传播体系。

三、大运河国家记忆的影像凝结

在国家文物局、文化和旅游部、国家发展改革委联合印发的《大运河文化遗产保护传承规划》(2020)中,明确提出了构建以水工遗存等重要大运河文物为主体、以沿线地区承载城乡记忆和人民群众乡愁记忆的各类物质载体为支撑的大运河国家记忆体系,并将之作为核心内容和目标。在今天这样一个融媒体语境下的大运河国家记忆体系的构建中,影像显然大有可为,而大运河国家记忆同样成为影像建构的着眼点和着力处。

随着国家竞争从硬实力到软实力的转变,信息交流已经成为与传统的资本较量同样重要的交锋形式,文化与意识形态的对话是其中非常重要的组成部分。作为一个国家最重要的文化资源,文化遗产无疑是最具积极意义的民族文化象征要素与体系。中国大运河作为世界文化遗产,有着优秀的中国传统文化基因,对于大运河文化与国家记忆建构的关联,在宣传、活化大运河文化的同时,能够更有效地唤醒集体文化记忆与归属感。这种集体记忆并非简单地对于过往历史的信息,而是一个建立在文化共识基础上的,可锤炼和塑造的文化自觉过程。如果没有这种集体记忆,在今天这样一个媒体多样融合的时代,就容易造成集体身份的碎片化,造成国家文化安全的隐患。

如果说建立大运河国家文化公园,是建构大运河国家记忆体系在物理空间中的重要探索。那么对于大运河文化的影像化表现,则是大运河国家记忆体系的虚拟化和信息化举措。因为影像不仅能够完整系统地展示和呈现大运河风貌,还能够聚焦深挖具体的区域、遗产项目甚至是运河文化中的个体。正如前文一再提到的那样，大运河汇聚了京津、燕赵、齐鲁、中原、淮扬、吴越等地域文化，蕴藏着大量珍贵的物质景观与非物质文化。通过影像媒介的融入，可以有效地助力区域文化高低的建立，并且在信息传播如此便捷迅速的时代，影像能够用承载中华民族优秀传统文化内核的符码与精神，唤起人们的文化乡愁，并最终不断深化中华民族共同体意识。在影像化建构的过程中，还需要始终有文化廊道和文化线路的整体意识。正如"一带一路"那样，文化线路不仅是遗产在物理空间中的线性廊道特征，更重要的是这种文化线本身就是多种文化要素点共同构成的，其中包含跨区域和文化的对话与交流，这种对话交流同样是文化记忆非常重要的组成部分。在遗产线路的视野中，物理空间、人文景观、生活习俗、技艺工巧、传说故事等，又在此成为构成国家记忆体系中的点线面要素。

影像在大运河文化国家记忆体系的建构过程中，并不仅指传统的专题纪录片或摄影作品，而是融合了融媒体手段的"大影像"和"新影像"形式与概念。随着移动互联网技术以及智能移动终端软硬件的高速发展，人类获取信息的途径和日常生活图景已经发生了巨大的变化。影像也在此过程中有机会与更多的媒介技术与传播平台合作，为大运河文化的传播带来新的样貌。比如在前文中曾提到的大型动态影像作品《穿越时空的大运河》，在以动态巨幕的方式呈现大运河历史图像的同时，腾讯与中国大百科出版社还共同推出了与之相关的大运河小程序，将动态影像长卷中的历史典故、人文习俗、地理景观等文化信息，用动态化的方式与读者形成互动。影像在此时不仅可以是大屏幕上动态的、震撼的，也可以是智能手机上交互的、详尽的。通过 3D 和流媒体技术，影像以颠覆传统且更加多样的方式，生动还原明代通州漕运的繁华景象，展现大运河的前世今生，引发公众对中华文明的文化乡愁。

在大运河国家记忆体系的建构中，各种融媒体技术和平台同样为大运河文化的影像化传播带来新的契机。除了优酷、腾讯视频、爱奇艺、B站等视频播放平台，微博、微信、抖音等自媒体平台都成为公众参与广泛的影像发布与互动传播平台。比如，在由江苏省文化和旅游厅与新华报业传媒集团联合主办的"水韵江南 美丽乡村"的大型融媒体活动中，就有视频拍客直播大运河江苏段各个沿运河地区设计。而第二届大运河文化博览会就推出了"抖说运河家乡美"的抖音短视频大赛，围绕"运博会"主题，用短视频记录运河城市美的风光、美的人文、美的味道、美的生活、美的发现。再比如，由苏州新时代文体会展集团有限公司出品、苏州文化艺术中心制作的苏州首场沉浸式感官体验剧《声入姑苏·平江》，利用线上线下结合的方式，以运河重镇姑苏城为背景，将江南街巷、苏州园林、昆曲评弹、市井生活、城墙古建等元素融入作品中，技术与艺术、真实与虚幻、在场与在线形成了有机的融合，带领观众以沉浸式感官体验的全新方式游览苏州城。当然，随着 AR、VR、MR 以及人工智能技术的不断成熟和普及，大运河文化的影像化创作和呈现还将继续产生新的变化与可能。

更重要的是，今天的新媒体和融媒体语境，能够让大运河文化以一种更自由、更多元的"去中心化"方式传播，形成更为灵活的"复调传播结构"。影像的数字化让大运河文化可以通过影像与大运河专题的虚拟景观、虚拟社区、文化公园等的数字平台连接，不断积累形成大运河文化图景的数字化生长，不断丰富、构建大运河文化遗产形象。与此同时，数字化让终端上的每一个人，同时兼有接受者、生产者和传播者的属性，个体与大运河文化的关联再次被绑定和激活，大运河文化也以数字化的方式保持另一种维度上的"活态"。当公众与大运河的文化、历史、美学形成共鸣，大运河文化母题的探究与活化，不仅仅唤醒了人们关于自身的文化记忆和文化认同，更是大运河国家记忆体系真正建构的开始。

附　录

部分大运河主题纪录片年表

出品时间	片　名	首播/出品方
1986年	《话说运河》	中央电视台综合频道
2010年	《千年运河》	中央电视台综合频道
2010年	《京杭运河两岸行》	中国和平发展促进会 中国华艺广播公司
2014年	《消失的大运河》	中央电视台纪录片频道
2014年	《中国大运河》	中央电视台科教频道 江苏广播电视总台
2015年	《运河记忆》	河北沧州电视台
2015年	《寻找运河味道》	中央电视台科教频道
2015年	《柳孜运河遗址》	中央电视台综合频道
2015年	《中国大运河 摄影师之旅》	美国国家地理频道
2016年	《大运河》	中央电视台纪录片频道
2016年	《运河岸边幸福家》	中央电视台纪录片频道
2016年	《一条河,一座城》	中央电视台纪录片频道
2017年	《大运河传奇》	中央电视台中文国际频道
2017年	《国之大运》	央视丝路纪录片团队
2017年	《柳孜运河遗址发掘记》	中央电视台纪录片频道
2018年	《回望运河》	中国伊斯兰教协会 北京伊蕾文化传媒有限公司

出品时间	片　　名	首播/出品方
2018年	《藏在古运河里的神秘小镇》	中央电视台农业频道
2018年	《运河人家》	中央电视台综合频道
2018年	《通州运河船工号子》	中央电视台综合频道
2018年	《运河上漂来的人》	中央电视台综合频道
2018年	《一脉钱塘》——运河之都	中央电视台综合频道
2018年	《画里话外的运河》	中央电视台军事农业频道
2018年	《水润淮安》	中央电视台发现之旅频道
2018年	《摆渡》	江苏人民出版社与南京大学文化与自然遗产研究所
2018年	《这里是通州》	北京卫视
2019年	《航拍中国》	中央电视台纪录片频道
2019年	《京杭大运河》	五洲传播中心与日本BSJ
2019年	《运河边的平望》	中央电视台综合频道
2019年	《天下名楼——运河古阁光岳楼》	中央电视台中文国际频道
2020年	《远方的家》大运河系列	中央电视台国际频道
2021年	《地理·中国》	中央电视台纪录片频道

参考文献

中 文 部 分

[1] 潘镛:《隋唐时期的运河和漕运》,西安: 三秦出版社, 1987年。

[2] 李知宜:《中国最宏伟的工程》,长沙: 湖南人民出版社, 2012年。

[3] 车吉心:《齐鲁文化大辞典》,济南: 山东教育出版社, 1989年。

[4] 闫颖、张广海:《中国世界遗产旅游与城市发展的关系研究》, 青岛: 中国海洋大学出版社, 2016年。

[5] 张松:《城市文化遗产保护国际宪章与国内法选编》,上海: 同 济大学出版社, 2007年。

[6] 王恩涌:《人文地理学》,北京: 高等教育出版社, 2000年。

[7] 肖同庆:《影像史记》,广州: 南方日报出版社, 2005年。

[8] 庄孔韶:《文化与性灵》,武汉: 湖北教育出版社, 2001年。

[9] 成一农:《中国古代舆地图研究》,北京: 中国社会科学出版 社, 2018年。

[10] 陶宗仪:《南村辍耕录》,上海: 上海古籍出版社, 2012年第 22卷。

[11] 翁万戈:《莱溪居读王翚〈长江万里图〉》,上海: 上海书画出 版社, 2018年。

[12] 何苏六:《中国电视纪录片史论》,北京: 中国传媒大学出版 社, 2005年。

［13］ 石屹:《一撇一捺——陈汉元访谈》,上海:上海人民出版社,
2008年。

［14］ 冯健总:《中国新闻实用大辞典》,北京:新华出版社,1996年。

［15］ 朱羽君、殷乐:《生活的重构:新时期电视纪实语言》,北京:
北京广播学院出版社,1988年。

［16］ 郭全中:《传媒业大变局》,合肥:安徽大学出版社,2011年。

［17］ 郭镇之:《中国电视史》,北京:文化艺术出版社,1997年。

［18］ 胡智锋:《"江逐浪真相"与"造像":电视真实再现探秘》,
北京:中国广播电视出版社,2006年。

［19］ 景秀明:《纪录的魔方:纪录片叙事艺术研究》,北京:文化艺
术出版社,2005年。

［20］ 梁漱溟:《东西文化及其哲学》,上海:上海商务印书馆,
1999年。

［21］ 林少雄:《纪实影片的文化历程》,上海:上海大学出版社,
2003年。

［22］ 刘洁:《纪录片的虚构:一种影像的表意》,北京:中国传媒大
学出版社,2007年。

［23］ 吕新雨:《纪录中国:当代中国新纪录运动》,北京:生活·读
书·新知三联书店,2003年。

［24］ 罗刚、刘向愚:《文化研究读本》,北京:中国社会科学出版
社,2000年。

［25］ 罗荣渠:《现代化新论——世界与中国的现代化进程》,北
京:北京大学出版社,1993年。

［26］ 聂欣如:《纪录片研究》,上海:复旦大学出版社,2010年。

［27］ 欧阳宏生:《纪录片概论》,成都:四川大学出版社,2010年。

［28］ 潘知常、林玮:《大众传媒与大众文化》,上海:上海人民出版
社,2002年。

［29］ 裴玉章:《电视纵横》,北京:中央广播电视大学出版社, 1988年。

［30］ 钱穆:《国史大纲（上）》,北京:商务印书馆,2011年。

［31］ 盛希贵:《影像传播论》,北京:中国人民大学出版社,2005年。

［32］ 孙凤毅:《从纪实到现实中国纪录片国际市场营销策略研究》,北京:中国传媒大学出版社,2008年。

［33］ 孙玉胜:《十年:从改变电视的语态开始》,北京:人民文学出版社,2012年。

［34］ 肖平:《纪录片历史影像的制作基础及实践理论》,北京中国广播电视出版社,2005年。

［35］ 许纪霖:《寻求意义:现代化变迁与文化批判》,上海:上海三联书店,1997年。

［36］ 杨伟光:《往事如歌:老电视新闻工作者的足迹》,北京:人民出版社,1997年。

［37］ 杨雪冬:《全球化与世界》,北京:中央编译出版社,1998年。

［38］ 尹鸿、李彬:《全球化与大众传媒》,北京:清华大学出版社, 2002年。

［39］ 曾祥敏:《新媒体背景下的电视分众化传播》,北京:中国广播电视出版社,2010年。

［40］ 张锦华:《传播理论批判》,中国台北:台湾黎明文化事业公司,1994年。

［41］ 张奎志:《文化的审美视野》,北京:社会科学文献出版社, 2005年。

［42］ 钟大年、雷建军:《纪录片:影像意义系统》,北京:北京师范大学出版社,2006年。

［43］ 钟艺兵:《中国电视艺术发展史》,杭州:浙江人民出版社, 1994年。

［44］ 周积明、宋德金:《中国社会史论(上编)》,武汉:湖北教育出版社,2000年。

［45］ 熊达成:《浅谈中国水文化的内涵》,《文史杂志》,1992年第2期。

［46］ 田本相:《〈话说运河〉:对文化的追求》,《新闻广播电视研究》,1987年第2期。

［47］ 何志华:《从〈京杭运河·两岸行〉拍摄看两岸电视媒体的合作》,《东南传播》,2011年第2期。

［48］ 王永波:《运河文化的运动规律及其启示》,《东南文化》,2002年第3期。

［49］ 高小燕、段清波:《传承与传播:物质文化遗产的可沟通性》,《人文杂志》,2019年第2期。

［50］ 张广智:《黑白之间——赫鲁晓夫画传续后》,《文汇读书周报》,2004年第12期。

［51］ 周梁楷:《影视史学:理论基础及课程主旨的反思》,《台大历史学报》,1999年第23期。

［52］ 吴紫阳:《影视史学的思考》,《史学史研究》,2001年第4期。

［53］ 孔庆贤、成一农:《古籍中所见"黄河全图"的谱系整理研究》,《形象史学》,2019年第1期。

［54］ 高巍:《用影像节选一场永恒对话——〈中国大运河〉创作有感》,《中国电视》,2014年。

［55］ 李显杰:《电影叙事学:理论和实例》,北京:中国电影出版社,2000年。

［56］ 孙景丽:《浅析电视纪录片叙述手法故事化倾向与表达》,《电影评介》,2012年第4期。

［57］ 曹顺庆:《比较文学学》,成都:四川大学出版社,2005年。

［58］ 汪兰:《传统文化成抖音主流内容 1065 亿次播放国家级非

遗》,《成都日报》,2019年5月30日。

［59］ 闵祥鹏:《文化遗产数字化及其产业价值分析——基于新媒介载体下出版模式的思考》,《中国出版》,2015年第11期。

［60］ 彭冬梅、潘鲁生、孙守迁:《数字化保护——非物质文化遗产保护的新手段》,《美术研究》,2006年第1期。

［61］ 宋方昊、刘燕 :《文化产业视野下的非物质文化遗产数字化保护与传承策略》,《山东社会科学》,2015年第2期。

［62］ 陈一:《纪录片塑造国家形象:观念误区与应对之道》,《中国电视》,2019年第10期。

［63］ 周宪:《文化表征与文化研究》,上海:上海人民出版社,2015年。

［64］ 赵云、冯辽:《大运河申遗保护规划催生的遗产保护新概念》,《中国文化遗产》,2014年第4期。

［65］ 王瑜:《评述保罗·利科:〈活的隐喻〉视阈中的隐喻观》,《芒种》,2012年第4期。

［66］ 邵培仁、杨丽萍:《转向空间: 媒介地理中的空间与景观研究》,《山东理工大学学报》,2010年第3期。

［67］ 新华社:《中办国办印发大运河文化保护传承利用规划纲要》,《人民日报》,2019年5月9日。

［68］ 中国日报网:《纪录片〈回望运河〉展现运河两岸回族穆斯林生活》,2016年4月。

外 文 部 分

［美］比尔·尼科尔斯:《纪录片导论》,陈犀禾,刘宇清译,北京:中国电影出版社,2016年。

［美］詹姆斯·莫纳科:《电影术语汇编》,转引自李显杰《电影叙事

学: 理论和实例》, 北京: 中国电影出版社, 2000年。

[英] 爱德华·泰勒:《原始文化》, 连树声译, 上海: 上海文艺出版社, 1992年。

[英] 德瑞克·吉尔曼:《文化遗产的观念》, 唐璐璐, 向勇译, 大连: 东北财经大学出版社, 2018年。

[法] 勒高夫等编:《新史学》, 姚蒙编译, 上海: 上海译文出版社, 1989年。

[美] 古塔、[美] 弗格森:《人类学定位: 田野科学的界限和基础》, 骆建建等译, 北京: 华夏出版社, 2005年。

[法] 佩雷菲特:《停滞的帝国: 两个世界的撞击》, 王国卿等译, 北京: 三联书店, 2008年。

[法] 保罗·基奥奇:《民族志影片的功能和战略》, 梦兰译,《民族译丛》, 1994年第2期。

[美] 亨利·詹金斯:《文本盗猎者: 电视粉丝与参与式文化》, 郑熙青译, 北京: 北京大学出版社, 2016年。

[法] 贝尔纳·米耶热:《传播思想》, 陈蕴敏译. 南京: 江苏人民出版社, 2008年。

[英] 雷蒙·威廉斯:《关键词: 文化与社会的词汇》, 刘建基译, 北京: 生活·读书·新知三联书店, 2016年。

[法] 让·保罗·萨特:《存在与虚无》, 陈宣良等译, 合肥: 安徽文艺出版社, 1998年。

[英] 丹尼·卡瓦拉罗:《文化理论关键词》, 南京: 江苏人民出版社, 2006年。

[俄] 维克托·什克洛夫斯基:《俄国形式主义文论选》, 方珊译, 北京: 生活·读书·新知三联书店, 1989年。

[美] 阿恩海姆:《视觉思维审美直觉心理学》, 滕守尧译, 北京: 光明日报出版社, 1986年。

［美］泰勒·考恩:《创造性破坏: 全球化与文化多样性》,王志毅译,
上海: 上海人民出版社,2007年。

［美］托马斯·弗里德曼:《世界是平的: 21世纪简史》,长沙: 湖南
科学技术出版社,2006年。

［美］尼古拉·尼葛洛庞帝:《数字化生存》,海口: 海南出版社,
1996年。

［美］诺姆·乔姆斯基:《新自由主义和全球秩序》,南京: 江苏人民
出版社,2000年。

［德］海德格尔:《存在与时间》,北京: 三联书店,1987年。

［英］戴维·赫尔德、［英］安东尼·麦克格鲁,《全球大变革: 全球化
时代的政治、经济与文化》,杨雪冬等译,北京: 社会科学文献
出版社,2001年。

［英］迈克·费瑟斯通:《消解文化: 全球化、后现代主义与认同》,
北京: 北京大学出版社,2009年。

［英］迈克·克朗:《文化地理学》,杨淑华、宋慧敏译,南京: 南京大
学出版社,2003年。

［德］贝·布莱希特:《布莱希特论戏剧》,丁扬忠等译,中国戏剧出
版社,1990年。

［德］阿莱达·阿斯曼:《回忆空间: 文化记忆的形成和变迁》,潘璐
译,北京: 北京大学出版社,2016年。

［法］布尔迪厄、［美］华康德:《实践与反思: 反思社会学导引》,李
猛、李康译,北京: 中央编译出版社,1998年。

［美］大卫·哈维:《地理学中的解释》,高泳源等译,北京: 商务印
书馆,1996年。

［法］希拉·柯伦·伯纳德:《纪录片也要讲故事》,北京: 世界图书
北京出版公司,2011年。

后 记

　　本书的撰写过程中,得到常州市大运河研究院的支持与帮助,研究院各位学者和专家们的悉心指导、中肯建议,以及相关资料的提供,都为本人的研究带来了极大的助力;本人所在单位社科处、二级学院的领导和同事们,同样在本书的撰写过程中不断关心、敦促和帮助我;江苏凤凰美术出版社的领导和编辑老师们,更是在书稿的选题、审题、内容的审校及出版的全程,都不厌其烦地给予我非常专业的解答和指导,在此一并表示衷心的感谢。本书关于"大运河文化影像建构与国际化传播"主题的探讨,是一阶段以来研究积累的检视与总括,尚存许多不足之处,仍有待继续深入探究与完善。